中国科技成果转化年度报告 2019

（高等院校与科研院所篇）

中国科技评估与成果管理研究会
国家科技评估中心 编著
中国科学技术信息研究所

科学技术文献出版社
SCIENTIFIC AND TECHNICAL DOCUMENTATION PRESS
·北京·

图书在版编目（CIP）数据

中国科技成果转化年度报告. 2019. 高等院校与科研院所篇 / 中国科技评估与成果管理研究会，国家科技评估中心，中国科学技术信息研究所编著. —北京：科学技术文献出版社，2020. 1

ISBN 978-7-5189-6425-3

Ⅰ. ①中… Ⅱ. ①中… ②国… ③中… Ⅲ. ①科技成果—成果转化—研究报告—中国—2019 Ⅳ. ① F124.3

中国版本图书馆 CIP 数据核字（2020）第 027661 号

中国科技成果转化年度报告2019（高等院校与科研院所篇）

策划编辑：丁坤善 李 蕊 责任编辑：张 红 责任校对：王瑞瑞 责任出版：张志平

出 版 者 科学技术文献出版社
地 址 北京市复兴路15号 邮编 100038
编 务 部 （010）58882938，58882087（传真）
发 行 部 （010）58882868，58882870（传真）
邮 购 部 （010）58882873
官方网址 www.stdp.com.cn
发 行 者 科学技术文献出版社发行 全国各地新华书店经销
印 刷 者 北京时尚印佳彩色印刷有限公司
版 次 2020 年 1 月第 1 版 2020 年 1 月第 1 次印刷
开 本 710×1000 1/16
字 数 256千
印 张 21.75
书 号 ISBN 978-7-5189-6425-3
审 图 号 GS（2020）1482号
定 价 108.00元

出版说明

2019年5月，习近平总书记在推动中部地区崛起工作座谈会上强调，“要完善科技成果转移转化机制，走出一条创新链、产业链、人才链、政策链、资金链深度融合的路子”，对进一步推动科技成果转移转化提出了新指示新要求，指明了方向。党的十九大报告提出，要坚定实施创新驱动发展战略，加快建设创新型国家，深化科技体制改革，促进科技成果转化。党的十九届四中全会决定对加强科技创新做出重大部署，提出创新科技成果转化机制。按照党中央、国务院重要部署，各部门、各地方积极制定出台促进科技成果转化的具体措施，全国研究开发机构和高等院校积极推动科技成果转化工作取得了明显进展和成效。

根据《中华人民共和国促进科技成果转化法》《实施〈中华人民共和国促进科技成果转化法〉若干规定》的要求，国家设立的研究开发机构、高等院校有科技成果转化活动的，均要报送上一年度的科技成果转化年度报告。2017年以来，科技部、财政部积极建立和完善科技成果转化年度报告制度，旨在切实掌握研究开发机构和高等院校的科技成果转化进展、取得的成效、主要经验和存在的问题等。2019年，我们继续扩大年度报告范围，并要求未填报2017年年度报告的单位需同时填报2017年、2018年两个年度报告。

截至2019年填报工作截止日，共有3200家单位填报了符合要求规范的2018年年度报告。其中，同时填报2018年和2017年年度报告的单位共计 3096 家，构成本年度的报告主体。本报告中“科技成果”是指《中华人民共和国促进科技成果转化法》第二条规定的“通过科学研究与技术开发所产生的具有实用价值的成果”。报告重点对《中华人民共和国促进科技成果转化法》规定的技术转让、许可、作价投资活动进行数据分析，技术开发、技术咨询、技术服务等活动在“产学研合作”章节中进行分析。

在科技部成果转化与区域创新司的指导下，中国科技评估与成果管理研究会、国家科技评估中心、中国科学技术信息研究所综合采用数理统计、专家咨询、电话访谈及实地调查等方法，对 3200 家研究开发机构和高等院校的科技成果转化情况进行分析研究，组织编写本报告。本报告的编写与发布，旨在使有关政府部门和社会公众了解科技成果转移转化的进展情况和成效，总结典型案例，形成可复制可推广的经验模式，针对当前科技成果转移转化存在的问题和障碍，进一步完善科技成果转化政策体系。希望本报告能为各部门、地方、高等院校、科研院所和科研人员提供参考，进一步带动与释放全社会科技成果转化热情与活力，推动科技成果转化真正落地生根。

本报告分为总体情况、高等院校及科研院所 3 篇，主要包括概况、科技成果转化主要类型分析、财政资助项目成果转化、科技成果转化收入分配及奖励、产学研合作、兼职创业和创设参股新公司、技术转移机构建设、特色做法等内容。

由于当前全国科技成果转化年度报告工作依然处于逐步推进阶段，报告的信息来源尚未覆盖所有研究开发机构和高等院校，要求填报的内容和指标尚待完善，不同报送主体对填报要求的理解存在一定差异，综合研究分析方法仍待进一步改进优化，科技成果转化对经济社会的贡献和影响有待进一步梳理和总结。本报告难免存在疏漏，欢迎各位读者批评指正，以便进一步完善。

本报告在编写过程中得到了方衍、吴寿仁、汤鹏翔、陈柏强、肖克峰、严长春、李长青、孙芸、张娴、杨云、屈明剑、邓益志等多位专家的大力支持，在此表示衷心感谢。

《中国科技成果转化年度报告2019
（高等院校与科研院所篇）》
编委会

目　录

第一篇　总体情况

第二篇 高等院校

第三篇 科研院所

附　录

第一篇

总体情况

第一章
概况

本章对 2018 年 3200 家研究开发机构和高等院校 [统称为高校院所，包括中央所属单位 526 家和地方所属单位 2674 家；高等院校 1243 家、研究开发机构（即科研院所）[①]1957 家] 的科技成果转化进展和成效、特色做法、近两年出台政策、存在的主要问题等内容进行了研究分析。

一、科技成果转化总体进展

总体来看，随着促进科技成果转化系列政策法规的逐步落实，各高校院所的科技成果转化活动日益活跃，科技成果转化成效显著。

（一）科技成果转化规模持续攀升

一是以转让、许可、作价投资方式转化科技成果的合同项数和合同金额不断提升。2018 年，3200 家高校院所以转让、许可、作价投资

① 本报告中“科研院所”指《促进科技成果转化法》中“研究开发机构”，涉及法律法规原文时，仍用“研究开发机构”，其他均使用“科研院所”。

方式转化科技成果的合同项数为 11 302 项，其中 3096 家单位的同比增长[①]为 6.7%，合同金额达 177.3 亿元，同比增长为 52.2%。二是转化合同收入超过 1 亿元的单位数量略有增长。以转让、许可、作价投资方式转化科技成果合同总金额超过 1 亿元的单位有 32 家，同比增长 14.3%。三是财政资助项目产生的科技成果转化合同金额增势明显。财政资助项目产生的科技成果以转让、许可、作价投资方式转化合同金额为 56.1 亿元，同比增长 78.4%，其中，中央财政资助项目产生的科技成果转化合同金额为 49.8 亿元，同比增长 120.0%。

（二）科技成果高价值转化不断涌现

一是科技成果交易均价大幅提高。以转让、许可、作价投资方式转化科技成果的平均合同金额为 156.9 万元，同比增长 42.6%。二是技术入股金额增长强劲。一般认为，科技成果作价入股更能吸引科研人员后续参与，反映了单位和科研人员对成果转化的信心。2018 年，以作价投资方式转化科技成果的合同金额达 79.2 亿元，同比增长 56.2%，作价投资平均合同金额达 1559.3 万元，同比增长 51.9%，分别是转让、许可平均合同金额的 23.3 倍和 11.1 倍。三是大额科技成果转化项目频出。2018 年，单项科技成果转化合同金额超过 1 亿元的成果为 30 项，超过 5000 万元的为 60 项，超过 1000 万元的为 232 项。其中，中国科学院工程热物理研究所的“中储国能（北京）技术有限公司”成果转化项目合同金额达 17.5 亿元，上海科技大学的“基于配体导向的蛋白质降解技术平台的小分子抗肿瘤药物的开发许可”合同金额达 8.2 亿元。

---

① 本篇涉及各维度总数（包括图表中所示数据）分别指 2018 年 3200 家和 2017 年 3395 家相对应总数，报告中涉及“同比增长”的统计口径是同时填报了 2018 年和 2017 年年度报告的 3096 家单位的相应数据。

（三）科技成果转化奖励显著增长

一是现金和股权奖励总金额持续提升，股权奖励金额增速明显。2018 年，个人获得的现金和股权奖励金额达 67.6 亿元，同比增长 44.9%，其中股权奖励为 42.6 亿元，同比增长 75.8%。二是研发与转化主要贡献人员获得的奖励金额有所增长。研发与转化主要贡献人员获得的现金和股权奖励总金额达 63.5 亿元，同比增长 50.9%，占奖励个人总金额（67.6 亿元）的比例达到 94.0%。三是奖励人次小幅增长，人均奖励金额增速明显。现金和股权奖励科研人员 6.8 万人次，同比增长 3.4%，人均奖励金额 9.9 万元，同比增长 40.0%。

（四）产学研合作助力创新驱动发展能力持续提升

一是高校院所输出技术和服务的能力不断强化，技术转让（包括转让、许可、作价投资）、开发、咨询、服务（以下简称“四技”）合同金额小幅增长。2018 年，3200 家高校院所签订的“四技”合同总金额达 930.8 亿元，同比增长 16.6%。其中“四技”合同金额超过 1 亿元的单位为 205 家，同比增长 27.0%。二是与企业共建成果转化平台、创设和参股新公司数量不断增多，科技成果供需双方的有效对接能力逐步提升。2018 年，与企业共建研发机构、转移机构、转化服务平台总数为 8247 家，同比增长 14.8%。创设和参股新公司 2155 家，同比增长 16.2%。三是兼职从事科技成果转化和离岗创业人员略有增长，智力流动不断强化。高校院所兼职从事成果转化和离岗创业人员数量为 11 057 人，同比增长 5.5%。

二、科技成果转化特色做法

在科技成果转移转化过程中，科研院所、高等院校结合实际，积极探索形成符合自身特点的科技成果转化工作模式。

（一）打通政策链，转化制度日益健全

多数单位在科技成果转化工作中加强政策落实，成立由高校院所主要负责人牵头的成果转化工作领导小组，出台、修订、完善具体可操作的科技成果转化管理制度。中国科学院上海药物研究所对新药研究人员的评价围绕“出新药”核心目标，打破以“出论文”为唯一标准，实行分类评价，成果转化质量显著提升。上海交通大学形成完成人实施成果转化项目“五步转移法”和作价投资项目“授权投资 + 产权分割”新机制，实现成果转化模式与机制创新。东北大学建立“3+2+1”科技成果转化制度体系，形成分级决策、股权决策、价格决策三大转化机制。

（二）瞄准国家战略及市场需求，推动高价值成果产业化

部分单位瞄准国家战略及市场需求，注重科技创新源头设计，积累大量高价值科技成果，不断探索成果转化有效途径。中国科学院长春光学精密机械与物理研究所立足国家战略，着眼精密仪器与装备技术体系和领域，联合开展基因测序、人工智能等多个高精尖产业研究和项目合作，设立总规模10亿元的红旗产学研创新基金，累计成功孵化企业93家。清华大学深耕科技成果与国家战略及市场需求的精准对接，通过收集、挖掘、发布“三步走”力争实现专利工作的精细化管理，提高科技成果转化效率，对位芳纶纳米纤维制备技术的成果转化，为国防航空航天等国家战略领域的发展提供基础支撑。深圳华大生命科学研究院立足实际

需求，通过上游研发机构与下游产业公司无缝衔接、定向转化科研成果、吸引社会资本融资，推动“国产化基因测序仪”项目成果产业化。

（三）推动建立技术转移机构，积极发挥服务支撑作用

一些单位结合近年来的经验和教训，建立符合成果转移转化规律的工作机制，形成各具特色的技术转移服务模式。中国科学院工程热物理研究所建立科技发展处和资产管理公司相互配合的协同工作机制，实现“前期科研创新成果转化”及“后期实施运营投后管理”的有效衔接，全年转化合同总金额达19.15亿元。北京大学技术转移机构不断完善“请进来”“走出去”“精准对接+专业服务”的科技成果服务机制，通过成立转化子基金、建立数据库、搭建校企联合研发平台等方式开展技术转移转化。中国科学院近代物理研究所技术转移机构为成果的研究开发、创新体系内各参与主体间的互动搭建桥梁，实现技术转移所需各类科技创新资源的优化配置和有效整合，研究所“重离子治癌”项目使中国成为世界上第4个实现重离子束治疗肿瘤临床试验研究的国家。

（四）深化产学研合作，提高科技成果转化效率

部分单位深化产学研合作，建立多种形式、符合科技成果转移转化规律的产学研合作体系，取得了显著成效。华东理工大学通过完善成果转化信息化支撑建设和建立互通互报机制等方式，引入社会优势力量提升专利质量，运用产学研项目合作方式，引导学生就业并学以致用，把实验室理论研究的成果转化为现实生产力。南京航空航天大学构建航空航天领域校地产学研合作平台，发挥行业特色推进优势成果转化，共建校地研究院7家，达成各类科技合作项目5000余项。江苏省农业科学院制定具体实施办法，探索建立“企业+科研团队”“科技成果入股”

等专业化市场化服务模式，以知识产权为纽带，与多家企业合作成立30家产业研究院，近三年累计110个品种得到转化应用。

（五）注重技术转移专业人才培养，提升科技成果转化服务水平

部分单位注重技术转移专业人才队伍建设，加大培养力度，提高技术转移从业人员业务水平和服务能力，让专业的人做专业的事，科技成果转化服务水平不断加强。复旦大学持续加强技术转移人才队伍建设，积极安排人员参加技术经纪人培训，建立起一支具有法律、知识产权、商务、金融等知识的复合型人才队伍，专业服务“纵向＋横向”科技成果转化工作。中山大学成立知识产权服务公司，围绕成果转化“专业化”的特点，建立专业技术转移队伍，打造“学校管理人员—院系兼职技术经理人—公司专业队伍—科研人员”4个层次一体化运行的成果转化人才体系，2018年以转让、许可、作价投资方式转化科技成果合同金额同比增长5倍。江苏省产业技术研究院构建3支技术转移专业人才团队，内部开展技术转移实务培训，外部接轨国际标准引入ATTP培训，为科技创业项目和创新型企业提供专业服务。

（六）健全考核评价体系，提升成果转化动力

部分单位打破传统考核评价标准，注重以科技成果转化应用为导向，建立健全有利于激发教职工及科研人员转化科技成果积极性的考核评价体系。北京理工大学作为承担北京高校技术转移联盟日常工作的秘书长单位，改革人才考核机制，健全转移转化人才评价体系，建立起面向学校教师的成果转化类高级专业技术职称岗位，在高校中发挥了较好的示范引领作用。东南大学不断完善考核制度与人才分类评价标准，吸引各

型人才，配置多种形式技术转移岗位，建立技术需求收集的稳定渠道，实施“科技成果价值增值工程”，为成果转化和人员培养提供源源不断的动力。

（七）完善激励机制，激发成果转化热情

大部分单位在国家加大对科技成果转化政策激励的大环境下，积极探索科技成果转化激励机制改革，出台并完善激励政策文件，探索形成灵活的奖励方式。四川大学在科研人员以作价投资入股的方式进行科技成果转化时，大胆探索职务科技成果所有权确权改革，建立“科学确权，早期分割，权益共享，责任共担”的确权模式，成果完成人可与学校共同作为成果所有权人。中国科学院上海有机化学研究所探索形成“现金+股权”灵活奖励机制，建立科研成果转化及转化收益分配二次公示制度，为科研成果的成功转化提供了有力保障。哈尔滨医科大学提出了分阶段赋予专利权的奖励政策，其中专利授权满5年，学校可奖励发明人专利成果50%所有权；专利授权满10年，可奖励全部专利所有权，有效增加了发明人主动参与成果转化的责任心和积极性。

三、科技成果转化政策述评

党的十九大以来，党中央、国务院及各部委高度重视科技成果转化，2018—2019年共出台45项科技成果转化政策[①]，建立了多角度多层次的政策支撑体系。相关政策涵盖了深化体制机制改革，加强专业化技术转移机构建设和专业化人才培养，引导企业积极参与科技成果转化，推

① 45项政策中，党中央、国务院印发11项，相关部委印发34项。具体政策详见附录1。

动金融创新促进科技成果转化，培育、挖掘高质量科技成果，鼓励地方先行先试等 6 个方面。

（一）深化科技成果转化体制机制改革，完善科技成果转化体系

积极部署推动科技成果权属改革、优化国有资产管理制度、完善创新机制等任务，突破科技体制机制障碍。一是探索赋予科研人员科技成果所有权或长期使用权，调动科研人员的积极性和创造性。《关于优化科研管理提升科研绩效若干措施的通知》和《关于推动创新创业高质量发展打造“双创”升级版的意见》明确利用财政资金形成的职务科技成果，在不影响国家安全、国家利益、社会公共利益的前提下，探索赋予科研人员所有权或长期使用权，支持国家级新区科研机构开展试点。二是完善国有资产管理办法，使其更适用于科技成果转化。财政部修订《事业单位国有资产管理暂行办法》，规定国有高校院所持有的科技成果进行转化时，由单位自主决定是否进行资产评估，积极解决高校院所在科技成果转化中是否要进行资产评估的问题。三是建立鼓励创新、宽容失败的容错机制。国务院印发《关于全面加强基础科学研究的若干意见》，鼓励科研人员大胆探索、挑战未知，为科研人员创新容错提供保障。四是明确科研人员兼职的操作办法。《关于抓好赋予科研机构和人员更大自主权有关文件贯彻落实工作的通知》要求科研单位落实“科研人员在履行好岗位职责、完成本职工作的前提下，到企业和其他科研机构、高校、社会组织等兼职并取得合法报酬”的规定。五是深化科技计划和科研经费管理改革。《科技领域中央与地方财政事权和支出责任划分改革方案》中要求不断深化科研经费管理改革，让经费更好地为人的创造性活动服务，促进高校院所产出更多高质量科技成果。

（二）加强专业化技术转移机构建设和专业化人才培养，深入服务科技成果转化

针对技术转移链条不完善的问题，国家明确提出建立和培育专业化的技术转移机构，为科技成果转化加速提效。一是高度重视技术转移机构的建设。国务院《关于推动创新创业高质量发展打造“双创”升级版的意见》鼓励高校院所建设专业化技术转移机构，科技部联合教育部等六部门印发《关于扩大高校和科研院所科研相关自主权的若干意见》，明确要求高校院所探索建立专业化技术转移机构，促进创新链和产业链精准对接，通过技术转移机构为科技型中小企业吸纳科技成果提供专业化服务。二是探索建设高水平专业化技术转移机构。科技部《关于技术市场发展的若干意见》指出到 2020 年，培育 20 家具有示范带动作用的高水平专业化技术转移机构、600 家市场化社会化技术转移机构，提升技术交易的质量和效益。三是加强技术转移机构专业人员的培养。科技部等九部门《关于印发振兴东北科技成果转移转化专项行动实施方案的通知》提出，探索开展技术经理人资质认证，取得经验后可以向全国推广。

（三）引导企业参与科技成果转化，打造高质量成果对接平台

通过引导企业与高校院所共建科技成果转化服务平台、资源共享平台、创新中心等方式，支持产学研深度融合，促进科技成果转化。一是推动企业与高校院所在创新创业方面深度合作。国务院《关于支持国家级新区深化改革创新加快推动高质量发展的指导意见》鼓励由优秀创新型企业牵头，与高校院所和产业链上下游企业联合组建创新共同体，建设制造业创新中心，围绕优势产业、主导产业，瞄准国际前沿技术强化

攻关，力争在重大“卡脖子”技术和产品上取得突破。《关于推动创新创业高质量发展打造“双创”升级版的意见》鼓励推动高校院所与企业共同建立概念验证、孵化育成等面向基础研究成果转化的服务平台，促进科技创新与创业深度融合。二是通过搭建信息服务平台，引导面向科技型中小企业创新需求开展成果转化与创新服务。科技部印发《关于新时期支持科技型中小企业加快创新发展的若干政策措施》，明确建设全国科技型中小企业信息服务平台，为科技成果需求方和供给方提供政策咨询、融资对接、技术转移、政府采购等综合服务。三是推动以企业主导的产业创新中心建设，加快科技成果产业化进程。发展改革委印发《国家产业创新中心建设工作指引（试行）》，采取企业主导、院校协作、多元投资、成果分享的新模式，在战略性领域建立若干国家产业创新中心，培育壮大经济发展新动能，支撑供给侧结构性改革。

（四）推动金融创新，促进科技成果转化

加大金融对科技成果转化支持的力度，通过政策创新和落实，形成金融促进科技成果转化的长效机制。一是引导地方政府加大科技成果转化投入。科技部、财政部发布的《国家科技成果转化引导基金设立创业投资子基金管理暂行办法》提出，按照政府引导、市场运作、不以营利为目的的原则设立基金，加强支持科技成果转化活跃企业。二是通过各项税收优惠政策降低科技成果转化成本。国家税务总局出台《科技人员取得职务科技成果转化现金奖励有关个人所得税政策》，对成果转化收入给予科技人员的现金奖励，可减按 50% 计入科技人员当月“工资、薪金所得”，依法缴纳个人所得税。三是鼓励金融机构通过开展金融创新业务支持科技成果转化。科技部印发《关于新时期支持科技型中小企业加快创新发展的若干政策措施》，引导银行信贷

支持转化科技成果的科技型中小企业。加快推进投贷联动、知识产权质押、融资租赁等金融创新产品的示范应用。

（五）优化科技成果转化评价体系，把好科技成果质量关

优化完善科技成果转化评价体系，积极营造高质量科技成果培育的政策环境，从供给端和评价端上对科技成果转化给予支持。一是加强科技成果转化评价体系建设，分别从绩效评价、成果评价、人才评价等方面进行完善。2018—2019 年，按照习近平总书记指示，国务院共发布 4 项政策推进评价体系建设工作，强调建立以创新质量和贡献为导向的绩效评价体系，力争准确评价科研成果的“科学价值、技术价值、经济价值、社会价值、文化价值”。健全科研人员评价机制，支持用人单位打破学历、资历等限制，将工资分配、薪酬增长与岗位价值、技能素质、实绩贡献、创新成果等因素挂钩。教育部、财政部、发展改革委、科技部等部委均按照国家要求出台相关政策，推动科技成果转化评价体系的完善。二是开展跨学科和前沿科学研究，推进高水平科技成果转化，厚植创新型国家建设根基。国务院发布《关于全面加强基础科学研究的若干意见》，要求提升原始创新能力，产出更多原创发现。教育部、自然资源部、交通运输部等部门均在科技成果培育、储备、挖掘方面进行了工作落实。

（六）地方积极出台成果转化配套政策，激发科技成果转化主体活力

针对国家出台的科技成果转化政策，地方政府积极响应并结合自身特点出台相关政策，促进科技成果转化。一是北京市主要从成果权属、转化机制、产研融合等方面出台政策。对转化收益分配做出明确规定，

转化收入奖励可以提升至不低于 70% 的比例。提出了面向信息技术、集成电路、智能装备等十大高精尖经济结构构建的科技成果转化机制。制定 5G、人工智能、医药健康、智能网联汽车、无人机等产业发展行动计划和方案，聚焦前沿领域的科技成果转化。二是上海市在赋予研究机构充分自主权、激发科研人员转化主动性等方面出台相关政策。加大财政资金支持力度，采取政府采购、订购的方式支持成果转化。支持各类服务机构发展，高校院所对其设立的服务成果转化专门机构，可在转化收入中提取一定比例用于其运行发展。发挥企业主体作用，将市国有企业对科技成果转化经费的投入在经营业绩考核中视同利润。三是广东省大力推动科技成果转化由“政策洼地”向“环境高地”转变。建立高校、科研机构等单位科技成果自主处置权操作规范。细化高校、科研机构等单位成果转化收益的财务管理制度。明确科技成果价值评估前的基准价格确定。允许担任行政职务的科研人员按规定获取奖励和报酬。四是四川省印发《2018 年四川省科技成果转化工作要点》，要求加快推动科技成果转化为现实生产力。通过不同层次的改革，形成了包括激励科技人员的创新创业政策体系、科学合理的科技计划体系、促进区域发展的创新平台建设体系、支撑产业发展的技术创新体系、促进科技经济结合的成果转化体系在内的四川科技体制改革“五大体系”。五是江苏省推出《关于促进科技与产业融合加快科技成果转化的实施方案》，提出 4 个方面 13 个关键任务来建立自主可控的现代产业体系，到 2020 年，培育各类技术转移机构 100 家以上，全省技术市场合同成交额达 1000 亿元，创业投资管理资金规模达 2500 亿元，年实施产学研合作项目 30 000 项以上。六是深圳市在完善技术转移和成果转化体系建设、扶持战略性新兴产业发展方面进行落实。加强高校技术转移服务机构培育资助，按服务机构所属高等院校上一年度投入的技术转移经费给予等额资助，当年最高资助额不超过 100 万元。采用直接资助、股权投资、贷款贴息、风险补偿等多元化扶持手段，支持与科技成果转化相关的项目建设。

四、科技成果转化存在的问题

2018 年，国家技术转移体系建设和成果转化取得积极进展，但仍存在体制机制性问题，还需各部门、各地方与高校院所一起找差距、补短板，加快推进国家技术转移体系建设，有效促进科技成果转化，争取按期达成建设目标。基于本年度高校院所反映的情况[①]，存在以下问题。

（一）科技成果转化相关政策需要进一步落实

一是科研院所中公益一类事业单位在现行体制下开展有偿服务面临阻碍，限制部分单位开展科技成果转化。近年来，科技成果使用权、处置权、收益权已下放给高校院所，但部分地方落实不充分，个别单位未出台操作细则，行动滞后。二是国有资产产权登记证办理流程长，要求准备文件偏多，影响企业作价投资积极性；同时，科技成果转化的资产评估及股权回购也存在一些堵点，需要解决。由于容错纠错等机制和政策的缺失，部分单位依然担忧国有资产流失责任。三是部分税收优惠政策难落地，国家出台了科技人员取得职务科技成果转化现金奖励有关个人所得税政策和公告，明确规定科技成果的转让和许可两种转化方式可享受税收优惠，但是，部分税务部门操作中只允许专利的转让和许可才

---

① 2018 年 3200 家高校院所中 1542 家（占总数的 48.2%）单位报送了目前存在的问题和建议，统计结果显示，其中 42.6%（共 657 家）的单位反映存在不同层面的科技成果转化体制机制难点或堵点。

可以享受税收优惠，软件的转让和许可难以享受优惠政策。

（二）专业化技术转移机构和人才服务能力有待提升

一是专业化技术转移机构普及面不够。2018 年统计结果显示，21.5%（688 家）单位设立技术转移机构，其中 307 家认为技术转移机构在科技成果转移转化过程中发挥重要作用，与 2017 年统计结果相比有所增长，但依旧有待改善和加强。二是现有技术转移机构服务能力较弱，仍存在“规模小，服务少，能力弱”现象。多数高校院所未建立技术转移机构，反映出各高校院所中针对科技成果转移转化的服务能力有待提高。三是高水平、专业化技术转移服务人才严重缺乏。高校院所编制有限，从事科技成果转化的专职人员少且能力不足，专业服务水平难以满足技术转移需求，同时，技术经理人培养体系不健全，技术转移转化队伍存在“有行业无职业，有人员无专业，有服务无规范”问题。

（三）供需双方对接渠道需进一步畅通，中试熟化平台缺乏

一是成果挖掘和对接缺乏精准性。虽然部分单位建设了成果转化信息平台，形成与企业及时互通有无的沟通机制，但是目前仍然缺乏既能精准挖掘企业真实需求，又能从高校院所中及时筛选出高质量科技成果，实现供需双方高效匹配的科技成果转化对接平台。科研人员对市场需求缺乏了解，与企业沟通渠道很少，缺乏常态化的沟通机制，研发的成果不能适应市场需求，成果落地转化容易失败。二是中试熟化平台条件不足。导致实验室成果向市场转化过程中关键环节的缺失。大部分的高校院所科技成果只是实验室研究成果，要实现转化，必须依据市场需求持续投入研发经费加以中试，企业对未进行中试的科技成果投资意愿有限，专业先进的中试平台较少。三是基础研究、应用型基础研究、技

术创新未实现融通发展。高校院所重大基础成果少，高校院所与企业协同创新机制不完善、合作不紧密，“重大基础研究成果产业化”尚未充分实现。

（四）科技成果转化相关评价考核、激励机制不健全

一是成果转化纳入考核权重过低。个别单位将成果转化纳入考核并提高权重，取得了较好的效果，但对于大多数高校，绩效考核仍以纵向科研、论文发表等指标为导向，评审机制尚未充分体现科技成果转化绩效的指标权重，导致高校领导对科技成果转化工作重视程度不够。二是“四唯”问题依旧存在。人才考核评价“破四唯”改革落地不充分，职称评定、岗位聘任还存在指标数量化、唯“帽子”的情况，严重制约科研人员科技成果转化的积极性。三是转化人员的考核评价和激励机制不健全。部分高校院所缺乏对从事科技成果转移转化科研人员和专业转化人员的奖励及晋升制度，导致专业人才积极性不高或流动大。

（五）科技成果转化金融支持不够充分

一是金融对科技成果转化的支持不够。由于多数高校院所存在实验室成果规模小、实力弱、有形抵押物不足、市场前景不确定等问题，承接成果的中小微企业较难获得以商业银行为主导的金融服务体系及时、有效、匹配的资金支持，严重影响到科技成果转化效率。二是投入科创领域的资金比例较少。尽管中国私募股权、创业投资基金管理机构超过1万家，但由于基金往往追求短期效益，真正从事科技创新投资的占比很少。三是成果转化早期融资难。在成果转化早期融资阶段，知识产权质押、银行贷款、科技保险等渠道面临价值识别难、质押登记难、处置难等问题，对科技成果转化的早期支持力度不足。

化基地、人才、资金等条件建设。加大企业参与高校院所科技成果转化的优惠扶持力度，吸引更多企业参与项目研发、中试线建设，为科技成果转化提供重要支撑保障。三是建立常态化的科技成果转化产业联盟，广泛吸纳企业与高校院所，为各类机构的科技资源交流建立常态化的渠道和互动机制，以应用为导向，立足产业需求培育和挖掘重大科技成果，注重提升科技成果源头供给质量，充分发挥市场推动科技成果转移转化作用。

（四）深入改革技术转移转化专业人才评价考核体系

一是相关部门推进建立科技成果转化职称序列，积极推动高校院所建立符合科技成果转化岗位实际的考核标准。适当增加科技成果转化的权重，提升科技成果管理人员专业水平，强化高校院所主管部门指导监督作用，推动高校院所建立符合科研实际的分类人才评价体系，促进科研人员研究方向符合市场需求。二是着眼科技成果转化各个环节，加强科技成果转化政策系列课程的培训及考核，将其纳入科研人员人才评价和考核标准中，促进培养一批既有专业特长又懂经营管理的复合型人才，打造熟悉科技创新、知识产权、项目管理、财务会计、市场营销、金融投资和法律商务、国际贸易等知识的人才队伍，用规范化和标准化服务助力产学研一体化、大中小企业融通发展。三是完善从事科技成果转移转化服务人员的奖励激励保障，提升转化人员的社会地位和经济收益，避免高端人才流失。

（五）加大金融对科技成果转移转化的支持力度

一是各地方应充分利用政府引导基金，带动各类社会投资机构在原始创新、中试熟化、成果产业化等阶段加大投入。推动相关部门改进对创业投资基金的差异化监管，推动落实《关于创业投资企业和天使投资个人有关税收政策的通知》，完善财税优惠政策实施流程，引导创业投资企业和天使投资个人支持早期科创企业。二是鼓励社会资本参与科技成果转化，建立分层次的成果转化资本市场体系。加大对社会资本投资科技成果转化项目的政策支持力度，充分发挥科创板、创业板等资源配置功能，支持科技企业在资本市场融资发展。三是拓宽科技成果转化融资渠道，稳步扩大以科技要素为主的信用贷款、知识产权质押贷款、保证保险贷款等产品应用，优化科技信贷结构。

（六）加快科技成果评价标准体系和咨询培训平台的构建

一是加快推进科技成果评价准则研究及发布工作，推动建立科技成果评价标准体系，完善科技成果评估评价规范，促进提升科技成果评价的科学性与规范性。二是各部门、各地方加强对科技成果评估评价机构的扶持，推进出台相关政策，让有实力的科技成果评价机构能得到权威部门的认可，规范科技成果评价工作。三是落实政策普及、建立学习辅导机制和咨询平台，提供政策解读、咨询，甚至是实施障碍消除的培训辅导等服务，通过鼓励制定配套政策及相关支持性政策文件的细化和完善，保障科技成果顺利实施转化。

第二章

科技成果转化主要类型分析

本章涉及的3200家高校院所中，高等院校1243家，占38.8%；科研院所1957家，占61.2%。从隶属关系来看：中央所属单位共526家（占16.4%），其中高等院校109家、科研院所417家；地方所属单位共2674家（占83.6%），其中高等院校1134家、科研院所1540家（图1-2-1）。从区域分布看，3200家高校院所在东部、中部、西部、东北4个区域的分布情况为：东部地区1491家（占46.6%），中部地区735家（占23.0%），西部地区690家（占21.6%），东北地区284家（占8.8%）。

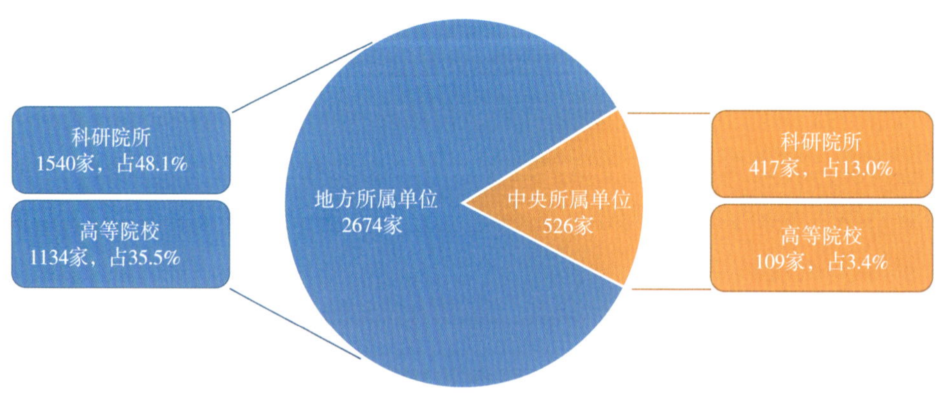

图1-2-1　单位分布情况

一、基本情况

科技成果转化活动日益活跃，以转让、许可、作价投资 3 种方式转化科技成果的合同金额与合同项数均有所增长。2018 年，3200 家高校院所以转让、许可、作价投资 3 种方式转化科技成果合同金额达 177.3 亿元，同比增长 52.2%；合同项数为 11 302 项，同比增长 6.7%（图 1–2–2）。

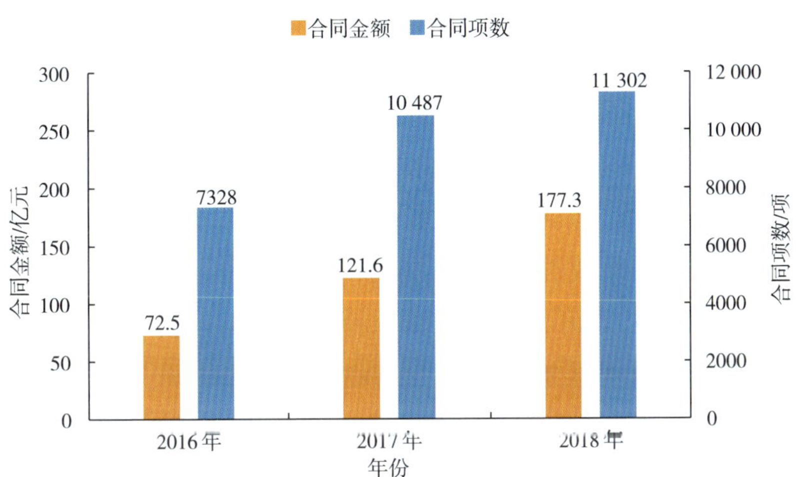

图 1–2–2　以转让、许可、作价投资 3 种方式转化科技成果基本情况

科技成果平均合同金额同比增长超过 40%。技术合同平均金额既能反映社会对科技成果价值的认可程度，也能在一定程度上反映技术成果对经济社会贡献的大小，是判断科技成果质量的重要指标。3200 家高校院所以转让、许可、作价投资方式转化科技成果的平均合同金额为 156.9 万元，同比增长 42.6%。

转化"龙头"单位成长迅速，科技成果转化年合同金额 1 亿元以上的单位数量小幅增长。以转让、许可、作价投资方式转化科技成果合同金额 1 亿元以上的高校院所数量不断增长。2017 年签订的科技成果转化合同金额 1 亿元以上的高校院所数量为 30 家，2018 年达到了 32 家，同比增长 6.7%。2018 年当年合同金额达 1000 万元以上的单位有 183 家，累计当年合同金额占 3200 家单位当年合同金额的比例为 92.1%。

由于科技成果转化合同中对执行方式和执行周期的具体约定不同，部分转让、许可方式的转化合同金额会按执行周期进展分阶段拨付，通常情况下高校院所会基于当年实际到账金额实施奖励。因此，为了能够更加准确地反映科技成果转化产生的实时经济效益，本报告采集了各单位的转让、许可转化合同的当年到账金额。统计分析发现，2018 年当年到账金额共计 34.3 亿元，同比增长 10.2%，占当年签订合同总金额的 19.3%。其中，中央所属高校院所当年到账金额为 20.7 亿元，同比增长 23.0%；地方所属高校院所当年到账金额为 13.6 亿元，同比降低 5.0%。

高价值成果转化效益凸显，30 项成果转化合同金额达 1 亿元以上。2018 年，以转让、许可、作价投资 3 种方式转化科技成果单项合同金额超过 1 亿元的合同有 30 项，超过 5000 万元的 60 项，超过 1000 万元的 232 项。华东理工大学、中国科学院上海药物研究所均有 3 项科技成果转化的合同金额超过 1 亿元（表 1-2-1）。

表 1-2-1　转化合同金额超过 1 亿元的成果

序号	成果名称	合同金额 / 万元	转化方式	单位名称
1	压缩空气储能技术作价投资 [中储国能（北京）技术有限公司]	175 000.0	作价投资	中国科学院工程热物理研究所
2	“固着磨料抛光及其抛光方法”等 49 项专利	88 003.3	作价投资	中国科学院长春光学精密机械与物理研究所
3	基于配体导向的蛋白质降解技术平台的小分子抗肿瘤药物的开发许可	81 900.0	许可	上海科技大学

续表

序号	成果名称	合同金额/万元	转化方式	单位名称
4	抗肿瘤化药 1 类新药 WM2	59 250.0	转让	中国科学院上海药物研究所
5	抗肿瘤化药 1 类新药 HH185	46 500.0	转让	中国科学院上海药物研究所
6	高能量密度锂离子电池硅碳负极材料	31 300.0	作价投资	中国科学院物理研究所
7	国产化基因测序仪（专利、软件著作权、专有技术）	26 663.7	转让	深圳华大生命科学研究院
8	二氢乳清酸脱氢酶（DHODH）抑制剂相关专利	22 000.0	许可	华东理工大学
9	重离子束对肿瘤靶区三维适形照射装置、医用偏转磁聚焦结构的重离子或质子加速器、放射治疗中动态肿瘤靶区定位装置及其方法	20 000.0	作价投资	中国科学院近代物理研究所
10	“一种基于等离子体透镜的激光离子加速系统及其加速方法”等 6 项专利的实施许可	16 686.0	许可	北京大学
11	PEG－奥沙利铂	14 950.0	转让	中国科学院上海药物研究所
12	靶向 PI3K 的肿瘤治疗药物 IMM-H012 原料药及其制剂	14 000.0	转让	中国医学科学院药物研究所
13	“苯并杂环胺类化合物及其用途”等 5 项专利	14 000.0	许可	华东理工大学
14	用于生产大豆低聚肽粉、高染料木苷含量大豆异黄酮等 10 种产品	13 500.0	许可	长春大学
15	石墨烯材料制备技术作价投资（石墨烯研究院）	12 260.0	作价投资	北京大学
16	脂肪干细胞及其衍生物在皮肤治疗领域的临床应用和产业化等 6 项成果	12 089.5	转让	上海交通大学

续表

序号	成果名称	合同金额 / 万元	转化方式	单位名称
17	第三代 EGFR 抑制剂相关专利	11 000.0	许可	华东理工大学
18	一种 *N*－苄基色胺酮衍生物及其制备方法和应用（W02015070766A1）和一种 *N*－苄基色胺酮衍生物及其制备方法应用（ZL201310560572）	10 750.0	许可	复旦大学
19	8 个小分子靶向治疗药物	10 667.0	作价投资	四川大学
20	微机电（MEMS）产业化技术	10 534.0	作价投资	清华大学
21	0.5 ～ 2 吨级小型液体火箭发动机	10 500.0	作价投资	中国科学院力学研究所
22	一种用于合成氯乙烯的抗高温失活的金基催化剂的制备方法	10 500.0	作价投资	南开大学
23	专利申请技术实施许可转让（“一种病毒免疫治疗药物复合物及其用途”等 3 项专利）	10 340.0	转让	复旦大学
24	3 万吨 / 年甜菜碱盐酸盐和氯乙酸甲酯新工艺产业化	10 200.0	转让	青岛科技大学
25	灯台叶总生物碱原料和胶囊	10 000.0	转让	中国科学院昆明植物研究所
26	半导体激光器	10 000.0	作价投资	中国科学院苏州纳米技术与纳米仿生研究所
27	铝锂合金研发及产业化	10 000.0	作价投资	北京理工大学
28	零排放清洁生产氧化铝系列技术	10 000.0	作价投资	东北大学
29	一种大黄素衍生物及其制备技术	10 000.0	转让	哈尔滨医科大学
30	高比能锂硫电池技术（包括 8 项国内授权发明专利）	10 000.0	作价投资	中南大学

（一）转化方式对比情况

转让是科技成果转化的主要方式，其合同项数占转让、许可、作价投资 3 种方式合同总项数的比例超过六成。2018 年，以转让方式转化科技成果的合同项数为 7250 项，同比增长 14.4%；以许可方式转化科技成果的合同项数为 3544 项，同比降低 5.6%；以作价投资方式转化科技成果的合同项数为 508 项，同比增长 2.8%，其中，转让合同项数占 3 种方式合同总项数（11 302 项）的 64.1%（图 1-2-3）。

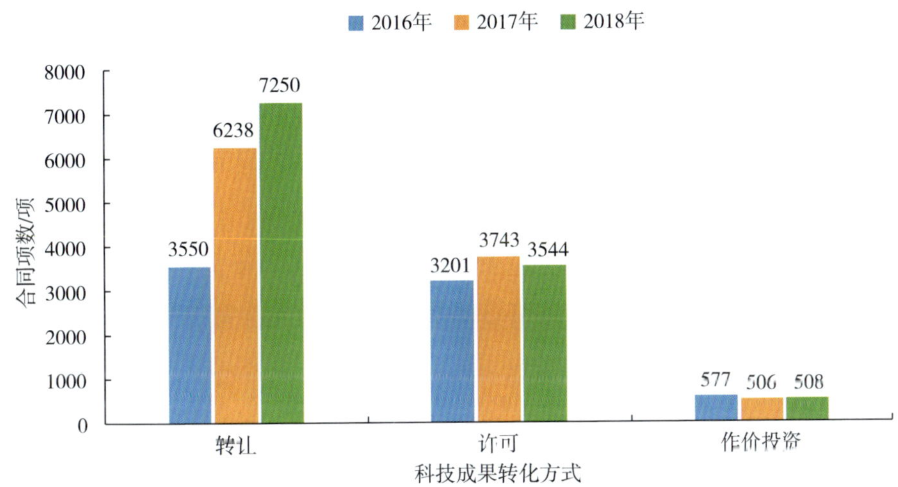

图 1-2-3　以转让、许可、作价投资方式转化科技成果合同项数情况

转让、许可、作价投资合同金额增长率在 50% 左右。以转让、许可方式转化科技成果的合同金额分别为 48.5 亿元、49.6 亿元，较上年分别增长 50.0%、48.2%；以作价投资方式转化科技成果的合同金额为 79.2 亿元，同比增长 56.2%（图 1-2-4）。

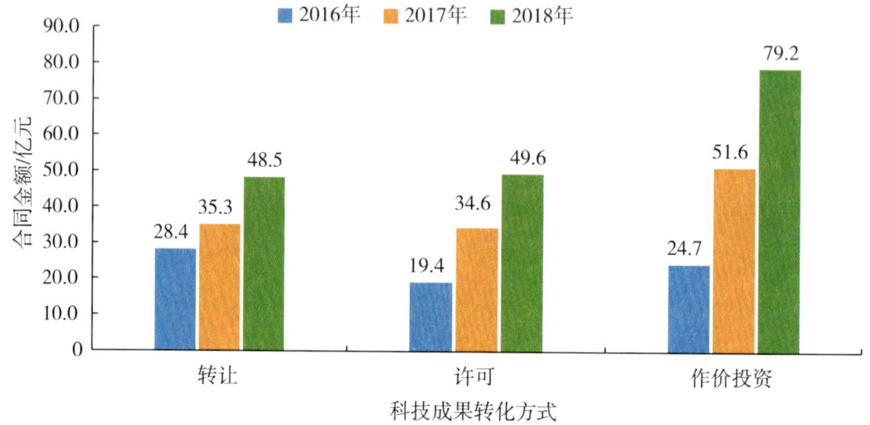

图 1-2-4　以转让、许可、作价投资方式转化科技成果合同金额情况

许可、作价投资方式平均合同金额均有所增长，作价投资平均合同金额最高，是转让、许可方式平均合同金额总和的 7 倍多。转让方式的平均合同金额为 66.9 万元，同比增长 31.1%；许可、作价投资方式的平均合同金额分别为 139.9 万元、1559.3 万元，较上年分别增长 56.9%、51.9%。作价投资方式平均合同金额分别是转让、许可方式的 23.3 倍、11.1 倍（图 1-2-5）。

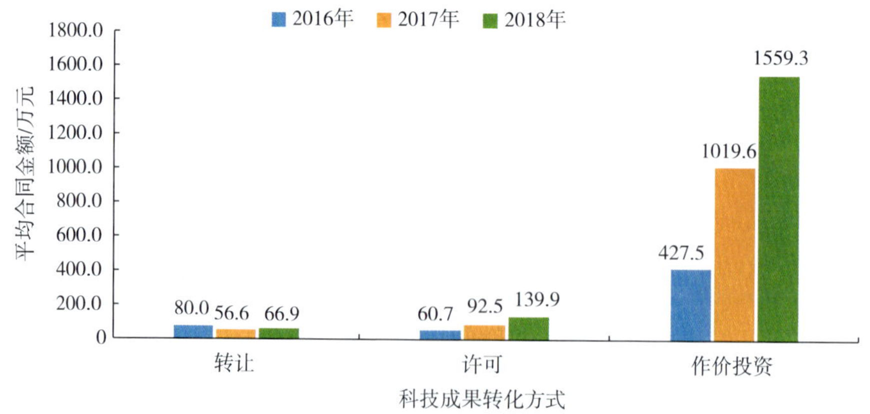

图 1-2-5　以转让、许可、作价投资方式转化科技成果平均合同金额情况

（二）中央所属单位科技成果转化情况

中央所属高校院所科技成果转化合同金额增长超过60%，合同项数略有降低。2018年，中央所属高校院所以转让、许可、作价投资3种方式转化科技成果的合同金额为137.1亿元，同比增长67.0%；科技成果转化平均合同金额371.9万元，同比增长75.0%；合同项数为3686项，同比降低4.6%（图1-2-6）。

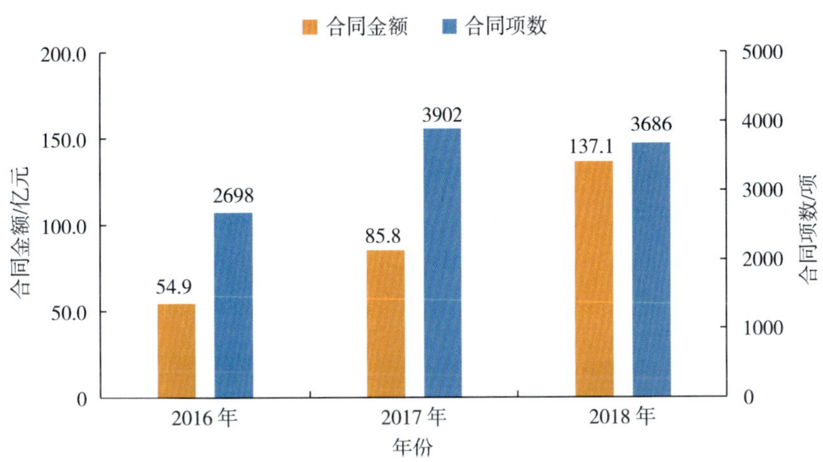

图1-2-6　中央所属单位以转让、许可、作价投资方式转化科技成果情况

部分单位科技成果转化成效显著。中国科学院工程热物理研究所2018年签订科技成果转化合同金额达19.2亿元，同比增长2.1倍，在全部科研院所中合同金额排名居首。清华大学2018年签订科技成果转化合同122项，同比增长19.6%，合同金额7.0亿元，同比增长50.2%，在中央所属高等院校中合同金额排名居首。中国科学院上海药物研究所大额转化合同连续出现，2018年，单项转化合同金额超过1亿元的成果达3项，2018年以转让、许可、作价投资方式转化科技成果的合同总金额达到 16.9 亿元，同比增长 8.0 倍。

（三）各省、直辖市、自治区所属单位科技成果转化情况

1. 成果转化概况

各省、直辖市、自治区（以下简称“地方”）所属高校院所科技成果转化合同金额及合同项数略有增长，平均合同金额略有降低。2018 年，地方所属高校院所以转让、许可、作价投资 3 种方式转化科技成果的合同金额为 40.2 亿元，同比增长 16.5%，合同项数为 7616 项，同比增长 13.5%；平均合同金额 52.8 万元，同比降低 2.6%（图 1-2-7）。

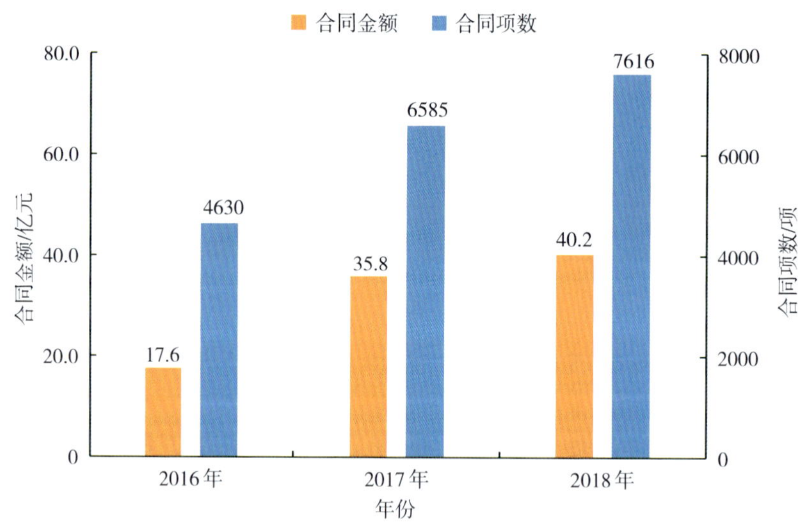

图 1-2-7 地方所属单位以转让、许可、作价投资方式转化科技成果情况

上海科技大学科技成果转化合同总金额达 8.3 亿元，在全国高等院校中居首。深圳华大生命科学研究院科技成果转化合同总金额达 2.7 亿元，在地方所属科研院所中排名居首。江苏大学科技成果转化合同 181

项，合同金额 2025.6 万元，转化合同项数在地方所属高校院所中位列第一。

2. 各地方成果转化情况

2018 年，地方所属高校院所以转让、许可、作价投资方式转化科技成果的合同金额排名前 3 位的省市分别是上海市（9.7 亿元）、广东省（5.4 亿元）、山东省（3.7 亿元）（图 1-2-8）。

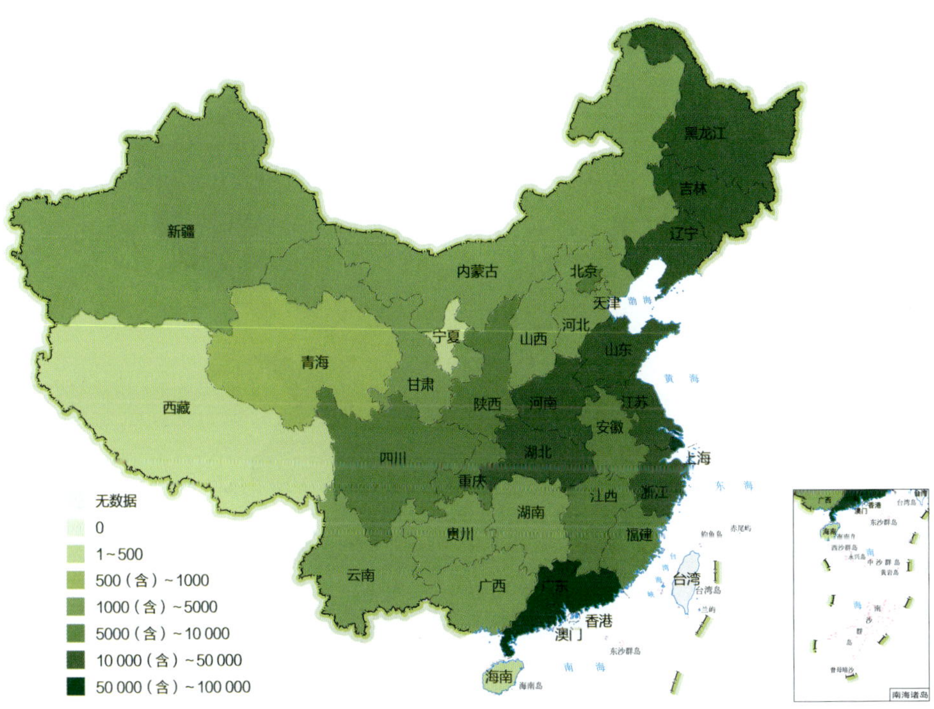

图 1-2-8　地方所属高校院所以转让、许可、作价投资方式转化科技成果合同金额情况（单位：万元）

（注：新疆数据为新疆维吾尔自治区和新疆生产建设兵团的合计数据，宁波、厦门、深圳数据分别合并到浙江省、福建省、广东省数据中进行统计，下同）

（四）地区科技成果转化情况[①]

1. 单位所在辖区科技成果转化情况

按照单位所在地统计分析显示，2018 年各地方辖区内的高校院所以转让、许可、作价投资方式转化科技成果的合同金额排名前 3 位的省市分别是北京市（49.7 亿元）、上海市（42.6 亿元）、吉林省（12.0 亿元）（图 1–2–9）。

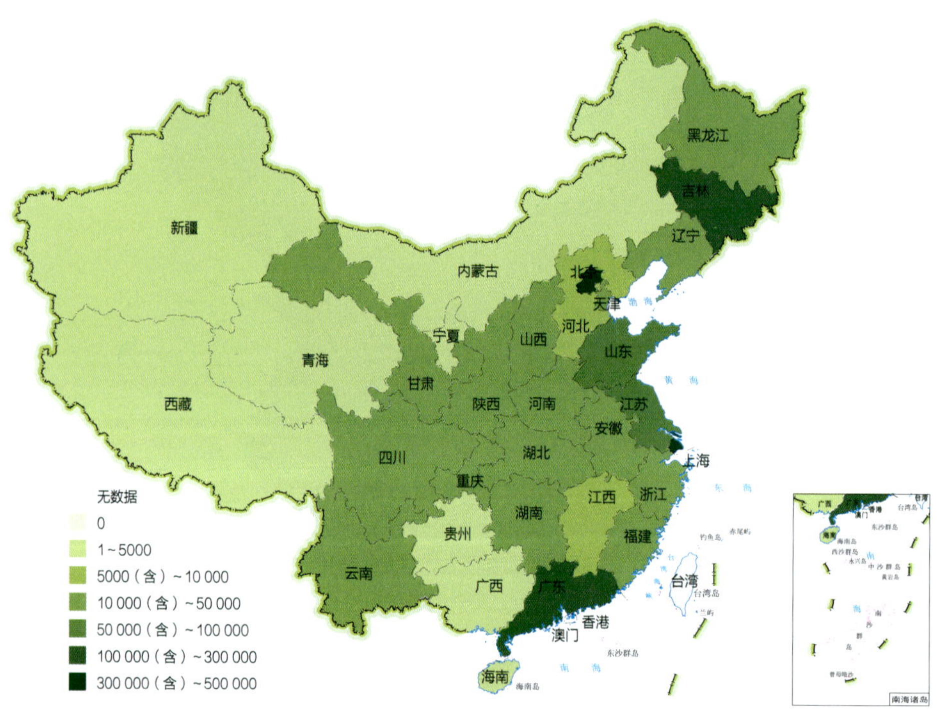

图 1–2–9　各地方辖区内高校院所科技成果转化合同金额情况（单位：万元）

① 该部分各地方数据是指各地方所属单位及其辖区内中央所属单位相应数据的总和。

2. 东部、中部、西部、东北地区科技成果转化情况

按照填报单位所在地区统计，东部和东北地区的高校院所以转让、许可、作价投资方式转化科技成果的合同金额持续增长，中部地区与西部地区的合同金额与 2017 年基本持平。根据国家统计局 2011 年公布的中国东部、中部、西部、东北地区的划分方法[①]，2018 年，东部地区单位以转让、许可、作价投资方式转化科技成果合同金额最高，为 125.1 亿元，同比增长 74.0%。中部地区单位以转让、许可、作价投资方式转化科技成果合同金额为 14.9 亿元，同比增长 0.2%。西部地区单位以转让、许可、作价投资方式转化科技成果合同金额为 16.1 亿元，同比降低 0.2%。东北地区单位以转让、许可、作价投资方式转化科技成果合同金额为 21.2 亿元，同比增长 54.0%（图 1–2–10）。

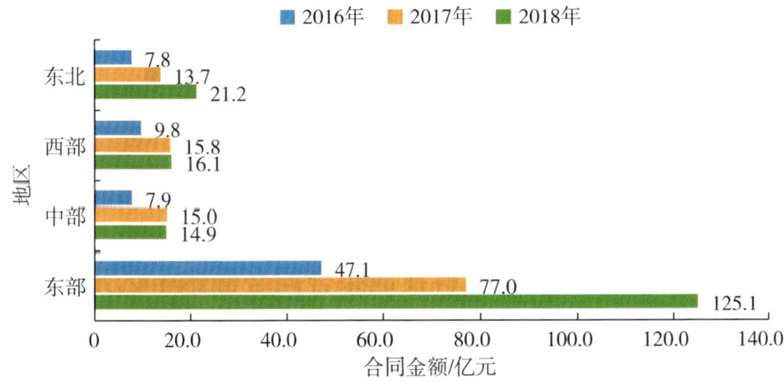

图 1–2–10　各地区以转让、许可、作价投资方式转化科技成果合同金额情况

① 根据国家统计局公布的《东西中部和东北地区划分方法》，本报告中东部、中部、西部、东北地区分别指：东部地区包括北京、天津、河北、上海、江苏、浙江、福建、山东、广东和海南（10 省市）；中部地区包括山西、安徽、江西、河南、湖北和湖南（6 省）；西部地区包括内蒙古、广西、重庆、四川、贵州、云南、西藏、陕西、甘肃、青海、宁夏和新疆（12 省区市）；东北地区包括辽宁、吉林和黑龙江（3 省）。

亿元）。

四、以作价投资方式转化科技成果情况

以作价投资方式转化科技成果的合同金额与合同项数均有所增长。2018 年，以作价投资方式转化科技成果的合同金额为 79.2 亿元，同比增长 56.2%；合同项数为 508 项，同比增长 2.8%；平均合同金额为 1559.3 万元，同比增长 51.9%（图 1–2–13）。反映出在转化高价值原创科技成果时，企业更倾向于采用作价投资方式转化。

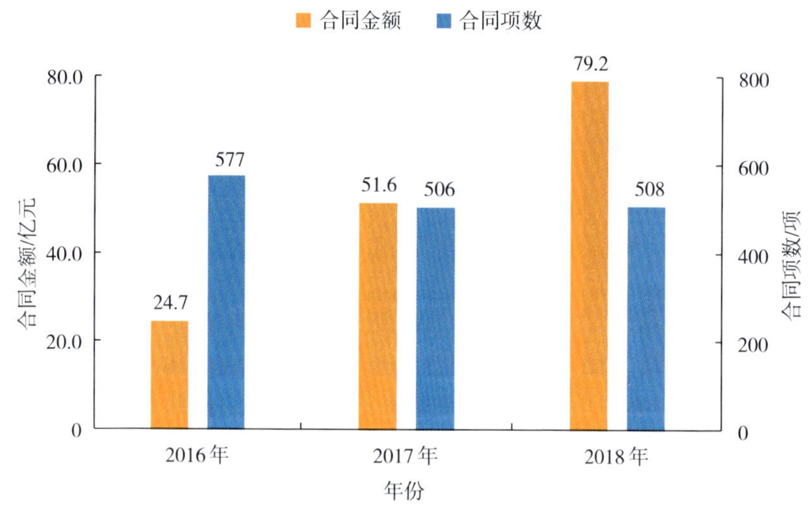

图 1–2–13　以作价投资方式转化科技成果合同项数、合同金额情况

作价投资成为部分单位大额科技成果转化的主要方式。清华大学以作价投资方式转化科技成果的合同项数、合同金额逐年增加。2017 年，清华大学作价投资合同项数 34 项，同比增长 70%，合同金额 2.9 亿元，同比增长 1.7 倍，平均合同金额 850.1 万元，同比增长 55.9%；2018 年，

清华大学作价投资合同项数 50 项，同比增长 47.1%，合同金额 5.1 亿元，同比增长 75.9%，平均合同金额 1017.0 万元，同比增长 19.6%。中国科学院工程热物理研究所以作价投资方式转化科技成果平均合同金额不断提高。2017 年，该所作价投资合同项数 4 项，合同金额达 6.2 亿元，平均合同金额高达 1.5 亿元；2018 年，该所作价投资合同项数 5 项，合同金额达 18.7 亿元，平均合同金额高达 3.7 亿元，2018 年同比增长 146.7%。

五、科技成果转化定价方式情况

协议定价方式是科技成果转化的主要定价方式，占比达到 95% 以上。根据《中华人民共和国促进科技成果转化法》（以下简称《促进科技成果转化法》）的规定，科技成果持有单位可以自主决定转让、许可或者作价投资，但应当通过协议定价、在技术交易市场挂牌交易、拍卖等方式确定价格。2018 年，3200 家单位以转让、许可、作价投资方式转化的 11 027 项[①] 科技成果中，采用协议定价的有 10 692 项，占总数的 97.0%，以挂牌交易和拍卖两种方式定价的科技成果数量分别为 148 项、187 项，分别占总数的 1.3%、1.7%（图 1–2–14）。科技成果转化定价过程中，经过评估的超过七成。经过评估的转化成果为 8215 项，占总数的 74.5%，未经过评估的转化成果为 2812 项，占总数的 25.5%（图 1–2–15）。

① 此处数据与 2018 年以转让、许可、作价投资方式转化科技成果共 11 302 项不一致，其原因为部分高校院所将多个成果作为一个科技成果转化合同填报。

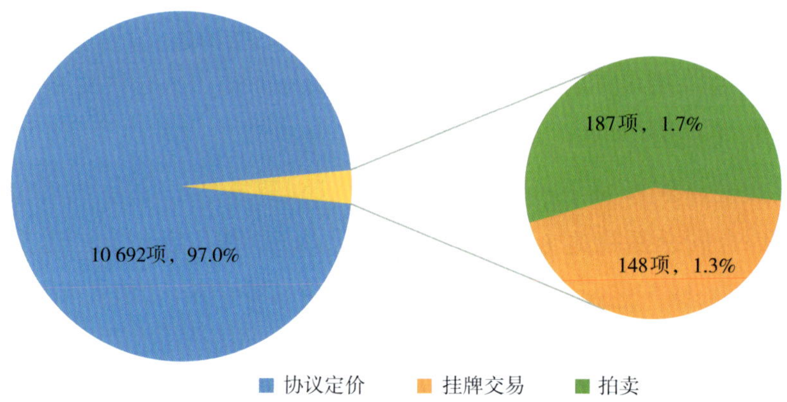

图 1-2-14　以转让、许可、作价投资方式转化科技成果的定价方式情况

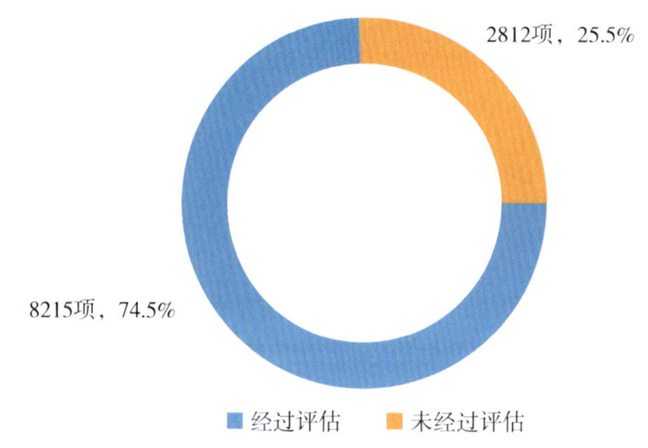

图 1-2-15　科技成果转化定价过程中的评估情况

六、科技成果转化去向

科技成果主要在境内转化，转化至中小微企业的成果数量最多，转化至非企业单位的增速最快。2018 年，科技成果以转让、许可、作价投资方式转化到境内、境外的数量分别是 10 979 项、48 项，占比分别

为 99.6%、0.4%。在境内转化的科技成果中，转化至中小微企业、其他企业、非企业单位的科技成果数量分别为 6842 项、3330 项、807 项，占科技成果转化合同总数的比例分别为 62.1%、30.2%、7.3%，较上年分别增长 16.3%、2.3%、21.8%（图 1–2–16）。

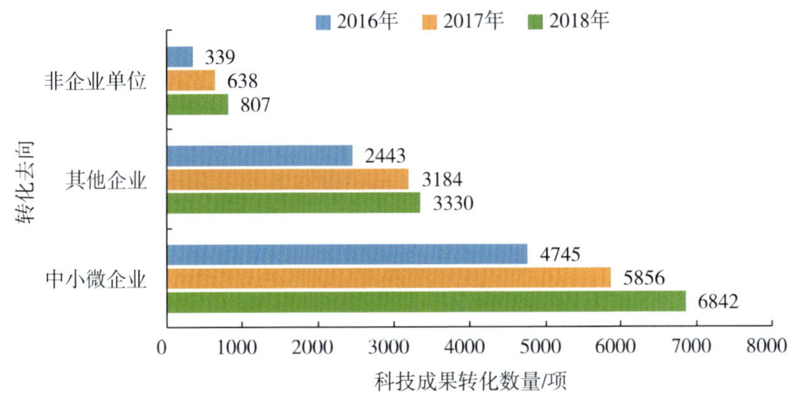

图 1–2–16　科技成果在境内转化去向情况

科技成果转化至中小微企业的合同金额最多，转化至非企业单位的合同金额增速最快，转化至其他企业的合同金额增长超过 10%。2018 年，科技成果以转让、许可、作价投资方式转化到境内、境外的合同金额分别是 176.5 亿元、0.8 亿元，占比分别为 99.6%、0.4%。在境内转化的科技成果中，转化至中小微企业、其他企业的科技成果合同金额分别为 103.3 亿元、69.0 亿元，占比分别为 58.3%、38.9%，较上年分别增长 76.8%、23.4%。转化至非企业单位的科技成果合同金额为 4.2 亿元，占比为 2.4%，同比增长 126.1%（图 1–2–17）。

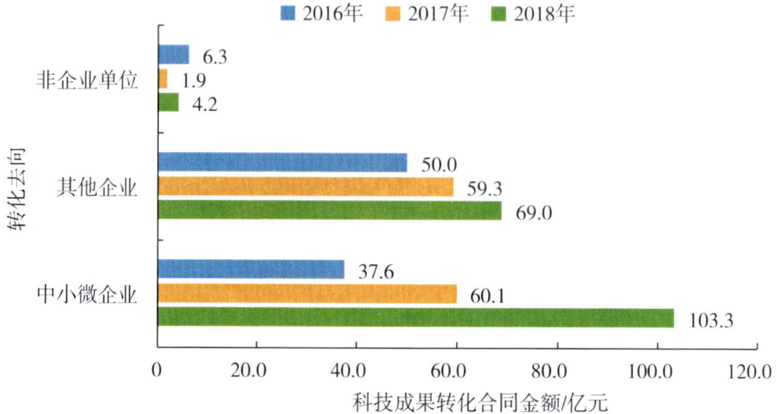

图 1-2-17　科技成果在境内转化合同金额情况

第三章
财政资助项目成果转化

随着国家促进科技成果转化的政策红利不断释放，受财政资助产生的科技成果以转让、许可、作价投资方式转化的合同金额持续增长，合同项数略有降低。其中，中央财政资助项目产生的科技成果转化合同金额大幅增长，合同项数略有降低。

一、基本情况

（一）全国财政资助项目成果转化情况

全国财政资助项目的科技成果转化合同金额持续增长，合同项数略有降低。2018 年，全国财政资助项目成果以转让、许可、作价投资方式转化合同金额为 56.1 亿元，同比增长 78.4%；合同项数为 2492 项，同比降低 6.0%，占转化合同总项数的 22.0%（图 1–3–1）。

（二）中央财政资助项目成果转化情况

中央财政资助项目产生的科技成果以转让、许可、作价投资方式转化的合同金额大幅增长，合同项数略有降低。2018 年，中央财政资助项目产生的科技成果以转让、许可、作价投资方式转化的合同金额达 49.8 亿元，同比增长 120.0%，占全国财政资助转化项目的 88.8%；合同项数为 1257 项，同比降低 14.2%，占全国财政资助转化项目的 50.4%（图 1–3–2）。

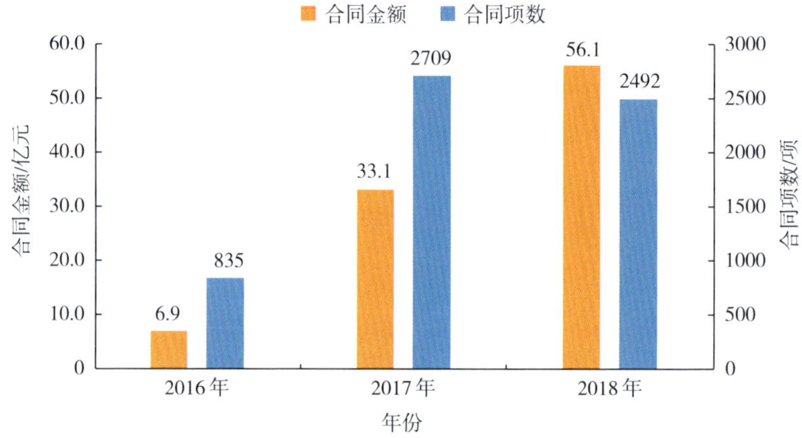

图 1–3–1　全国财政资助项目成果转化合同金额和合同项数情况

图 1–3–2　中央财政资助项目成果转化合同金额和合同项数情况

二、中央所属单位转化情况

（一）全国财政资助项目成果转化情况

中央所属单位受全国财政资助项目产生的科技成果转化合同金额增长超过 1 倍，合同项数略有降低。2018 年，中央所属单位以转让、许可、作价投资方式转化的科技成果中受全国财政资助项目成果转化合同金额为 50.4 亿元，同比增长 105.5%，占中央所属单位转化合同总金额（137.1 亿元）的 36.7%；合同项数为 1218 项，同比降低 4.3%，占中央所属单位转化合同总项数（3686 项）的 33.0%（图 1–3–3）。

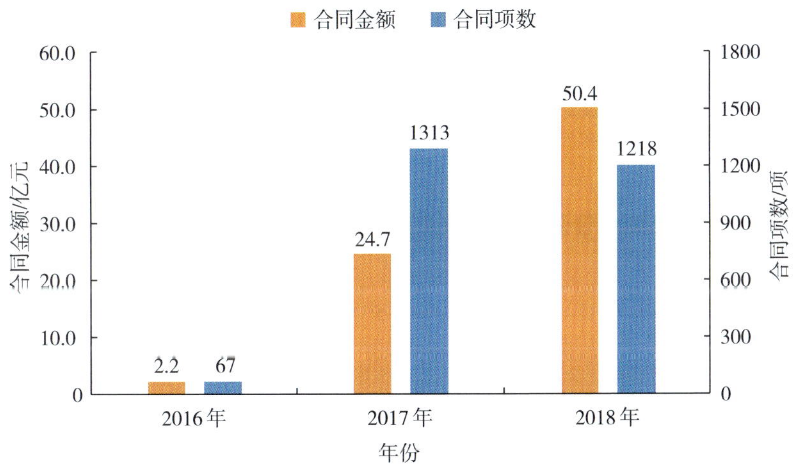

图 1–3–3　中央所属单位受全国财政资助项目成果转化合同金额和合同项数情况

（二）中央财政资助项目成果转化情况

中央所属单位受中央财政资助项目产生的科技成果以转让、许可、作价投资方式转化的合同金额增长超过 1 倍，合同项数略有降低。2018 年，以转让、许可、作价投资方式转化受中央财政资助项目的合同金额达 47.5 亿元，同比增长 129.7%，占中央所属单位全国财政资助转化项目合同总金额（50.4 亿元）的 94.3%；中央财政资助产生的科技成果合同项数为 935 项，同比降低 2.1%，占中央所属单位全国财政资助转化项目合同总项数（1218 项）的 76.8%（图 1–3–4）。

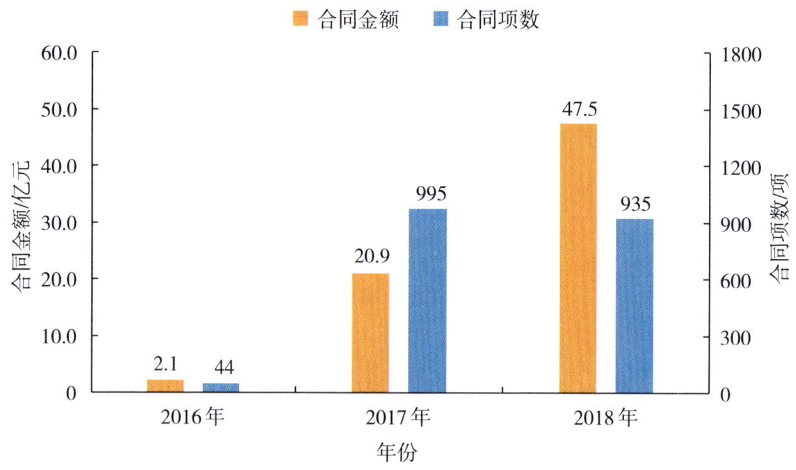

图 1–3–4　中央所属单位受中央财政资助项目成果转化合同金额和合同项数情况

中央所属单位受中央财政资助项目产生的科技成果转化日益增加。2018 年，东北大学共以转让、许可、作价投资方式转化科技成果 25 项，合同金额达 1.9 亿元，其中，受中央财政资助项目产生的科技成果转化数量为 25 项，占成果总项数的比例为 100%，转化金额达 1.9 亿元，占转化总金额的比例为 100%。中国科学院上海药物研究所以转让、许可、作价投资方式转化科技成果的合同项数为 15 项，其中 12 项为中央财政资助项目产生的科技成果，占成果总项数的比例为 80.0%，合同金额高达 16.9 亿元。

三、各省、直辖市、自治区所属单位转化情况

（一）全国财政资助项目成果转化情况

地方所属单位受全国财政资助项目产生的科技成果转化合同金额、合同项数均略有降低。2018 年，地方所属单位受全国财政资助项目成果转化合同金额为 5.7 亿元，同比降低 18.2%，占地方所属单位转化合同总金额（40.2 亿元）的 14.3%；合同项数为 1274 项，同比降低 7.5%，占地方所属单位转化合同总项数（7616 项）的 16.7%（图 1-3-5）。

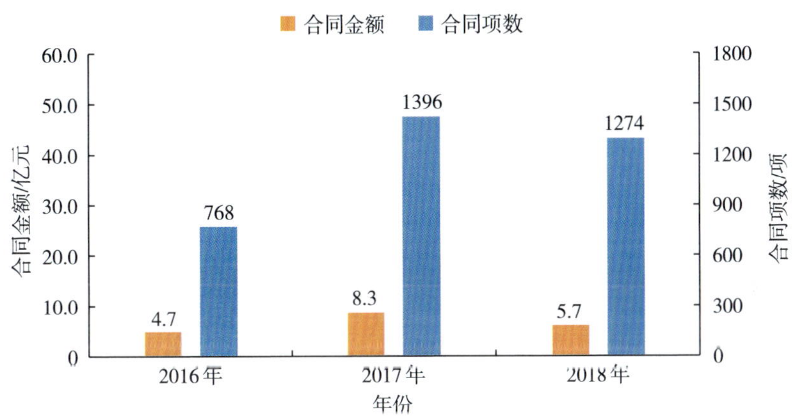

图 1-3-5　地方所属单位受全国财政资助项目成果转化合同金额和合同项数情况

2018 年，地方所属高校院所受全国财政资助项目成果以转让、许可、作价投资方式转化的合同金额排名前 3 位的省分别是山东省（1.2 亿元）、广东省（0.6 亿元）、黑龙江省（0.5 亿元）（图 1-3-6）。

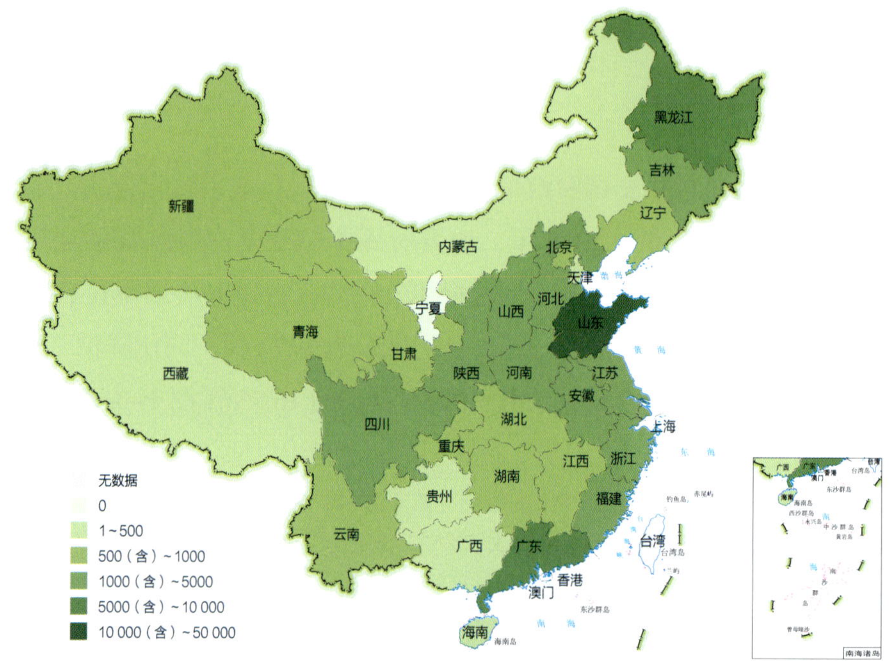

图 1-3-6　地方所属高校院所转化受全国财政资助项目成果合同金额情况（单位：万元）

（二）中央财政资助项目成果转化情况

地方所属单位受中央财政资助项目产生的科技成果以转让、许可、作价投资方式转化的合同金额、合同项数均有所降低。2018 年，地方所属单位受中央财政资助项目的科技成果以转让、许可、作价投资方式转化的合同金额达 2.3 亿元，同比降低 15.3%，占地方所属单位全国财政资助转化项目合同总金额（5.7 亿元）的 40.4%；合同项数为 322 项，同比降低 37.5%，占地方所属单位全国财政资助转化项目合同总项数（1274 项）的 25.3%（图 1-3-7）。

2018 年，地方所属高校院所受中央财政资助项目的成果以转让、许可、作价投资方式转化的合同金额排名前 3 位的省分别是山东省（1.1

亿元）、陕西省（0.4 亿元）、黑龙江省（0.2 亿元）（图 1-3-8）。

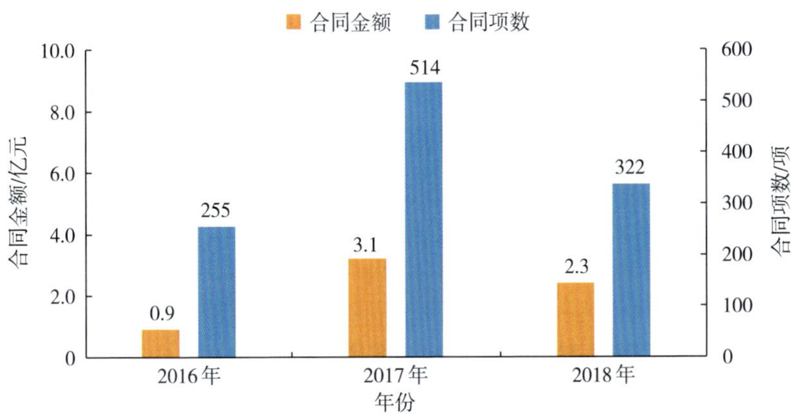

图 1-3-7　地方所属单位受中央财政资助项目成果转化合同金额和合同项数情况

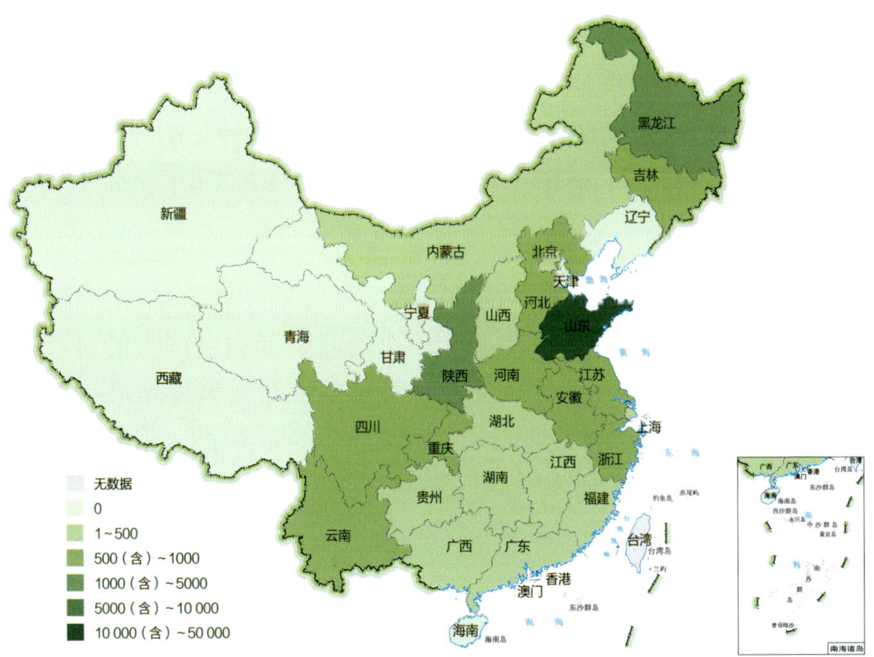

图 1-3-8　地方所属高校院所转化受中央财政资助项目成果合同金额情况（单位：万元）

2018 年，南京工程学院以转让、许可、作价投资方式转化科技成果的合同项数为 54 项，同比增长 45.9%，其中，受到财政资助的转化成果为 12 项，同比增长 33.3%，受到中央财政资助的转化成果为 4 项，同比增长 1 倍。黑龙江省农业科学院作物资源研究所以转让、许可、作价投资方式转化科技成果的合同项数为 11 项，同比增长 10.0%。其中，受到财政资助的转化成果为 11 项，同比增长 10.0%，受到中央财政资助的转化成果为 11 项，同比增长 22.2%。

四、各地区财政资助科技成果转化情况

（一）单位所在辖区科技成果转化情况

1. 全国财政资助项目成果转化情况

按单位所在地区统计，2018 年，各地方辖区内的高校院所受全国财政资助项目的成果以转让、许可、作价投资方式转化的合同金额排名前 3 位的省市分别是上海市（18.8 亿元）、吉林省（9.1 亿元）、广东省（5.4 亿元）（图 1–3–9）。

2. 中央财政资助项目成果转化情况

2018 年，地方所属高校院所受中央财政资助项目产生的科技成果以转让、许可、作价投资方式转化的合同金额排名前 3 位的省市分别是上海市（18.5 亿元）、吉林省（8.9 亿元）、北京市（4.9 亿元）（图 1–3–10）。

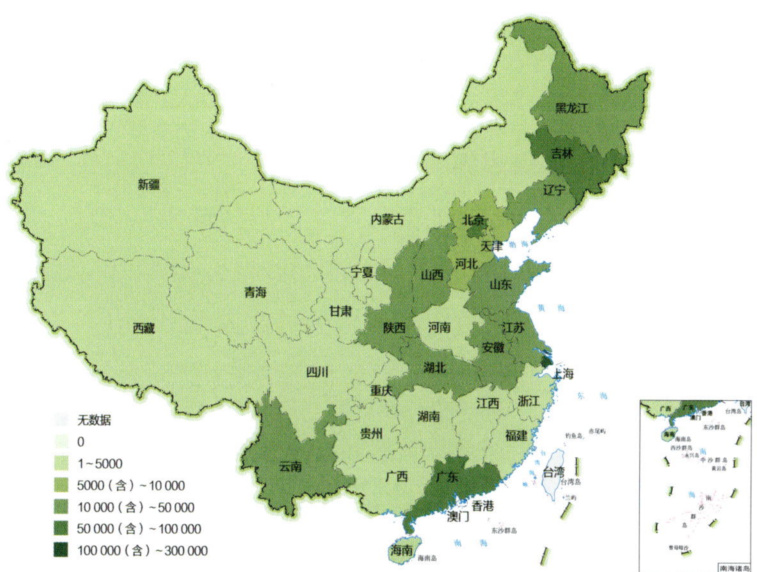

图 1-3-9 各地方辖区内高校院所转化受全国财政资助项目成果合同金额情况（单位：万元）

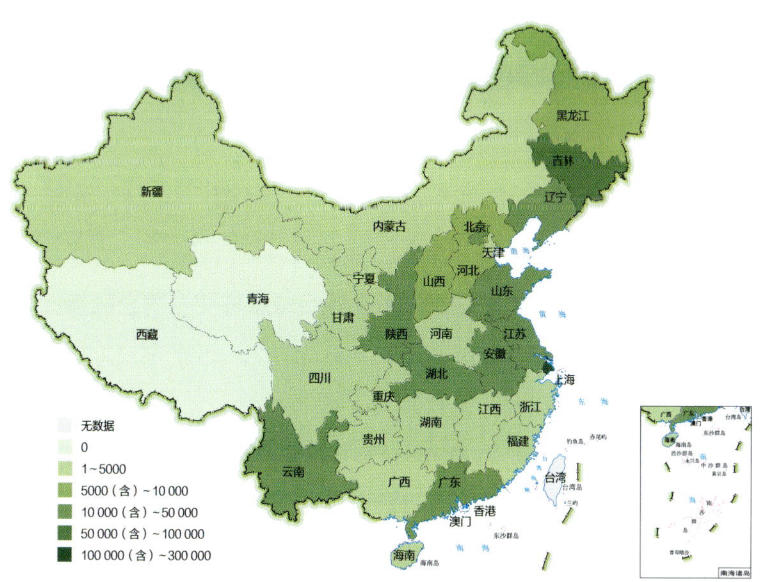

图 1-3-10 各地方辖区内高校院所转化受中央财政资助项目成果合同金额情况（单位：万元）

（二）东部、中部、西部和东北地区财政资助项目成果转化情况

1. 全国财政资助项目成果转化情况

各地区高校院所受财政资助项目产生的科技成果以转让、许可、作价投资方式转化的合同金额均有不同程度的增长。2018 年，东部、中部、西部地区高校院所受全国财政资助产生的科技成果以转让、许可、作价投资方式转化的合同金额分别为 34.8 亿元、5.1 亿元、3.7 亿元，较上年分别增长 64.6%、105.3%、3.8%，东北地区转化合同金额达 12.5 亿元，同比增长 191.7%，增速最快（图 1-3-11）。

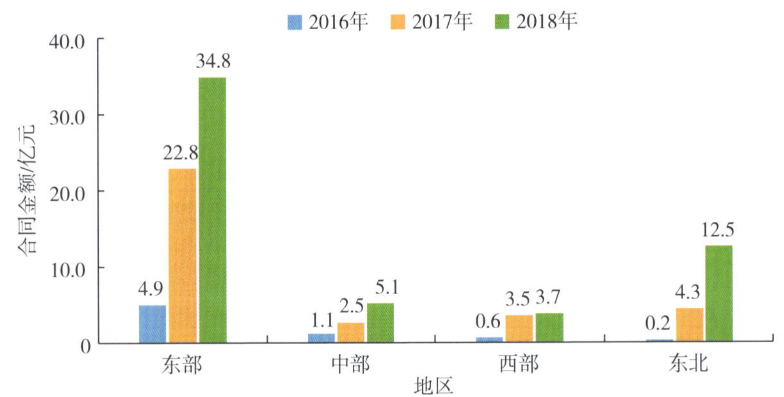

图 1-3-11 各地区全国财政资助项目成果转化合同金额情况

2. 中央财政资助项目成果转化情况

2018 年，东部、中部、西部、东北地区高校院所受中央财政资助产生的科技成果以转让、许可、作价投资方式转化的合同金额分别为 31.1 亿元、4.0 亿元、2.9 亿元、11.8 亿元，较上年分别增长 105.6%、95.2%、6.3%、323.1%（图 1-3-12）。

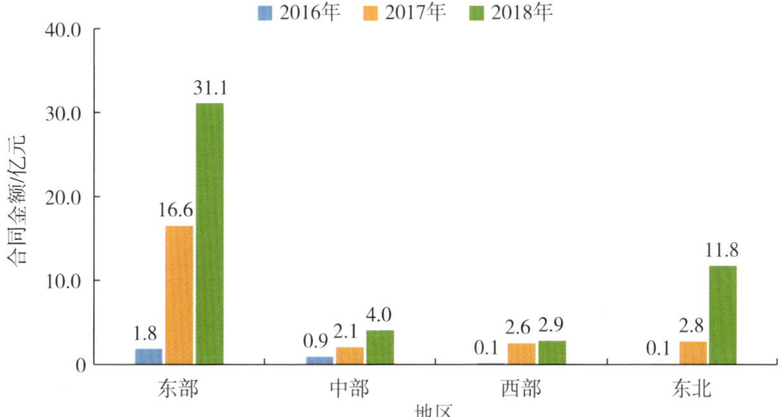

图 1-3-12　各地区中央财政资助项目成果转化合同金额情况

第四章 科技成果转化收入分配及奖励

《促进科技成果转化法》将科技成果的使用权、处置权和收益权下放到研究开发机构、高等院校，科技成果转化后由科技成果完成单位对完成、转化该项科技成果做出重要贡献的人员给予奖励和报酬，并规定现金奖励比例不低于成果转化净收入的50%，股权奖励不低于股份或出资比例的50%。《实施〈中华人民共和国促进科技成果转化法〉若干规定》（以下简称《若干规定》）要求，在研究开发和科技成果转化中做出主要贡献的人员，获得奖励的份额不低于奖励总额的50%。统计发现，随着促进科技成果转化系列政策法规的落实，高校院所对科技人员激励力度不断加大，科研人员获得奖励金额和人次有所增长，科技创富效应逐步显现，充分激励了科研人员创新创业积极性。

一、基本情况

（一）现金和股权收入分配及奖励情况

以转让、许可、作价投资方式转化科技成果获得的现金和股权收入有所增长，科研人员获得的现金和股权奖励增速明显。2018 年，现金和股权收入总金额为128.4亿元，同比增长39.3%，其中个人获得的现金和股权奖励金额达67.6亿元，同比增长44.9%，其中研发与转化主要贡献人员所获现金和股权奖励达63.5亿元，同比增长50.9%（图1-4-1）。现金和股权奖励金额超过1亿元的单位共12家，依次是中国科学院工程热物理研究所（9.7亿元）、中国科学院长春光学精密机械与物理研究所（4.8亿元）、清华大学（4.6亿元）、四川大学（1.9亿元）、中国科学院物理研究所（1.6亿元）、中南大学（1.5亿元）、水利部交通运输部国家能源局南京水利科学研究院（1.3亿元）、中国科学院合肥物质科学研究院（1.3亿元）、南开大学（1.1亿元）、东北大学（1.1亿元）、华南理工大学（1.1亿元）、中国科学院近代物理研究所（1.0亿元）。

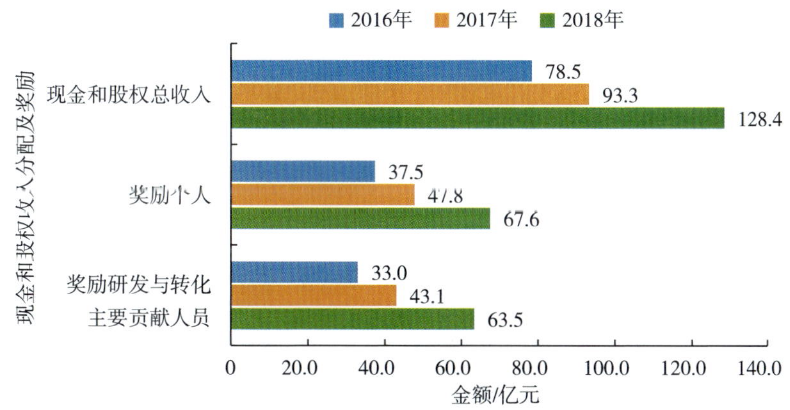

图1-4-1　现金和股权收入分配及奖励金额情况

奖励个人金额占现金和股权收入总额的比例超过50%，奖励研发与转化主要贡献人员金额占奖励个人金额的比例超过90%。奖励人次略有增长，人均奖励金额增速明显。个人获得的现金和股权奖励占现金和股权收入的比例由2017年的51.3%增长到2018年的52.7%，研发与转化主要贡献人员获得的奖励占奖励个人总金额的比例达到 94.0%，高于 2017 年的 90.2%，超过《促进科技成果转化法》和《若干规定》要求的比例，政策红利显著释放，科技创富效应逐步显现（图 1–4–2、图 1–4–3）。奖励人次为 68 292 人次，同比增长 3.4%，人均奖励金额 9.9 万元，同比增长 40.0%。

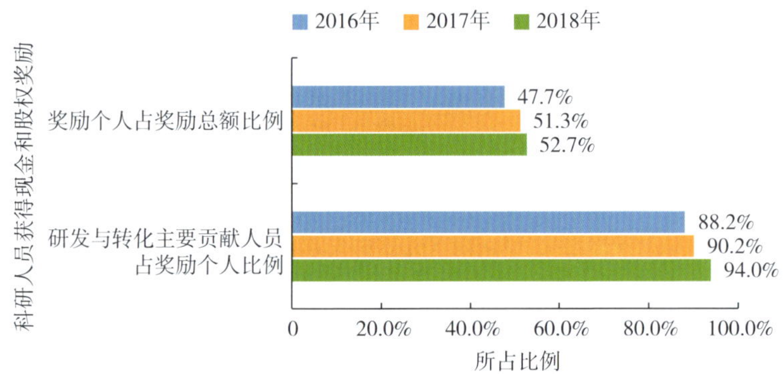

图 1–4–2　科研人员获得现金和股权奖励金额占比情况

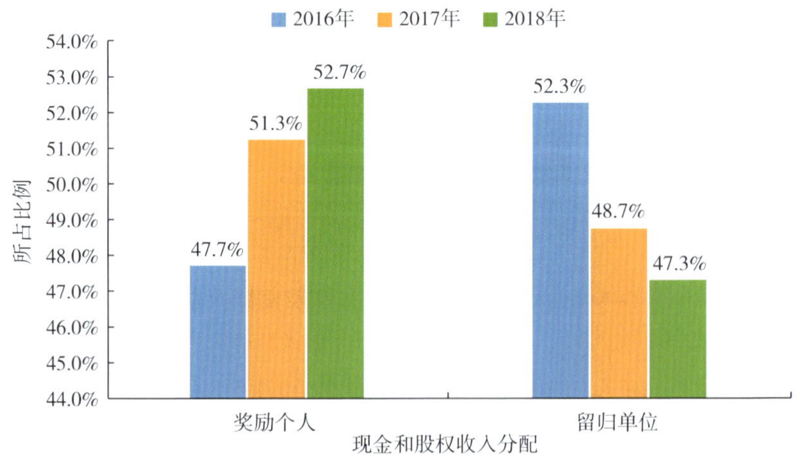

图 1–4–3　现金和股权收入分配情况

（二）现金收入分配及奖励情况

以转让、许可方式转化科技成果获得的现金收入，科研人员获得的现金奖励均较上一年度略有增长。2018 年，现金收入金额为 52.1 亿元，同比增长 11.1%，个人获得的现金奖励金额为 25.0 亿元，同比增长 10.7%，其中研发与转化主要贡献人员所获现金奖励为 21.4 亿元，同比增长 11.0%（图 1–4–4）。

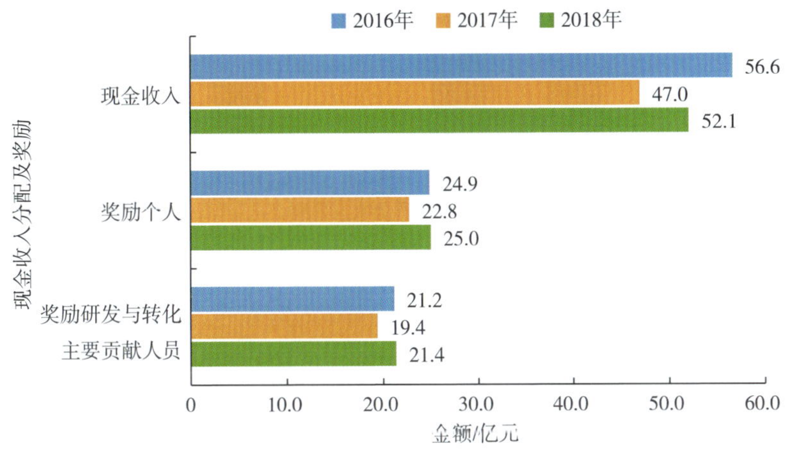

图 1–4–4　现金收入分配及奖励金额情况

奖励个人金额占现金收入总额的比例变化不大，奖励研发与转化主要贡献人员金额占奖励个人金额的比例、现金收入奖励人次均略有增长。2018 年，个人获得的现金奖励占现金收入的比例为 48.0%，与 2017 年的 48.5% 相近，研发与转化主要贡献人员获得的奖励占奖励科研人员总金额的比例为 85.4%，比 2017 年的 85.2% 略有增长（图 1–4–5、图 1–4–6）。奖励人次、人均奖励金额分别为 66 021 人次、3.8 万元，较上年分别增长了 4.8%、5.6%。现金奖励个人金额超过 1 亿元的单位共 2 家，分别为清华大学（1.3 亿元）、水利部交通运输部国家能源局南京水利科学研究院（1.3 亿元）。

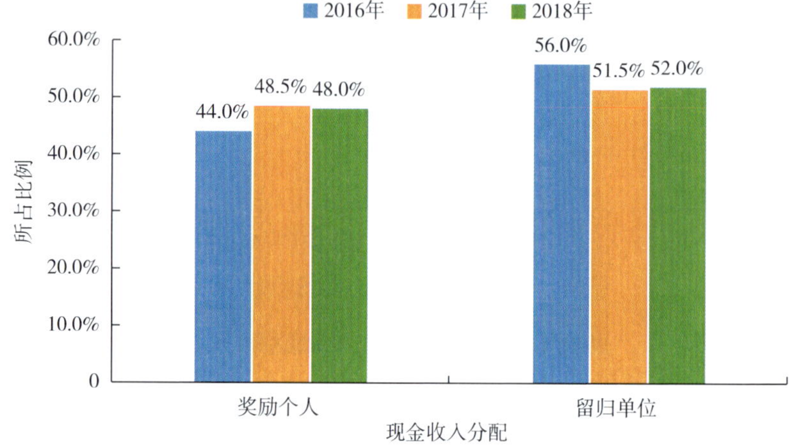

图 1-4-5　现金收入留归单位和奖励个人分配比例情况

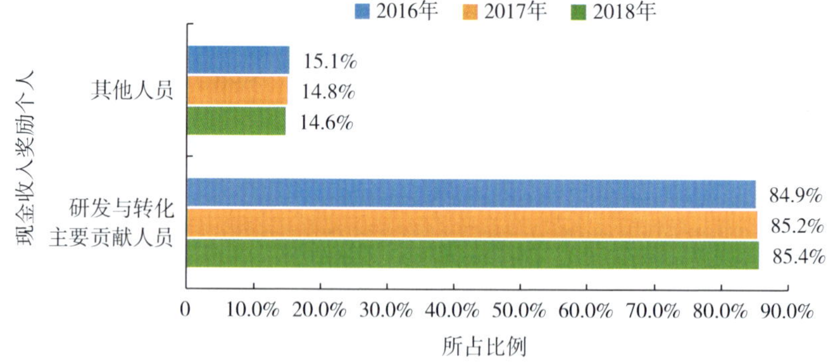

图 1-4-6　现金收入奖励个人分配比例情况

（三）股权收入分配及奖励情况

以作价投资方式转化科技成果获得的股权收入、科研人员获得的股权奖励均持续增长。2018 年，股权收入金额为 76.3 亿元，同比增长 67.7%，其中个人获得的股权奖励达 42.6 亿元，同比增长 75.8%，其中研发与转化主要贡献人员所获股权奖励达 42.2 亿元，同比增长 83.5%（图 1-4-7）。

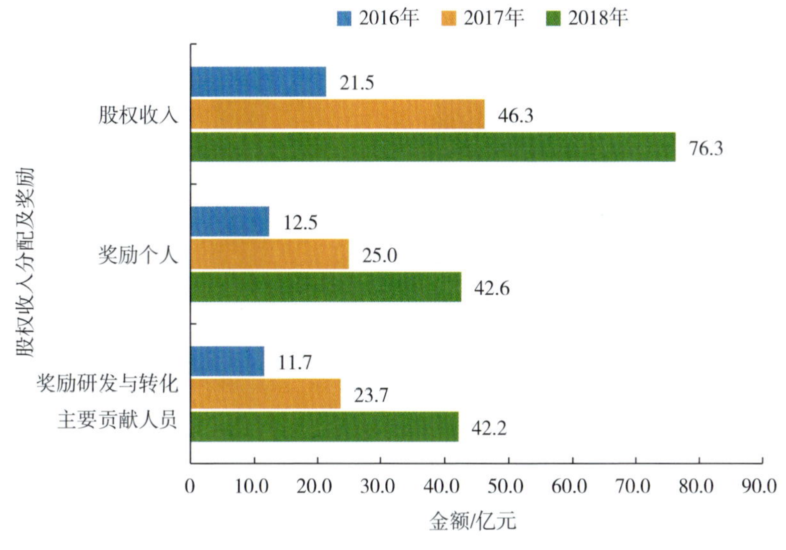

图 1-4-7 股权收入分配情况

奖励个人金额占股权收入总额的比例超过 50%，与 2017 年相比略有增长，奖励研发与转化主要贡献人员金额占奖励个人金额的比例略有增长，奖励人次略有降低，人均奖励金额大幅增长，股权收入人均奖励金额是现金收入人均奖励金额的近 50 倍。个人获得的股权奖励占股权收入的比例为 55.9%，高于 2017 年的 54.0%，研发与转化主要贡献人员获得的股权奖励占奖励科研人员总金额的比例由 2017 年的 94.8% 增长到 99.0%（图 1-4-8、图 1-4-9）。奖励人次为 2271 人次，同比降低 24.5%，股权人均奖励金额为 187.6 万元，同比增长 132.8%，是现金奖励人均奖励金额的 49.5 倍。

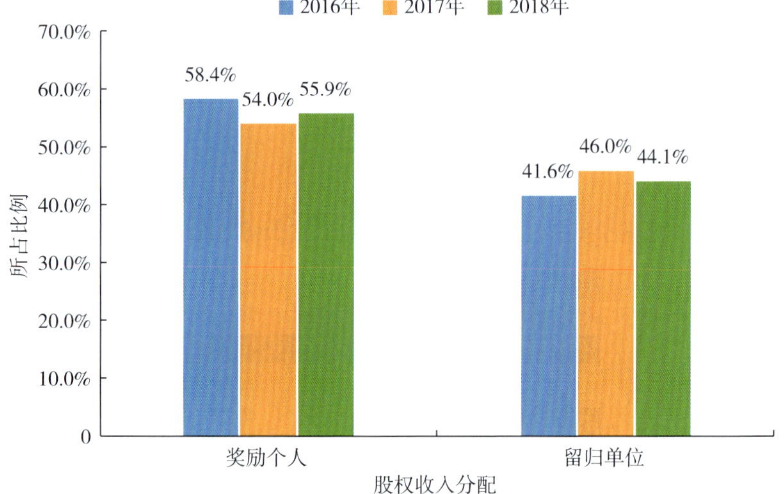

图 1-4-8 股权收入留归单位和奖励个人分配比例情况

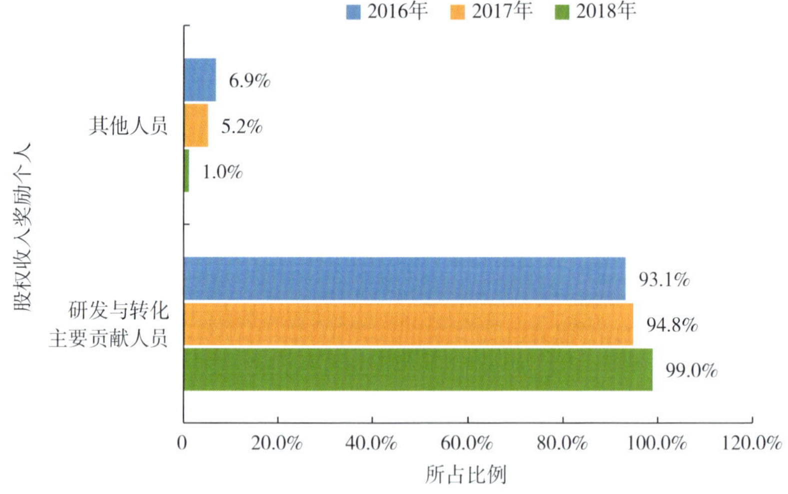

图 1-4-9 股权收入奖励个人分配情况

股权收入奖励科研人员金额超过 1 亿元的单位共 10 家，分别是中国科学院工程热物理研究所（9.4 亿元）、中国科学院长春光学精密机械与物理研究所（4.7 亿元）、清华大学（3.2 亿元）、四川大学（1.8 亿元）、中国科学院物理研究所（1.6 亿元）、中南大学（1.4 亿元）、中国科学院合肥物质科学研究所（1.3 亿元）、南开大学（1.1 亿元）、东北大学（1.0 亿元）、中国科学院近代物理研究所（1.0 亿元）。

二、中央所属单位收入分配及奖励情况

（一）现金和股权收入分配及奖励情况

中央所属高校院所以转让、许可、作价投资方式转化科技成果获得的现金和股权收入增长近 60%，科研人员获得的现金和股权奖励增长率超过 60%。2018 年，526 家中央所属高校院所以转让、许可、作价投资方式转化科技成果获得的现金和股权收入总金额为 100.9 亿元，同比增长 58.8%，其中个人获得的现金和股权奖励金额达 53.1 亿元，同比增长 62.9%，其中研发与转化主要贡献人员所获现金和股权奖励达 51.4 亿元，同比增长 66.4%（图 1–4–10）。

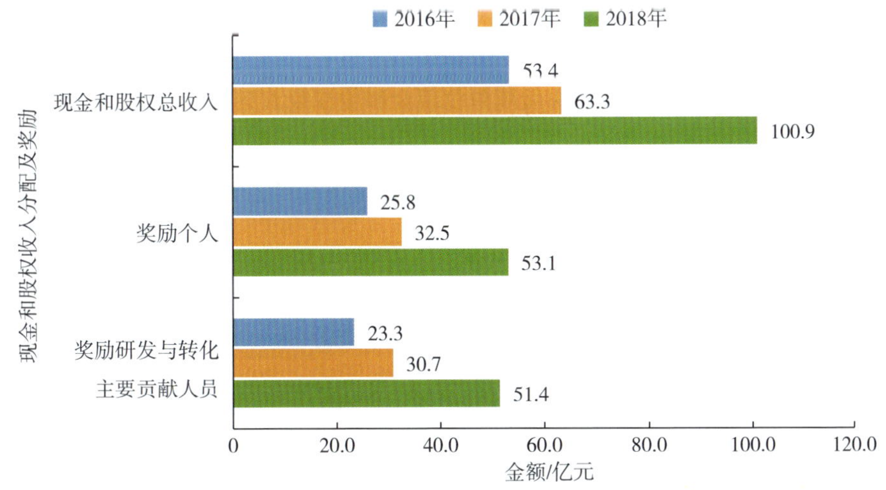

图 1–4–10　中央所属单位现金和股权收入分配及奖励情况

奖励个人金额占现金和股权收入总额的比例超过 50%，奖励研发与转化主要贡献人员金额占奖励个人金额的比例超过 95%。奖励人次略有减少，奖励金额持续增长。2018 年，个人获得的现金和股权奖励占现金和股权收入总额的比例达 52.6%，研发与转化主要贡献人员获得的奖励占奖励科研人员总金额的比例由 2017 年的 94.6% 增长到 2018 年的 96.9%（图 1–4–11、图 1–4–12）。奖励人次为 26 291 人次，同比降低 4.9%，人均奖励金额 20.2 万元，同比增长 71.2%。

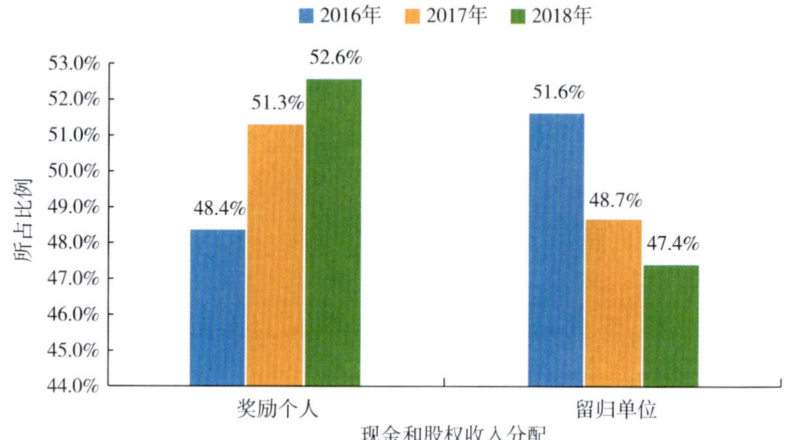

图 1–4–11　中央所属单位现金和股权收入分配情况

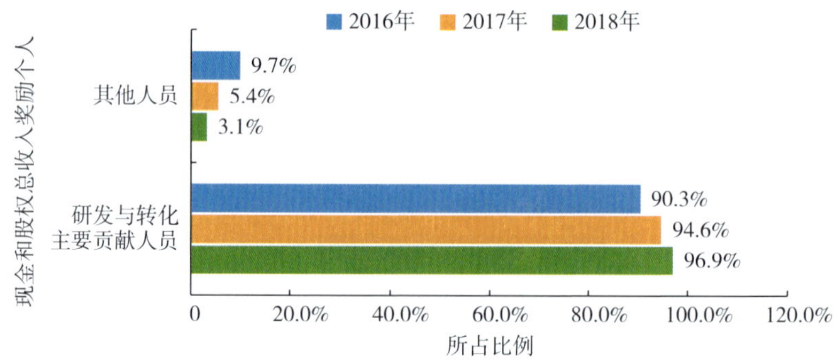

图 1–4–12　中央所属单位现金和股权收入奖励个人分配情况

2018 年，以现金和股权收入奖励个人总金额排名前 3 位的依次是中国科学院工程热物理研究所、中国科学院长春光学精密机械与物理研究所及清华大学。2018 年，中国科学院工程热物理研究所科研人员获得的科技成果转化现金和股权奖励总额达 9.7 亿元，人均奖励金额 393.0 万元，其中获得的现金奖励总额为 3140.4 万元，人均奖励金额 61.6 万元，获得股权奖励总额为 93 532.9 万元，人均奖励金额 479.7 万元。2018 年，清华大学科研人员获得的科技成果转化现金和股权奖励总额达 4.5 亿元，人均奖励金额 126.1 万元，其中获得的现金奖励总额为 1.3 亿元，人均奖励金额 70.1 万元，获得股权奖励总额为 3.2 亿元，人均奖励金额 219.4 万元，充分激发了科研人员积极性。

（二）现金收入分配及奖励情况

中央所属高校院所以转让、许可方式转化科技成果获得的现金收入有所增长，科研人员获得的现金奖励、研发与转化主要贡献人员所获现金奖励均略有增长。2018 年，526 家中央所属高校院所以转让、许可方式转化科技成果获得的现金收入总金额为 30.3 亿元，同比增长 20.5%，其中个人获得的现金奖励金额为 14.6 亿元，同比增长 16.3%，其中研发与转化主要贡献人员所获现金奖励为 13.1 亿元，同比增长 15.3%（图 1–4–13）。

奖励个人金额占现金收入总额的比例、奖励研发与转化主要贡献人员金额占奖励个人金额的比例均变化不大。奖励人次略有减少，人均奖励金额略有增长。2018 年，个人获得的现金奖励占现金收入总额的比例为 48.1%，比 2017 年的 49.7% 略有降低，研发与转化主要贡献人员获得的奖励占奖励科研人员总金额的比例由 2017 年的 89.8% 到 2018 年的 89.6%，略有降低（图 1–4–14、图 1–4–15）。奖励人次为 24 526 人次，同比降低 4.2%，人均奖励金额 6.0 万元，同比增长 21.4%。

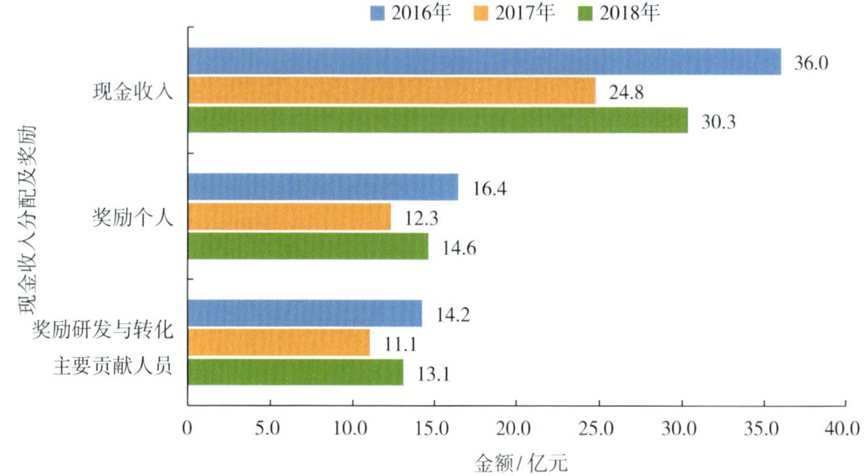

图 1-4-13　现金收入分配及奖励情况

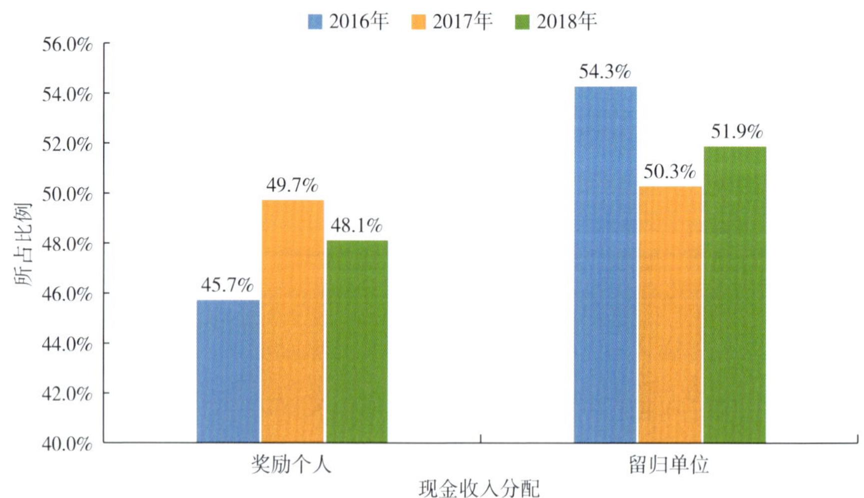

图 1-4-14　现金收入分配情况

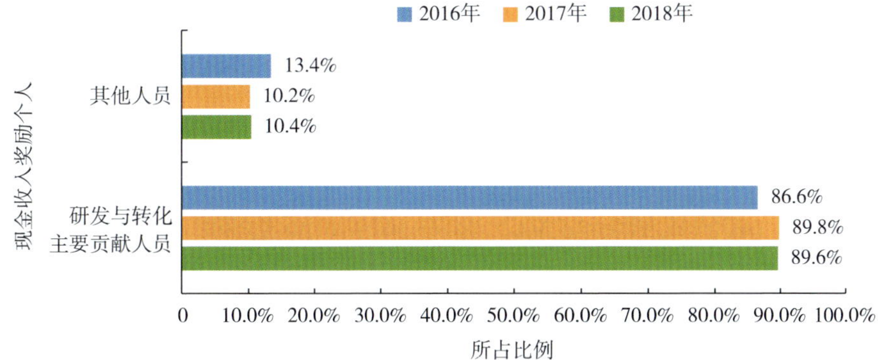

图 1-4-15　现金收入奖励个人分配情况

（三）股权收入分配及奖励情况

中央所属高校院所以作价投资方式转化科技成果获得的股权收入、科研人员获得的股权奖励均快速增长。2018 年，526 家中央所属高校院所以作价投资方式转化科技成果获得的股权收入总金额为 70.6 亿元，同比增长 83.2%，个人获得的股权奖励金额为 38.5 亿元，同比增长 90.8%，其中，研发与转化主要贡献人员所获股权奖励为 38.3 亿元，同比增长 95.0%（图 1-4-16）。

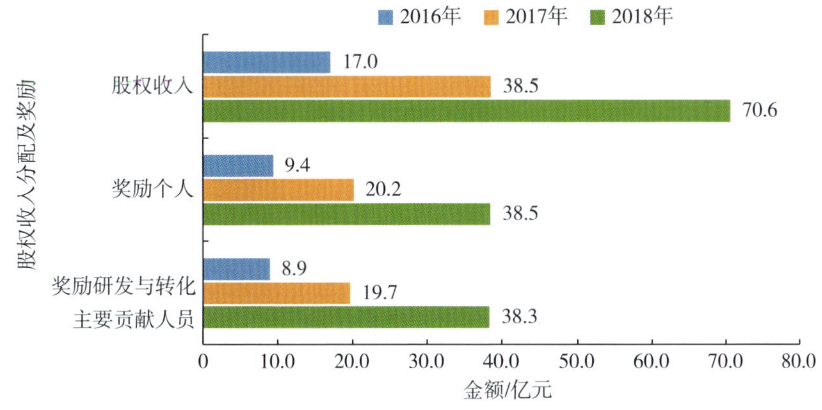

图 1-4-16　股权收入分配及奖励情况

奖励个人金额占股权收入总额的比例超过 50%，与 2017 年相比略有增长，奖励研发与转化主要贡献人员金额占奖励个人金额的比例略有增长。奖励人次略有降低，人均奖励金额大幅增长。股权人均奖励金额约是现金人均奖励金额的 36 倍多。2018 年，个人获得的股权奖励占股权收入总额的比例为 54.5%，高于 2017 年的 52.3%，研发与转化主要贡献人员获得的股权奖励占奖励科研人员总金额的比例由 2017 年的 97.5% 增长到 2018 年的 99.6%（图 1–4–17、图 1–4–18）。奖励人次为 1765 人次，同比降低 12.7%，股权人均奖励金额 217.9 万元，同比增长 118.5%，是现金奖励人均奖励金额的 36.6 倍。

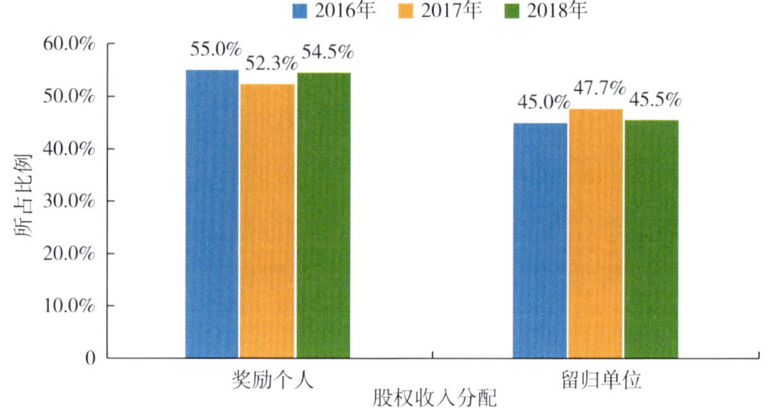

图 1–4–17　股权收入分配情况

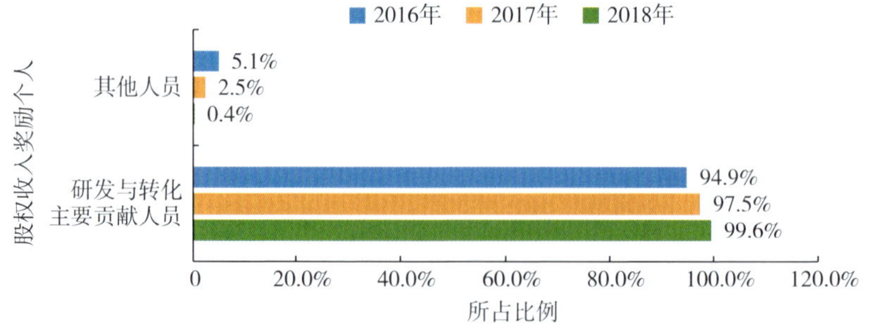

图 1–4–18　股权收入奖励个人分配情况

三、各省、直辖市、自治区所属单位收入分配及奖励情况

（一）现金和股权收入分配及奖励情况

1. 收入分配及奖励概况

地方所属高校院所以转让、许可、作价投资方式转化科技成果获得的现金和股权收入略有降低，科研人员获得的现金和股权奖励略有增长。2018 年，2674 家地方所属高校院所以转让、许可、作价投资方式转化科技成果获得的现金和股权收入总金额为 27.5 亿元，同比降低 4.3%，个人获得的现金和股权奖励金额为 14.6 亿元，同比增长 3.2%，其中研发与转化主要贡献人员所获现金和股权奖励为 12.1 亿元，同比增长 8.1%（图 1-4-19）。

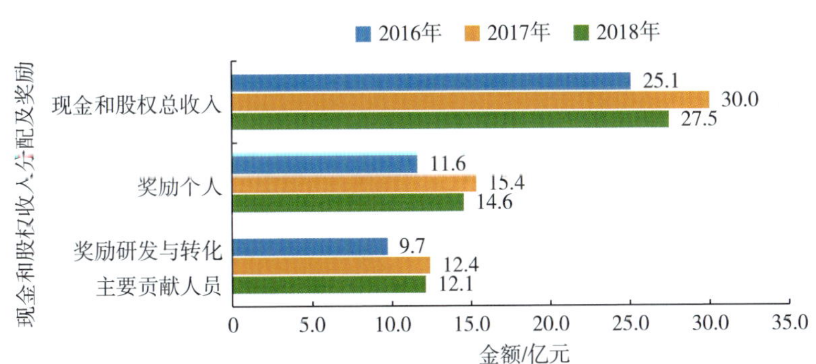

图 1-4-19　现金和股权收入分配及奖励情况

奖励个人金额占现金和股权收入总额的比例超过 50%，与 2017 年相比略有增长，奖励研发与转化主要贡献人员金额占奖励个人金额的比例超过 80%。奖励人次略有增长，人均奖励金额略有降低。2018 年，个人获得的现金和股权奖励占现金和股权收入总额的比例由 2017 年的

51.1% 增长到 2018 年的 53.0%，研发与转化主要贡献人员获得的奖励占奖励科研人员总金额的比例由 2017 年的 81.0% 增长到 2018 年的 83.3%（图 1-4-20、图 1-4-21）。奖励人次为 42 001 人次，同比增长 9.0%，人均奖励金额 3.5 万元，同比降低 5.3%。

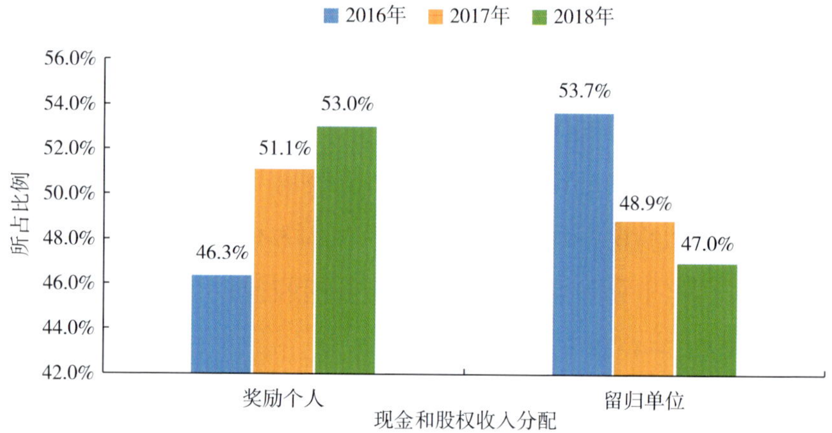

图 1-4-20 现金和股权收入分配情况

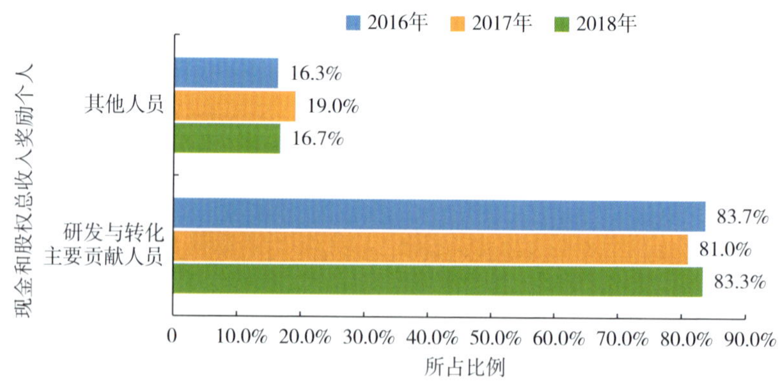

图 1-4-21 现金和股权收入奖励个人分配情况

2. 各地方单位收入分配及奖励情况

2018 年，广东省、江苏省、山东省所属高校院所以转让、许可、作价投资方式转化科技成果获得的现金和股权收入金额排名为全国前 3 位，江苏省、山东省、浙江省所属的单位奖励个人金额排名为全国前 3 位，江苏省、浙江省、山东省所属的单位奖励研发与转化主要贡献人员金额的排名为全国前 3 位。广东省、江苏省、山东省现金和股权收入金额分别是 4.7 亿元、2.7 亿元、2.6 亿元，江苏省、山东省、浙江省奖励个人金额分别是 1.6 亿元、1.5 亿元、1.4 亿元，江苏省、浙江省、山东省奖励研发与转化主要贡献人员金额分别是 1.5 亿元、1.2 亿元、1.1 亿元。奖励人次排名前 3 位的省分别是江苏省（6507 人次）、浙江省（4483 人次）、广东省（4311 人次）（图 1-4-22、图 1-4-23）。

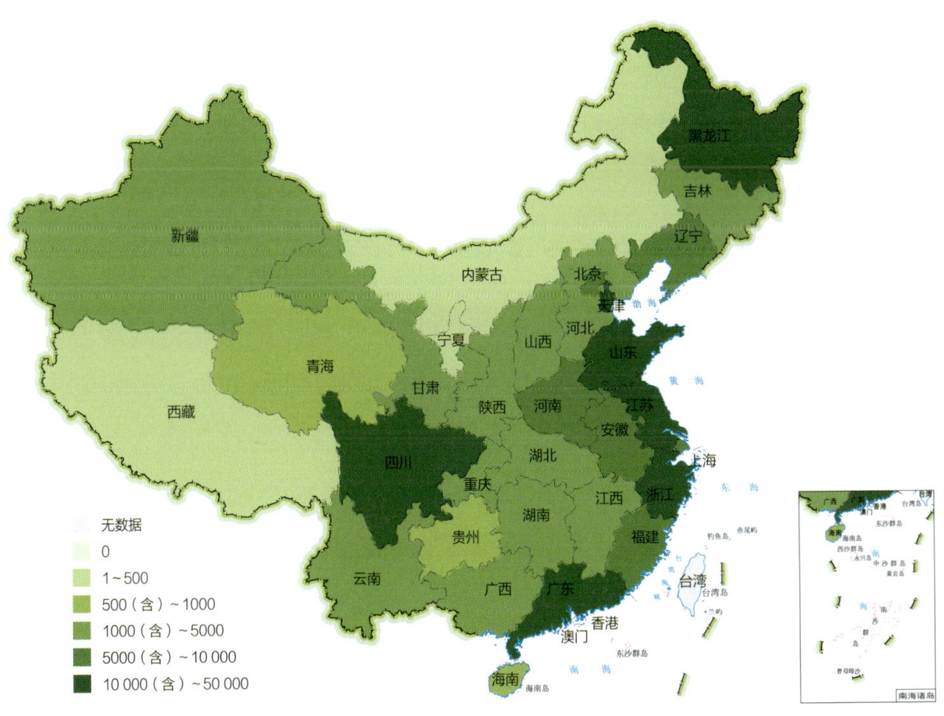

图 1-4-22　地方所属高校院所现金和股权收入金额情况（单位：万元）

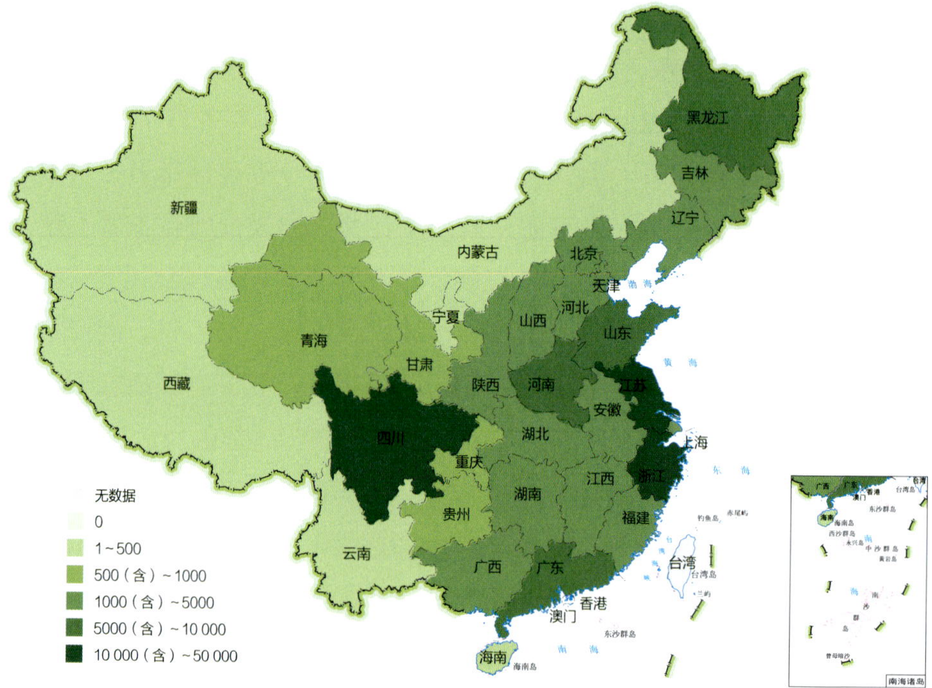

图 1-4-23　地方所属高校院所现金和股权奖励个人金额情况（单位：万元）

（二）现金收入分配及奖励情况

地方所属高校院所以转让、许可方式转化科技成果获得的现金收入略有降低，科研人员获得的现金奖励略有增长。2018 年，2674 家地方所属高校院所以转让、许可方式转化科技成果获得的现金收入总金额为 21.8 亿元，同比降低 0.2%，个人获得的现金奖励金额为 10.4 亿元，同比增长 3.9%，其中，研发与转化主要贡献人员所获现金奖励为 8.3 亿元，同比增长 4.9%（图 1-4-24）。

奖励个人金额占现金收入总额的比例近 50%，与 2017 年相比基本一致，奖励研发与转化主要贡献人员金额占奖励个人金额的比例变化不大且接近80%。奖励人次略有增长，人均奖励金额略有降低。2018年，个人获得的现金奖励占现金收入总额的比例由2017年的47.1%增长到2018年的47.9%，研发与转化主要贡献人员获得的奖励占奖励科研人员总金额的比例为79.6%，略低于2017年的79.7%（图1-4-25、图1-4-26）。奖励人次为41 495人次，同比增长10.5%，人均奖励金额2.5万元，同比降低6.0%。

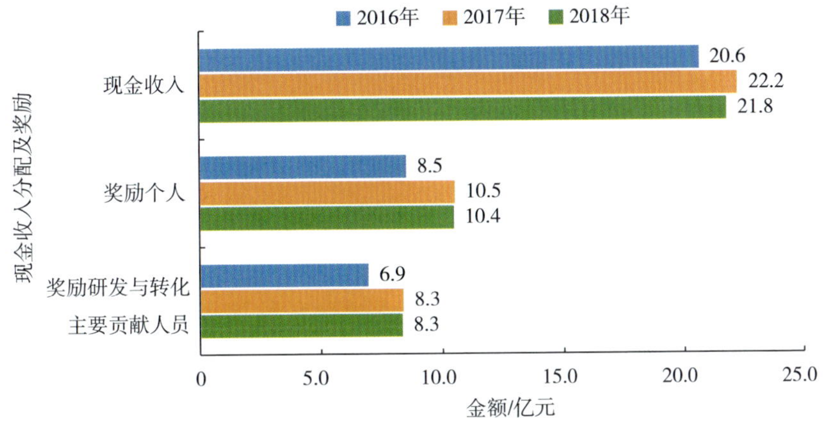

图1-4-24 现金收入分配及奖励情况

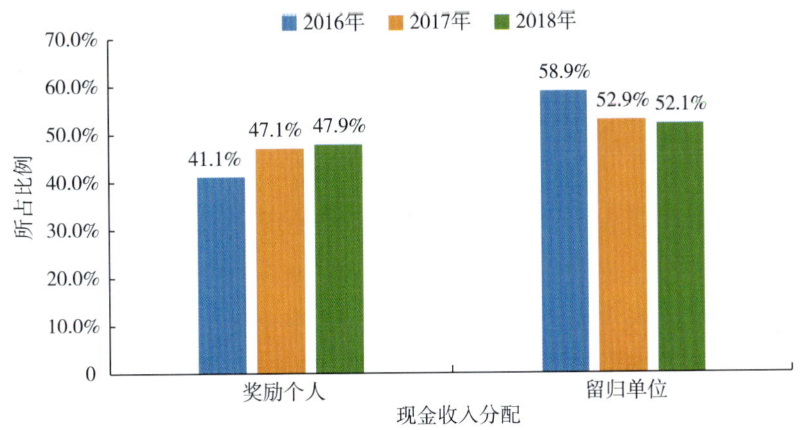

图1-4-25 现金收入分配情况

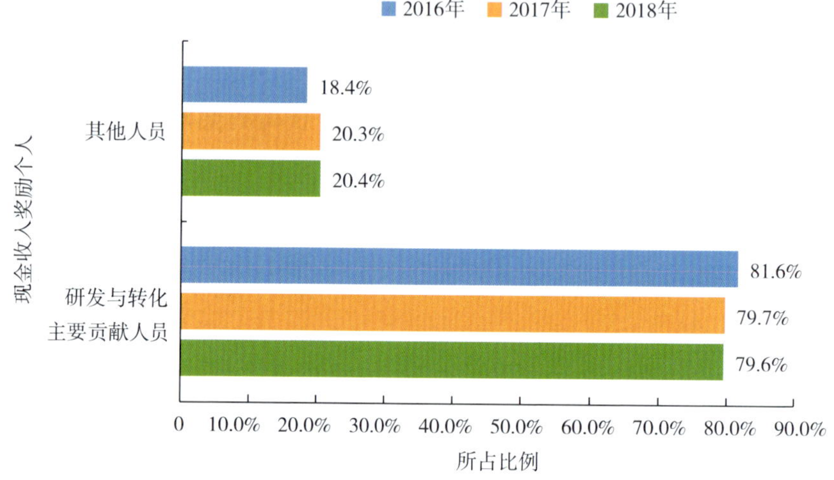

图 1-4-26　现金收入奖励个人分配情况

（三）股权收入分配及奖励情况

地方所属高校院所以作价投资方式转化科技成果获得的股权收入略有降低，科研人员获得股权奖励略有增长。2018 年，2674 家地方所属高校院所以作价投资方式转化科技成果获得的股权收入为 5.7 亿元，同比降低 18.2%，个人获得的股权奖励金额为 4.1 亿元，同比增长 1.5%，其中，研发与转化主要贡献人员所获股权奖励为 3.8 亿元，同比增长 15.4%（图 1-4-27）。

奖励个人金额占股权收入总额的比例、奖励研发与转化主要贡献人员金额占奖励个人金额的比例均有所增长。奖励人次减少，股权人均奖励金额快速增长，股权人均奖励金额是现金人均奖励金额的 32 倍多。2018 年，个人获得的股权奖励占股权收入总额的比例由 2017 年的 62.5% 增长到 2018 年的 72.4%，研发与转化主要贡献人员获得的股权奖励占奖励科研人员总金额的比例由 2017 年的 83.7% 增长到 2018 年的 92.6%（图 1-4-28、图 1-4-29）。奖励人次为 506 人次，同比降低

48.7%，股权人均奖励金额为 82.0 万元，同比增长 98.0%，是现金奖励人均奖励金额的 32.6 倍。

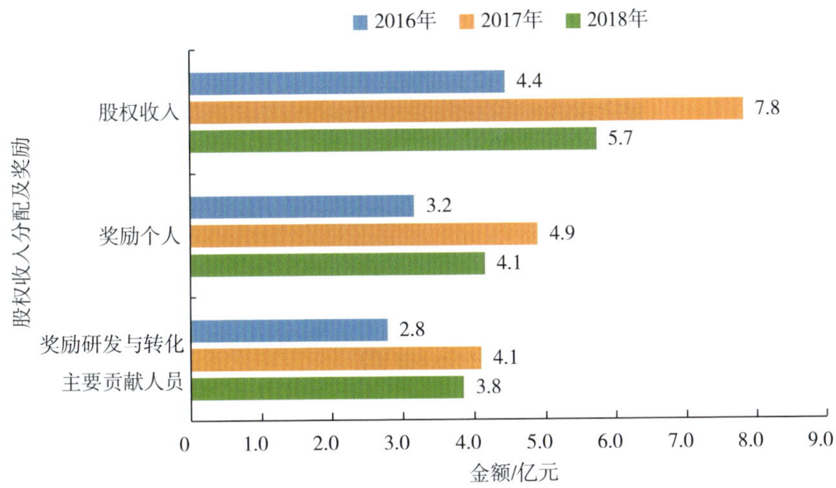

图 1-4-27　股权收入分配及奖励情况

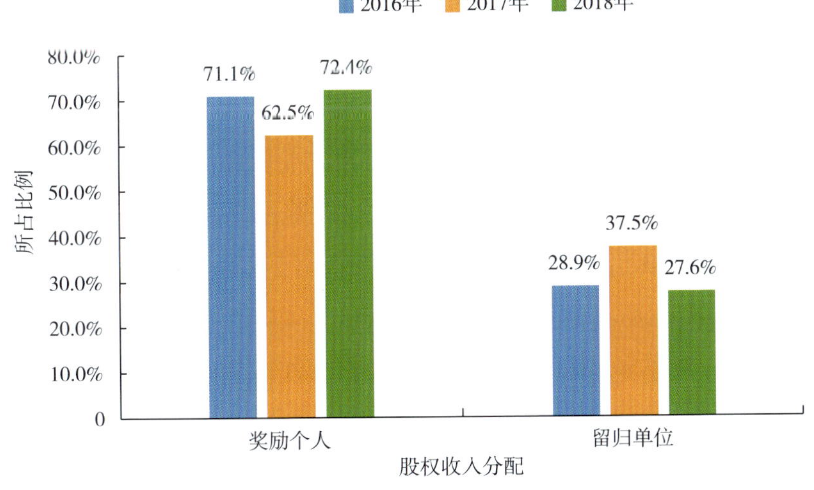

图 1-4-28　股权收入分配情况

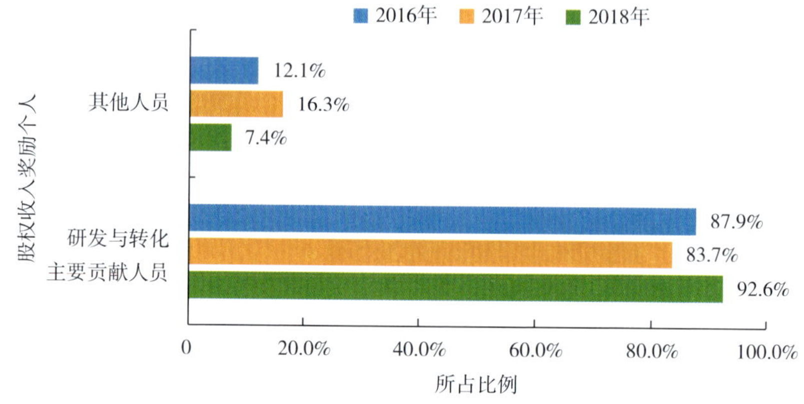

图 1-4-29　股权收入奖励个人分配情况

四、地区收入分配及奖励情况

按单位所在地区统计，2018 年，各地方辖区内的高校院所以转让、许可、作价投资方式转化科技成果获得的现金和股权收入金额排名前 3 位的省市分别是北京市（45.9 亿元）、吉林省（10.4 亿元）、上海市（9.3 亿元）。

北京市、江苏省、吉林省辖区内的高校院所以转让、许可、作价投资方式转化科技成果获得的现金和股权奖励个人金额排名全国前 3 位，北京市、吉林省、江苏省奖励研发与转化主要贡献人员金额排名全国前 3 位。北京市、江苏省、吉林省现金和股权奖励个人金额分别是 23.2 亿元、5.1 亿元、5.0 亿元，北京市、吉林省、江苏省奖励研发与转化主要贡献人员金额分别是 22.2 亿元、5.0 亿元、4.9 亿元。奖励人次排名前 3 位的省市分别是北京市（12 947 人次）、江苏省（10 968 人次）、浙江省（4926 人次）（图 1-4-30）。

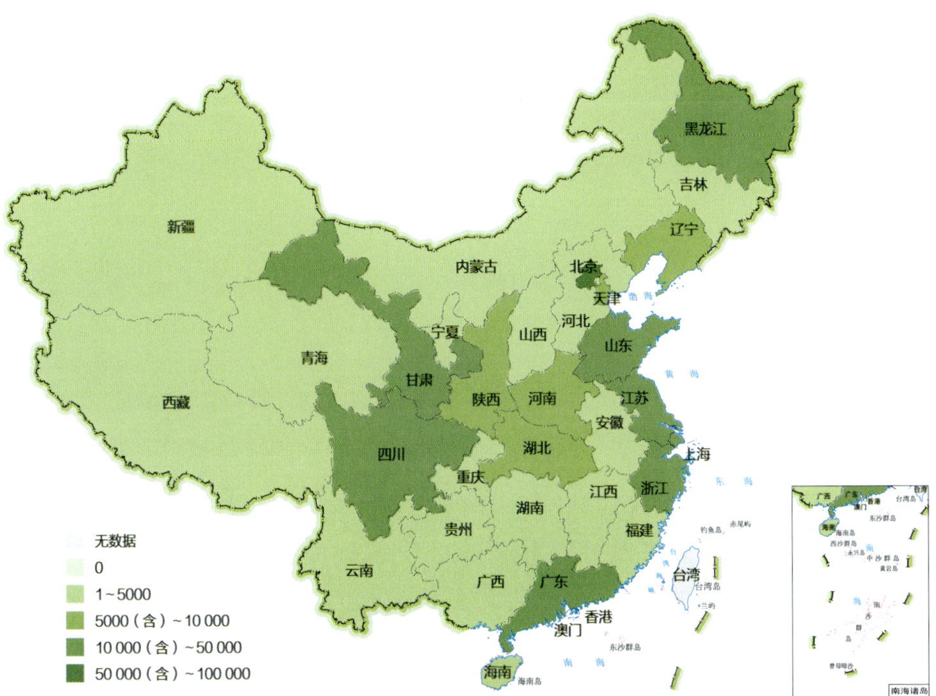

图 1-4-30　各地方辖区内高校院所现金和股权奖励个人金额情况（单位：万元）

第五章
产学研合作

《若干规定》指出，国家设立的研究开发机构、高等院校按照规定格式报送的科技成果转化年度报告中，应包括签订的技术开发合同、技术咨询合同、技术服务合同等产学研合作情况。《财政部　科技部关于研究开发机构和高等院校报送科技成果转化年度报告工作有关事项的通知》（财科教〔2018〕32号）规定，产学研合作情况主要是指技术开发、咨询、服务3种方式的技术活动。统计分析发现，3200家高校院所输出技术和服务的能力不断强化，技术开发、咨询、服务数量和质量稳步提升，进一步助力供给侧结构性改革，构筑经济发展新动能。

一、基本情况

"四技"合同金额略有增长。2018年，3200家高校院所签订的"四技"合同总金额达930.8亿元，同比增长16.6%，其中"四技"合同金额超过1亿元的单位为205家，同比增长27.0%。"四技"合同总项数达315 855项，同比降低18.4%。

技术开发、咨询、服务合同项数略有降低，合同项数占"四技"合同总项数的比例超过95%。2018年，技术开发、咨询、服务合同项数

304 553 项，同比降低 19.1%，占“四技”合同总数的比例为 96.4%（2017 年占比为 97.3%），技术开发、咨询、服务合同是 3200 家高校院所的主要技术交易活动（图 1–5–1）。

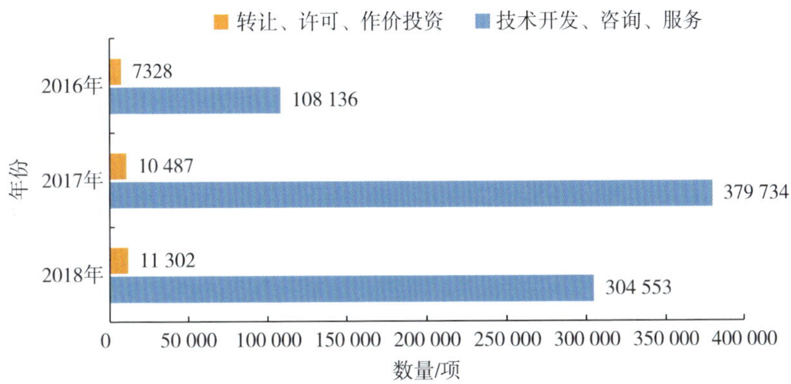

图 1–5–1　不同转化方式合同项数情况

技术开发、咨询、服务合同金额增长超过 10%，占“四技”合同总金额的比例超过 80%。2018 年，技术开发、咨询、服务合同金额为 753.5 亿元，同比增长 10.4%，占“四技”合同总金额的 80.9%（2017 年占比为 85.0%）（图 1–5–2）。

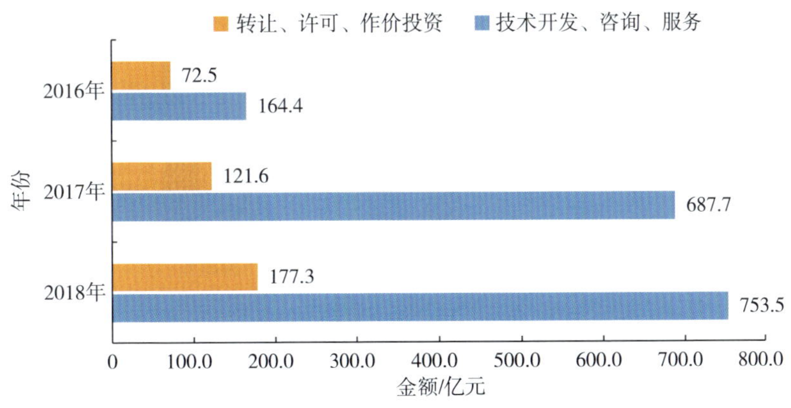

图 1–5–2　不同转化方式合同金额情况

技术开发、咨询、服务合同金额超过 10 亿元的单位共 8 家，分别是清华大学（22.7 亿元）、浙江大学（17.2 亿元）、东南大学（15.5 亿元）、上海交通大学（12.8 亿元）、北京理工大学（12.2 亿元）、华南理工大学（11.7 亿元）、同济大学（11.4 亿元）、中国水利水电研究院（10.1 亿元）。2018 年，清华大学签订的产学研合作（技术开发、咨询、服务）合同中，合同金额超过 1000 万元的有 25 项，其中“原位微纳米量子器件制备加工系统的研发”合同金额 5600 万元。

二、中央所属单位产学研合作情况

中央所属单位技术开发、咨询、服务合同金额略有增长，合同项数有所增长。2018 年，526 家中央所属高校院所签订的技术开发、咨询、服务合同金额为 465.8 亿元，同比增长 15.4%；合同项数为 113 801 项，同比增长 26.7%（图 1-5-3）。

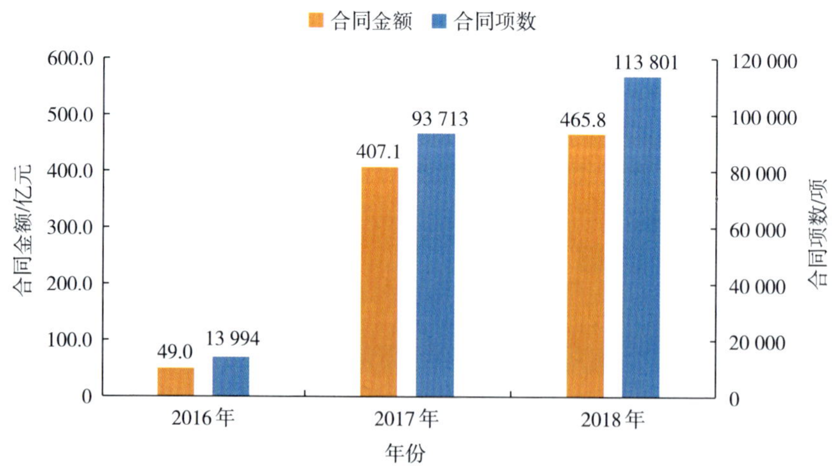

图 1-5-3　中央所属单位产学研合作情况

三、各省、直辖市、自治区所属单位产学研合作情况

（一）产学研合作概况

地方所属高校院所的技术开发、咨询、服务合同项数有所降低，合同金额略有增长。2018 年，2674 家地方所属高校院所签订的技术开发、咨询、服务合同项数共 190 752 项，同比降低 33.6%，合同金额共 287.7 亿元，同比增长 3.2%（图 1–5–4）。

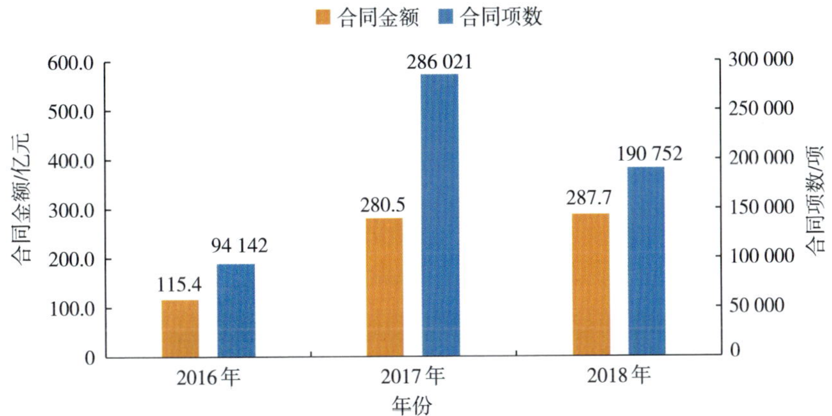

图 1–5–4　地方所属单位产学研合作情况

（二）各地方产学研合作情况

2018 年，地方所属高校院所签订的技术开发、咨询、服务合同总项数排名前 3 位的省市分别是广东省（27 963 项）、浙江省（25 668 项）、天津市（14 379 项），合同总金额排名前 3 位的省分别是江苏省（35.5 亿元）、广东省（26.9 亿元）、浙江省（25.2 亿元）。广东省科学院产学研合作（技术开发、咨询、服务）合同金额达 5.5 亿元，在所有地方所属单位中排名第 1 位（图 1–5–5、图 1–5–6）。

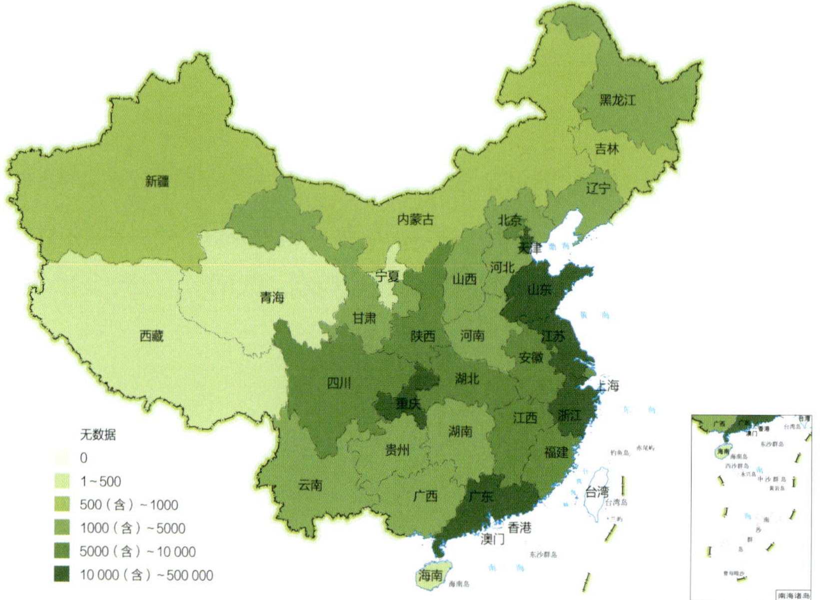

图 1-5-5　地方所属高校院所产学研合作合同项数情况（单位：项）

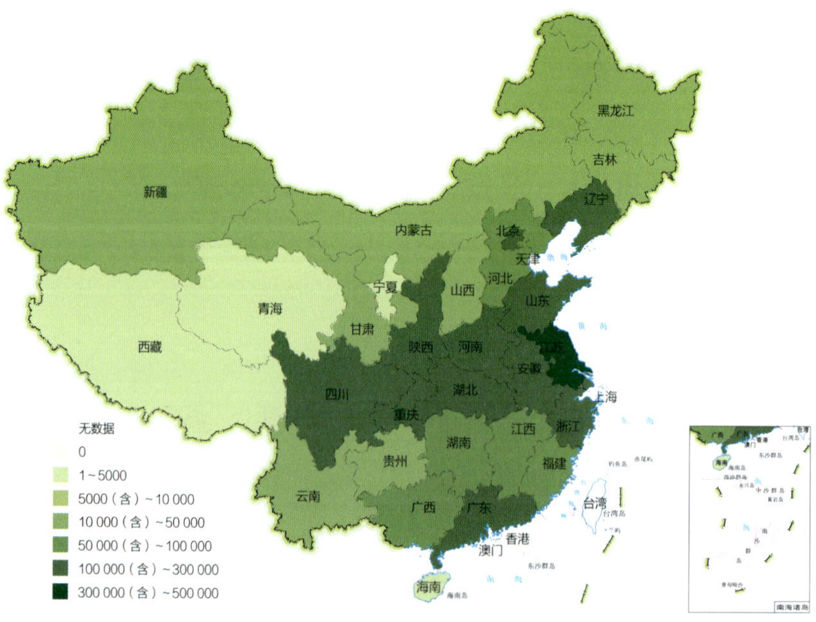

图 1-5-6　地方所属高校院所产学研合作合同金额情况（单位：万元）

四、地区产学研合作情况

按照单位所在辖区统计，2018 年全国各地方辖区内的高校院所签订的产学研合作（技术开发、咨询、服务）合同项数排名前 3 位的省市分别是北京市（36 769 项）、广东省（34 917 项）、浙江省（30 153 项），合同金额排名前 3 位的省市分别是北京市（160.3 亿元）、江苏省（90.2 亿元）、广东省（58.3 亿元）（图 1–5–7、图 1–5–8）。

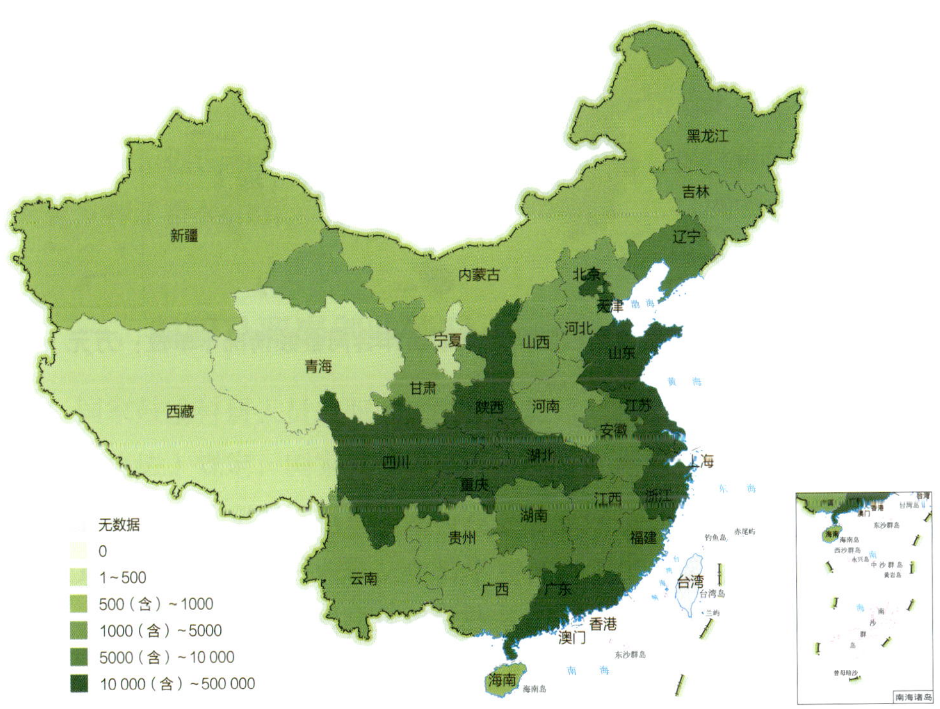

图 1–5–7　各地方辖区内高校院所产学研合作合同项数情况（单位：项）

3200家高校院所兼职从事成果转化和离岗创业人员的数量为11 057人，同比增长5.5%。其中，526家中央所属高校院所兼职人员从事成果转化和离岗创业人员的数量为2551人，同比降低21.9%。2674家地方所属高校院所兼职人员从事成果转化和离岗创业人员的数量为8506人，同比增长18.0%（图1–6–1）。平均每个单位兼职从事成果转化和离岗创业人员的数量为3.5人，其中526家中央所属高校院所平均每家单位兼职从事成果转化和离岗创业人员的数量为4.8人，2674家地方所属高校院所平均每家单位兼职从事成果转化和离岗创业人员的数量为3.2人。

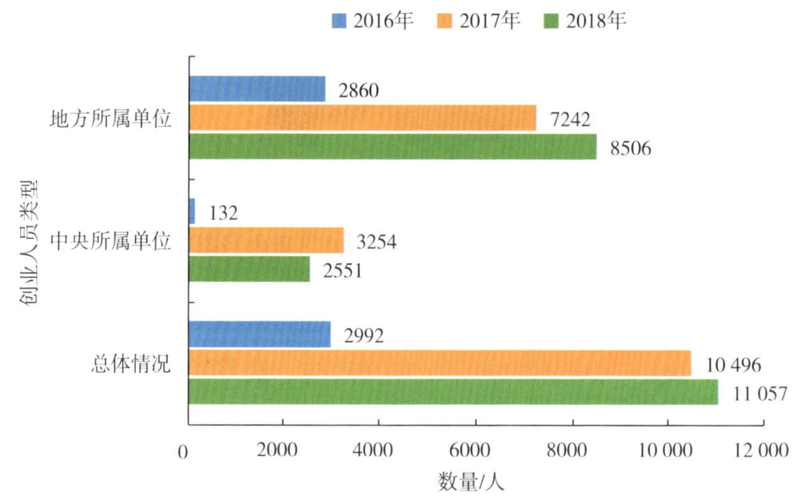

图 1–6–1　兼职从事成果转化和离岗创业人员情况

北京大学、中国科学院计算技术研究所等单位积极采取措施推动科研人员兼职兼薪。2016—2018年，北京大学陆续发布了《北京大学教研系列教师校外兼职管理试行办法》和《北京大学关于教师长期离岗的规定》，明确了全校各单位教师校外兼职审批备案制度。从制度上对教师的兼职兼薪进行了规范，尤其是兼职备案审批工作机制的建立，让教师的兼职兼薪有章可循，支持教师参与成果转化工作。2018 年，中国科学院计算技术研究所出台《计算所科技人员离岗创业管理细则》，对科技人员的兼职及离岗创业规定：允许科技人员兼职并鼓励员工离岗创业，经计算所同意离岗创业的计算所员工，原则上保留人事关系不超过 3 年。

二、创设和参股新公司情况

科技成果转移转化相关协议签订后，科技成果的技术支持和顺利产业化是科技成果转移转化成功与否的关键。很多高校院所在转化科技成果后，通过创设和参股新公司的方式，进一步支持、服务科技成果产业化的后续工作，尤其是以作价投资方式转化科技成果的单位，往往成为新成立公司的股东。因此，对创设和参股新公司的统计分析，有助于更全面地了解科技成果转化成效。

创设和参股新公司数量增长率超 10%，其中，中央所属单位创设和参股新公司的数量超 70%，地方所属单位创设和参股新公司数量略有降低。2018 年，3200 家高校院所创设和参股新公司数量为 2155 家，同比增长 16.2%。中央所属高校院所创设和参股新公司数量为 990 家，同比增长 76.8%。地方所属高校院所创设和参股新公司数量为 1165 家，同比降低 10.6%（图 1–6–2）。3200 家高校院所平均创设和参股新公司 0.7 家，中央所属单位平均创建 1.9 家，地方所属单位平均创建 0.4 家。

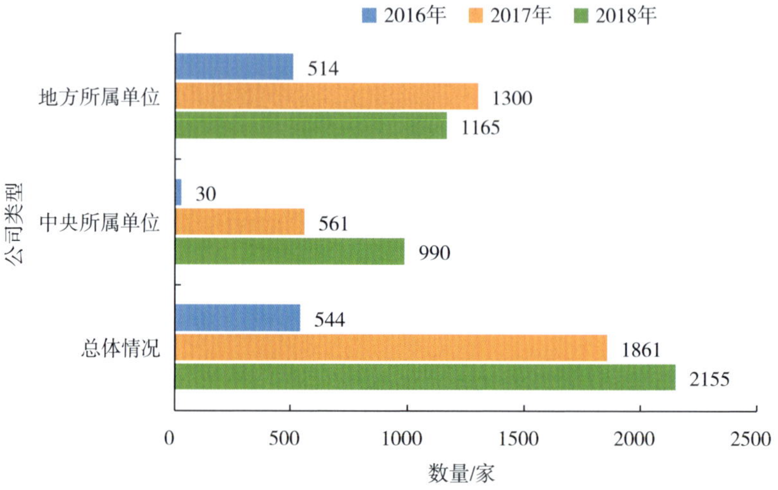

图 1-6-2　创设和参股新公司情况

第七章 技术转移机构建设

《促进科技成果转化法》规定，国家鼓励企业与研究开发机构、高等院校及其他组织采取联合建立研究开发平台、技术转移机构或者技术创新联盟等产学研合作方式，共同开展研究开发、成果应用与推广、标准研究与制定等活动。统计分析发现，部分高校院所专门成立了适合自身特点的技术转移机构，科技成果转移转化不断趋向专业化。高校院所与企业共建的研发机构、转移机构和服务平台的数量快速增加，不断吸纳聚合各方资源助力科技成果转移转化。

一、单位内部技术转移机构及人才建设情况

（一）技术转移机构

设立专门从事科技成果转移转化机构的高校院所的数量占全部单位数量的比例不足 20%。根据对 3200 家高校院所科技成果转化年度报告的统计分析发现，设立了技术转移机构专门负责科技成果转移转化工作的单位有 509 家，占单位总数的 15.9%，其他 2691 家（占单位总数的 84.1%）高校院所主要由科技管理部门（如科研处、科技处等）

负责科技成果转移转化工作（图 1-7-1）。总体而言，各高校院所中专门从事科技成果转移转化的机构数量相较于 2017 年有了一定增长，但仍不够完善。

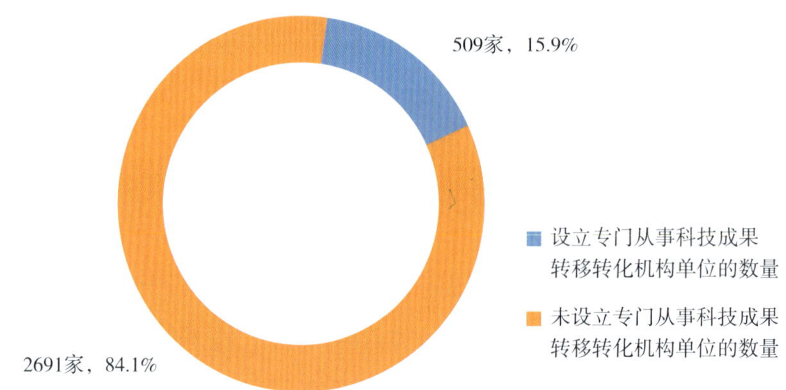

图 1-7-1　各单位设立专门从事科技成果转移转化机构单位的数量情况

（二）技术转移人员

填报技术转移人员信息的高校院所数量相较于2017年有明显增长，但仍然不足单位总数的 50%。根据对 3200 家高校院所科技成果转化年度报告的统计分析可知，填报了本单位从事科技成果转移转化工作人员数量的单位共 1306 家，仅占填报单位数的 40.8%，反映出各高校院所普遍缺乏技术转移人才。这 1306 家高校院所中，从事科技成果转移转化工作的人员共 21 621 人，其中专职工作人员 10 564 人、兼职工作人员 11 057 人，平均每家单位拥有专职工作人员 8.1 人、兼职工作人员 8.5 人（图 1-7-2）。

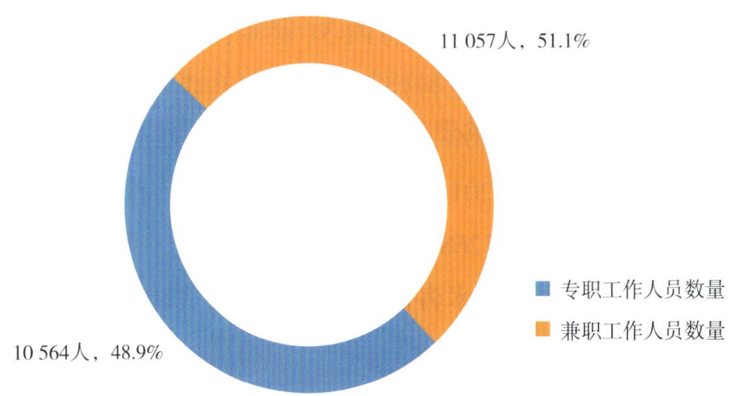

图 1-7-2　1306 家高校院所技术转移人才数量情况

二、与企业共建研发机构、转移机构、转化服务平台情况

高校院所与企业共建研发机构、转移机构和服务平台的数量均略有增长。2018 年，3200 家高校院所与企业共建研发机构、转移机构、转化服务平台总数为 8247 家，同比增长 14.8%，对促进科技成果和科技研发供需的有效对接发挥了重要作用。中央所属高校院所与企业共建研发机构、转移机构、转化服务平台总数为 2669 家，同比增长 15.7%。地方所属高校院所与企业共建研发机构、转移机构、转化服务平台总数为 5578 家，同比增长 14.4%（图 1-7-3）。3200 家高校院所平均创建机构和平台 2.6 家，中央所属单位平均创建 5.1 家，地方所属单位平均创建 2.1 家。

江苏省农业科学院先后与多家企业合作成立 30 家产业研究院，包括江苏农科院中利光伏农业、尚田农村六次产业、蜻蜓植保农服产业等；通过整合集聚全省农业科技创新资源，策划组建江苏省农业科技创新联

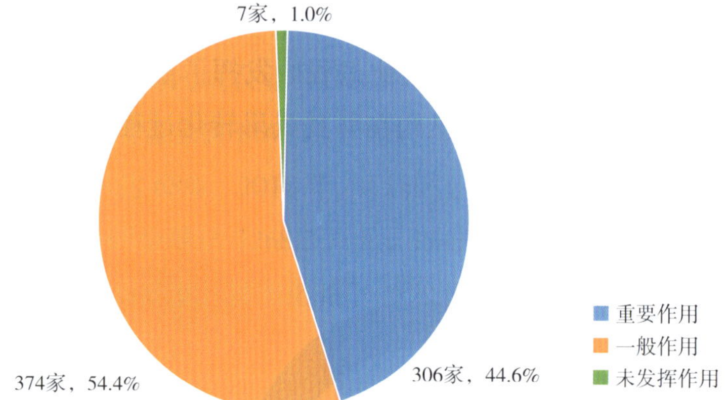

图 1-7-5 687 家设立专门技术转移机构的单位中技术转移机构在科技成果转化过程中发挥的作用统计情况

第八章
特色做法

本部分基于3200家高校院所2018年度科技成果转化年度报告填报内容，通过对年度科技成果转化合同总金额、合同总数量排名、科研院所和高等院校占比、地域分布、成果转化集中行业领域等多个维度进行综合分析，并结合历次科技成果转移转化调研和培训实际，筛选出20家高校院所，采用电话调研、专家咨询、对比分析及实地调查等方法，总结经验和做法。

一、打通政策链，转化制度日益健全

（一）中国科学院上海药物研究所：探索机制体制改革，制定“4+4”制度体系

研究所通过探索机制体制改革，设立成果转化工作管理机构，加强内控管理，保障科技成果转化工作有序开展。

1. 探索机制体制改革，制定“4+4”制度体系

大力探索机制体制改革，制定、修订4个办法（科技成果转化管理办法、知识产权管理办法、横向项目管理办法、中国科学院对外投资管

理办法），起草 4 项指南［科技成果项目简介撰写指南、《科技成果转化申请表》填写指南、情况说明（关联交易相关）起草指南、科技成果价值评估准备工作指南］。实行分类评价，打破以“出论文”为唯一标准，对新药研究人员的评价围绕“出新药”核心目标，将临床批件、新药证书与高级岗位聘用挂钩，提高科研人员从事新药研发的积极性，为科技成果转化持续提供可转化项目。

2. 设立成果转化工作管理机构，强化内控管理体系

设立成果转化决策机构——上海药物所办公会，由药物所领导班子成员组成；执行机构由成果转移转化处牵头，包括科研与新药推进处、财务处、人力资源处、监审处等与成果转化相关的职能部门；咨询机构——专家咨询委员会，根据需要对拟转化科技成果的成熟度、研发投入和价值等进行咨询评议；内控机构由研究所纪委、工会和监审处相关人员组成，负责定期听取成果转移转化处的科技成果转化流程管理工作专题汇报，对科技成果转化工作制度、流程执行情况和效果进行督查和监管，对各部门间未能达成一致意见的异议事项进行核实调查，并出具核查意见。四个机构的设立保障了科技成果转化工作的有序开展。

3. 转化成效显著

2018 年，研究所以转让、许可、作价投资方式转化科技成果合同总项数为 15 项，同比增长近 3 倍，合同总金额达 16.8 亿元，同比增长 8 倍，现金奖励科研人员 4150 万元，现金奖励科研人员达 246 人次。

4. 案例：院校合作研发化学药品 1 类新药项目 B

项目 B 是由研究所与大学合作研发的一种为抗血液肿瘤的化学药品 1 类新药，对目标激酶的选择性高，可避免因选择性不佳所致的不良反应，毒性小而治疗窗口宽，有望开发为抗急性白血病的个性化治疗药物。2018 年，该成果以独占许可的方式转化，研究所与合作的大学在

转化过程中考虑各自的转化制度规定，积极协商价值评估事宜，共同确定了符合双方要求的评估机构。最终双方签订转化合同，总金额 3000 万元，另加 2% 的销售额提成。研究所按照《科技成果转化管理办法》规定，在成果转化收益中，所级提取经费比例为 10% ～ 30%，其余的 70% ～ 90% 留归团队支配，作为成果完成人的奖励和团队的科研经费，由项目负责人根据课题组发展需要确定具体分配比例。

（二）上海交通大学：探索形成了独具特色的“交大模式”

学校针对科技成果转化制度进行修订，形成完整的决策、执行、控制、监管和协作系统，打造跨学科集成协同创新中心，完善科技成果转化环境。

1. 完善成果转化制度体系，探索形成转化新模式

学校在 2016 年科技成果转化“1+3+6”文件体系基础上，于 2018 年进行全面修订，形成“1+1+3+5”新体系。即 1 个促进科技成果转化实施意见，1 个科技成果转化管理办法，3 个具体实施办法（职务科技成果管理办法、校外兼职从事科技成果转化管理办法、科技成果转化绩效考核实施办法），5 个细则（专利申维基金管理细则、转化基金管理细则、作价投资实施细则、合同订立及审批细则、资金管理及收益分配细则），构建了良好的科技成果转移转化政策环境。成立直属于学校国有资产管理委员会的上海交大知识产权管理有限公司，作为科技成果作价投资的通道，使学校进一步完善了科技成果转化的市场运营体系。

2. 打造跨学科集成协同创新中心，为新兴产业发展及技术集成提供动力

学校围绕上海交大在生命科学、医学诊疗及服务、人工智能、新材料等领域的资源优势，组织核心团队成立生产性服务业创新中心、康复辅具创新中心等 13 个跨学科集成协同创新中心。形成聚焦行业领域的公共服务平台，在平台上整合融入各方资源，培育孵化重大项目，为新兴产业的创新发展及技术集成提供源源不断的动力。学校持续打造的集成交叉创新中心于 2018 年获批全国首个科研机构医疗器械注册证。

3. 案例一：计算机视角在多模态交互中的应用

学校探索形成科技成果投资的“完成人实施”模式，允许科技成果完成人利用职务成果开办或参股创办企业，学校在同等条件下优先将科技成果向完成人转让。学校《科技成果转化管理办法》（以下简称《管理办法》）对科技人员已开办、控股、参股成立企业的合法化问题做出规定，指出可以适用《管理办法》中关于“完成人实施”的规定，在签订协议的基础上进行规范。

2018 年，学校对“计算机视角在多模态交互中的应用”项目取得的技术成果，采用完成人实施的“五步转移法”实现成果转化的模式创新。即第一步：学校与成果完成人成立的上海媒智科技有限公司达成合作协议；第二步：学校按一元“名义价格”将科技成果的 70% 对课题组进行转让；第三步：学校和课题组共同委托有资质的第三方资产评估机构对科技成果进行评估，评估价格为 1000 万元；第四步：学校将科技成果的 30%（300 万元）在国有产权交易机构进行挂牌交易，课题组参加摘牌并获得科技成果的全部产权；第五步：课题组在获得知识产权的权利之后，将其用于合作成立项目公司的知识产权出资。在完成人实施的“五步转移法”完成之后，课题组与学校形成债权债务关系，课题组在 5 年内将 1000 万元的 30% 向学校支付。

“完成人实施”在谈项目已经达到 20 个，签约实施的项目达到 12 个。学校从转化模式上形成了独具特色的“交大模式”。

4. 案例二：糖尿病糖化电泳诊断设备技术

2018 年，学校研发的“糖尿病糖化电泳诊断设备技术”项目与塞力斯医疗科技股份有限公司达成合作协议，以 2000 万元的注册资本成立公司。学校与持股单位（知识产权公司）、研发团队签订科技成果分割转让协议，将科技成果向两者转让，其中持股单位占比 40%，研发团队占比 60%；并授权知识产权公司与塞力斯医疗科技股份有限公司、研发团队共同成立公司，经知识产权公司与研发团队共同将科技成果进行评估后，知识产权公司与研发团队按照约定比例将科技成果向新设公司转让，完成出资，开展产业化工作。

学校以权利分割方式，赋予科研人员职务科技成果的部分所有权，通过持股单位（知识产权公司）享有新成立企业的股份，采用“产权分割 + 授权投资”的方式实现科技成果作价投资的机制创新，进一步完善学校科技成果作价投资的政策链。

（三）东北大学：完善科技成果转化制度体系，成果转化交易金额显著提升

学校陆续出台多项规章制度，形成分级决策、股权决策、价格决策三大转化机制，创新收益分配及考评机制，构建了良好的科技成果转移转化政策体系环境，成果转化交易金额显著提升。

1. 建立“3+2+1”科技成果转化制度体系

建立“3+2+1”科技成果转化制度体系，即 3 个管理办法（科技成果转化管理办法、专利管理办法、科技成果转化所得股权管理办法），2 个规定（领导干部兼职管理暂行规定、专利管理办法补充规定），1 个实施细则（科技成果转化管理办法实施细则）。成立“1 办 +3 组”（科技成果转化办公室、科技成果转化工作领导小组、科技成果转化

股权管理工作小组、科技成果转化价格决策工作小组)，形成分级决策、股权决策、价格决策三大转化机制，构建了良好的科技成果转移转化政策体系环境。

2. 创新收益分配及考评机制

学校从转化所得中，按照分配标准对职务科技成果完成人和为成果转化做出重要贡献的其他人员、二级管理部门等给予奖励和报酬，收益按合同金额阶梯递进式分配。改革完善教师评价考核机制，设置科技成果转化创新型岗位，建立"学校—学院—科研人员"三级科技成果转化考评机制，充分调动教师从事科技成果转化的积极性。

3. 打造新型转化载体与平台，成果转化交易金额显著提升

学校先后与中德(沈阳)高端装备制造产业园、南宁市政府、潍坊市坊子区政府等共建东北大学(中德园)新材料产业技术研究院、广西先进铝加工创新中心、东北大学(潍坊)先进陶瓷研究院等，深入推进科技成果转化与科技创新、人才培养和学科建设的紧密融合，实现科技成果与企业需求精准对接。

2018 年，学校共促成科技成果转化项目 25 项，交易额达 19 384 万元，涉及知识产权 56 项，相比 2017 年(转化项目 22 项，交易额为 11 728 万元，涉及知识产权 54 项)交易额增长 65.3%。

4. 案例：高端铝材热处理技术与装备成果转化

学校行业专家领军研发的高端铝材热处理技术与装备成果，实现了中国高端铝材热处理装备重要突破。2018 年 4 月，学校将该项成果作价 3818.18 万元，与南宁产业投资集团有限责任公司共同成立广西先进铝加工创新中心有限责任公司，注册资本 6818.18 万元，其中该项科技成果占注册资本 56.00%。按照《东北大学科技成果转化管理办法实施细则》，转化收益的 80%(即 3054.54 万元股权)奖励给成果研发团队；

该项科技成果转化收益的20%（即763.64万元股权）由学校持有。同时，项目团队与广西南南铝加工有限公司共同承担实施国家工业和信息化部首个实施重大短板装备先行先试项目两套首台专项设备，合同总价为17 060万元。

此项成果转化在学校“全流程管理，全链条覆盖，全要素支撑”科转体系指导下，充分吸取“3+2+1”科技成果转化模式经验，作为沈阳市创新改革试验的典型模式在沈阳市高校院所全面推广，并入选发展改革委全面创新改革试验百佳案例。

二、瞄准国家战略及市场需求，推动高价值成果产业化

（一）中国科学院长春光学精密机械与物理研究所：以需求为牵引，不断探索成果转化的有效途径

研究所坚持以科技创新为核心的“研产学并举”，不断探索成果转化和创新创业的新路径，取得明显成效。

1. 以需求为牵引，不断探索成果转化的有效途径

研究所以国家战略和市场需求为牵引，以技术融合为手段，在院企合作、产学研合作、项目合作等方面，通过共建企业、研究院，深入开展基因测序、人工智能、生物科学、高端智能装备等领域的项目合作和研究，持续探索成果转化的有效途径。与北京中科东升科技孵化器股份有限公司、佛山中国科学院产业技术研究院等单位共同合作成立公司7家、研究院2所，实现科技成果的就地孵化、转化和产业化。例如，围绕高通量显微物镜及金属基光学制造技术成立公司，进行产业化，探索解决高通量基因测序镜头急需问题；引进牛津大学团队创办公司，实现生物学与光学跨学科结合，拓展产业新领域等。

2. 建立成果转化有效机制，形成覆盖成果转化全链条的服务保障体系

研究所 2018 年发布《科技成果转化管理办法》（以下简称《管理办法》），《管理办法》充分发挥了研究所对成果使用、处置和收益权的运用，建立了“团队、部门、研究所”三元奖励分配机制。同时，研究所围绕成果转化工作建设了全链条的服务保障体系。一是成立知识产权运营公司、重组设立精密仪器与装备研发中心、打造全资资产管理公司长春长光精密仪器集团有限公司，打通从前端服务，到成果、产品中试、转化，到企业发展再到登陆资本市场的完整路径；二是发起设立规模 2 亿元的国科长光东金产业投资基金，重点面向早期的成果转化项目与初创企业，为成果转化提供资金保障；三是牵头建设明斯克国际创新园，成为中国首个深度融入欧亚经济联盟的创新合作平台，以此拓展国际市场，带动区域发展。

3. 形成合理人才梯队培养机制

研究所面对东北地区人才流失的情况，加大高端设备引入、先进条件和实验室建设力度。例如，归国国际飞秒激光领域顶尖学者美国罗切斯特大学郭春雷教授来所共建郭春雷中美联合光子实验室；德国、俄罗斯和美国三国院士 Dieter Bimberg 来所共建中德绿色光子学研究中心；王欣洋携团队归国创办长春长光辰芯光电技术有限公司，实现了高端 CMOS 图像传感器国产化；牛津大学博士李备归国创业，开发拉曼单细胞分选仪器设备新产品；国内知名专家林再文来所创办长春长光宇航复合材料有限公司，开展碳纤维复合材料产品制备，并牵头建设吉林省复合材料制造业创新中心。

4. 强强联合，共搭平台，打造行业良好生态体系

研究所与中国一汽集团、吉林大学、中国科学院长春应用化学研究所共同发起成立长春市红旗产学研创新联盟，搭建需求对接、项目立项、

基金孵化、成果转化等多维一体的协同创新平台，设立红旗产学研创新基金，总规模 10 亿元，推动科技成果在汽车领域的创新与转化，实现产业化、规模化应用。

研究所以解决国家战略发展急需的核心关键技术为首要任务，着眼精密仪器与装备技术体系和领域。与政府共建吉林省光电子产业孵化器，提升吉林省光电子产业关键共性技术研发能力和水平，现已孵化企业 70 余家，实现销售收入 50 多亿元，上缴税金 4 亿多元，提供就业岗位 3000 多个。

自 2015 年以来，研究所通过成果转化获得权益累计 13 亿元，已孵化控股 / 参股企业 93 家，其中上市公司一家，并逐步涵盖航空航天、医疗大健康、新材料与应用、激光技术与应用产业、半导体显示与照明、智能制造及精密装备核心元器件领域，形成光电子产业集群。

（二）清华大学：瞄准市场需求，实行专利的精细化管理，着力培育高价值专利

学校瞄准市场需求，着力培育高价值专利，对重点团队、重点领域进行专利布局与检索，为科技成果服务市场保驾护航。

1.“三步走”，实现专利和市场的精准对接

学校自主研发专利管理系统，通过收集、挖掘、发布“三步走”实现对专利工作的完善和精准市场对接。一是针对学校重大项目、重大成果、重点团队的“三重项目”，由技术转移团队挖掘具体需求，协助科研人员判断创新高度、评估专利授权前景、成果转化可行性和权利的稳定性；二是学校以科技成果中的专利信息为切入点，向潜在合作伙伴或投资机构推送专利信息，实现专利信息的有效利用。截至 2018 年年底，学校已发布成果超过 140 项。

2. 瞄准需求，提高科技成果转化效率

一是在将自主知识产权实现成果转化的同时，重视校企合作研发产生的知识产权定向转化；二是提高自主研发产生的专利等知识产权质量，瞄准市场需求，综合施策降低“指标专利”的数量，从源头上清理无效或低效成果；三是推动高等院校技术转移体系建设，发挥好校企合作的桥梁纽带作用；四是推动经济结构转型，提高企业科技投入的回报率，以利润为驱动形成对科技成果的需求。

3. 科技成果转化效益显著

2018 年，学校以转让、许可、作价投资方式转化科技成果合同总项数为 122 项，同比增长 48%，合同总金额达 7 亿元，同比增长 52%；现金奖励科研人员 1.3 亿元，现金奖励科研人员达 187 人次，人均奖励达 70.1 万元，是 3200 家单位平均水平的 18.4 倍。

4. 案例：对位芳纶纳米纤维制备技术成果转化

自 20 世纪 70 年代美国杜邦研发成功对位芳纶并产业化之后，芳纶始终被作为一种战略性材料进行使用，其军用领域纤维更是作为战略物资，对中国实行禁运禁售。清华大学近几年取得突破，掌握了对位芳纶聚合、纺丝及溶剂回收全流程工业化生产技术。

学校在该成果转化工作中瞄准国家战略和市场需求，采用两条线并行的方式开展产业化工作：一是以现有成果投资，联合京博集团共同设立山东京博聚芳新材料股份有限公司，探索芳纶产业化；二是与京博集团成立高性能高分子材料联合研究中心（清华大学—京博联合研发中心），展开持续研发。截至 2019 年 6 月，项目已建成并运行年产 500 吨的对位芳纶纳米纤维生产线，对位芳纶系列产品线也将在 3 ～ 5 年实现量产。该成果的成功转化最终将山东京博聚芳新材料股份有限公司 14% 的股份奖励给主要完成人。

（三）深圳华大生命科学研究院：立足实际，助力自主基因工程

研究院作为新型研发机构，长期坚持科学发现、技术发明和产业发展“三发”联动，坚持以开展大科学项目带动学科、产业和人才发展（“三带”），积极推进成果转化。

1. 立足实际需求，实现科技成果快速产业化

研究院作为专业从事基因组学、生命科学研究的独立法人事业单位，立足实际需求，一方面，为集团的产业公司提供新技术、新方法，不断解决产业公司技术难题，实现科研与市场需求相结合，上游的研发机构与下游的产业公司无缝衔接，推动科研成果定向快速转化；而产业公司的现实需求反过来又促进研究院进一步实现科技创新，构建了院企互利共赢的模式。另一方面，先进技术领域成果可有效孵化出新兴产业公司，通过融资方式逐步实现资金渠道多元化，引导社会资本对科技创新的支持，提升产业公司规模，加速转化成果的产业化发展。

2. 全局化管理模式，促进科技成果高效转化

研究院设有专利、法务、财务、投资等部门，并服务于全集团，具备了从科学研究到技术商业化的人才队伍。研究院与产业公司的转化过程由一套人马完成，加快了信息对称，简化了谈判与交易过程，从根本上优化了转化环节、资源配置，做到了系统化的整合，实现技术转移所需各类科技创新资源的优化配置和有效整合，从而推动科技成果实现高效转化。同时，研究院发布了《华大基因知识产权奖励办法》，在知识产权申请及授权阶段，分别对该知识产权做出贡献的人员给予奖励；设立重大科研成果奖，奖励项目优秀成果，促进高价值成果的产出。

3. 案例：国产化基因测序仪，助力自主基因工程

为了实现高通量测序技术国产化，研究院先后自主研发并搭建了标

准化的样品制备平台、自动化移液平台、微流控研发平台、芯片设计加工、荧光修饰化学、高性能计算集群、生物信息学平台等。2018 年，由研究院生物化学技术研究所和生物智能技术研究所的团队共同开发完成测序仪制造中关键技术的文库构建、聚合酶制备、数据分析、仪器光路系统、机械系统等，将技术范围内的 74 项专利、8 项软件著作、25 项技术秘密打包，以 2.67 亿元的价格实现定向转化。国产化基因测序仪的定向转化应用，降低了测序成本，促进中国在医疗健康等新兴生物产业的发展。

三、推动建立技术转移机构，积极发挥服务支撑作用

（一）中国科学院工程热物理研究所：技术转移机构采用协同工作机制，实现“前期科研创新成果转化”及“后期实施运营投后管理”的有效衔接

研究所通过出台相关政策不断优化和完善科技成果转化制度，建立技术转移机构协同工作机制，促进研究所科技成果转化和产业化。

1. 前端后端有效衔接，协同工作促转化

研究所技术转移机构设置科技发展处和资产管理公司，二者紧密协同工作，实现“前期科研创新成果转化”及“后期实施运营投后管理”的有效衔接。科技发展处作为研究所实施院地合作与高技术产业化的职能管理部门，定位于所领导的助手和科学家的帮手，致力于搭建外部资源与研究所的桥梁，推动以科技转化促进能源技术水平的发展和提高；资产管理公司作为研究所科技成果转移转化平台，充分运用公司机制和体制，利用市场化手段，全方位实施“以股权监管为主的资产管理，以知识产权为主的产权运营和以股权运营为主的资本运营”三大任务，促

进研究所科技成果转化和产业化。

2. 将优化完善科技成果转化制度作为一项常态化工作

研究所出台了科技成果转化的一系列相关制度，并在执行过程中不断优化和完善，包括知识产权管理办法、科技成果转化办法、成果转化人员管理办法等。其中在激励机制方面规定：以许可使用或技术转让方式将科技成果提供给他人实施的，所得净收益的 70% 奖励给项目团队；以技术作价入股方式将科技成果实施转化的，项目团队可获得 50% 的股权激励。研究所对进入合资企业从事科技成果转化的正式职工按照派出人员和离岗创业人员分类管理，对其在派出或离岗创业期间及期满返回研究所的薪酬待遇、考核、晋升晋级等方面持续进行规范。

3. 案例：煤粉工业锅炉技术成果转化案例

研究所研发的煤粉预热燃烧工业锅炉技术，锅炉 NO_x 原始排放浓度远低于常规煤粉工业锅炉的排放水平。2018 年，经研究所科技发展处、技术研发部门和资产管理公司技术转移人员开展技术尽职调查、合同谈判、无形资产评估备案和公司成立等工作，与兖矿集团达成转化合作。研究所将该技术以总价 10 499.3 万元转让给兖矿集团 45% 权属，取得转让资金 4497.7 万元；并将剩余权属以 6001.6 万元作价入股，与兖矿集团、兖矿科技有限公司合资成立兖矿中科清洁能源科技有限公司。该项目资金已全部到账。研究所科技发展处作为科学家的帮手，资产管理公司则以股权监管为主进行资产管理，两者相互配合，协同工作，为成果的顺利转化保驾护航。

（二）北京大学：多种形式组织开展技术转移转化工作

学校陆续出台多项科技成果转移转化规章制度，健全技术转移机构建设，多种形式组织开展技术转移转化工作，建立了良好的成果转化体系和产业链条。

1. 多方位谋划开展技术转移转化工作

学校本部和医学部分别成立了专门的技术转移机构，本部科技开发部负责本部的科技成果转化工作；医学部技术转移办公室设立在北大医学部产业管理办公室，负责医学部的科技成果转化工作。2018 年，学校技术转移机构持续完善成果转化服务体系建设，成立北大科技成果转化子基金，支持学校原始创新、技术创新和科技成果转化，其中母基金规模为 300 亿元，累计资助学校 18 个技术发明专利的评估与保护工作；建立学校科技成果、专利检索大数据和企业技术需求数据库，完善成果供需信息共享机制；搭建校企联合研发平台，与国内的华为、腾讯、百度、商汤、神州数码等多家高技术企业建立研发合作，全年共签署校企合作联合研发平台合同 11 项，合同金额 1.25 亿元。

2. 构建科技成果转化制度体系

学校将科技成果转化工作纳入学校“双一流”建设方案中，加强顶层设计，成立学校校长担任组长、分管校领导担任副组长的科技成果转化工作领导小组。2018 年，学校先后出台《北京大学职务科技成果转化现金奖励管理办法》《北京大学教研系列教师校外兼职管理试行办法》《北京大学关于教师长期离岗的规定》，既完善了科研人员科技成果转化奖励管理机制，又对教职员工进行相应的考核评价，支持教师参与成果转化工作，逐步形成了比较完备的成果转化制度体系。

3. 完善科技成果转化服务机制

学校技术转移机构不断完善“请进来”“走出去”“精准对接 + 专业服务”的科技成果服务机制。“请进来”即技术转移中心每周举办“成果转化沙龙”，邀请校内成果发明人与技术持有人、产业专家、投融资机构人员，针对具体行业与技术，开展研讨。“走出去”即定期走访院系、合作企业，与相关人员深入交流，了解学科发展中应用型技术及项目发展情况，捕捉技术成果。“精准对接 + 专业服务”则是精准跟踪项目、推动科研人员与企业进行有效的技术沟通，通过专业的谈判、法务审核等，推动重大成果转化。

4. 案例：“一种个性化汉字数字墨水的生成方法”等专利及相关专有技术的转让，服务中国文化强国战略

为解决大规模中文字库快速制作与自动生成中的一系列技术难题，“一种个性化汉字数字墨水的生成方法”等专利采用人工智能与计算机图形学技术，在字形采集、字库压缩、字体风格学习、字体流形构建和特效字形生成等方面取得显著进展，核心研究成果发表在 *TOG*、*IJCV* 等国际顶级期刊和 CVPR、IJCAI、AAAI 等国际顶级会议上，申请了 20 多项国家发明专利。2018 年，由学校科技开发部对项目的转化全流程进行跟进管理和服务，并于 3 月采用协议定价方式以 1998.21 万元转让给相关企业。项目已免费对外开放的个性化中文字库制作系统总注册用户共计 98 万，创建的个人字库超过 100 万套，制作完成了 12 万套完整的中文字库；开发的相关字库产品在腾讯、华为等主流 IT 企业的产品中得到了广泛使用，2018 年使用人次达到 600 万人次，全年直接经济收入达到 2800 万元。

（三）中国科学院近代物理研究所：建立成果转化与产业处，服务贯穿科技成果转化全过程

研究所注重技术转移机构建设，统一管理科技成果转化工作，服务贯穿材料初审、前期商谈、部门审核、所务会审批等科技成果转化全过程。

1. 建立成果转化与产业处，统一管理科技成果转化工作

研究所设置成果转化与产业处，负责全所成果转化和产业化工作，为成果的转移转化和产业化提供服务和管理。通过完善技术转移机构建设，促进了产业化成果的研究开发和创新体系内各参与主体间互动，实现技术转移所需各类科技创新资源的优化配置和有效整合。成果转化与产业处在研究所科技成果转化中，贯穿材料初审、前期商谈、部门审核、所务会审批等科技成果转化全过程，并根据所务会最终审批结果办理科技成果委托评估或其他方式定价，签订合同或协议。

2. 持续推进技术转移机构建设，跻身“省级技术转移示范机构”

认真学习贯彻《国家技术转移示范机构管理办法》和甘肃省省级技术转移示范机构建设相关文件精神，鼓励专利申报，举办技术转移培训，组织技术推广和交易活动，积极促成技术转移。完善科技成果转化相关实施文件，对职务科技成果完成人和为成果转化做出重要贡献的其他人员明确奖励分配方案，并对获得股权奖励的人员及成果完成人调离或离开等情况也给予了明确规定。2018 年，研究所被甘肃省科技厅获批认定为“省级技术转移示范机构”。

3. 案例：重离子治癌项目成果转化

研究所与企业共同研发医用重离子加速器，采用独特的“回旋注入器 + 同步加速器”技术路线，基于兰州重离子加速器大科学工程的建设和重离子临床试验治疗的实践，掌握了相关关键技术，形成专利 60 余项，并采用成果转让和许可等方式，通过签订商务合同定制医用重离子加速器（碳离子治疗系统），建设重离子治疗中心。

该成果在转化过程中面临技术难度大、涉及学科领域广、转化周期长等困难，特别是装置生产安装完成后的检验检测，受到目前国内检验检测机构少、检测能力不足等条件制约，预计检测周期长达 2 ～ 3 年，

严重影响项目产业化推广应用进程。项目团队在技术转移机构的推动与服务下，在兰州新区筹建针对大型医疗器械的检验检测中心，搭建高水平、高标准的专业化检测平台，重点为重离子技术成果产业化服务，打通科技成果转化“最后一公里”。已基本建成甘肃武威和兰州两台示范装置，签订合同总金额为 11 亿元（5.5 亿元 / 台）。

四、深化产学研合作，提高科技成果转化效率

（一）华东理工大学：借力信息优势建设，深入开展产学研合作，把理论研究转化为生产力

学校通过完善信息化建设和建立互通互报机制等方式，深入开展产学研合作，实现实验室理论研究向现实生产力的转化。

1. 建立健全信息公开制度，完善信息化建设

日益高涨的高等院校科技成果转移转化诉求经常遭遇信息不对称等困境。学校科学技术发展研究院不断促进科技成果及技术网络信息公开，推动信息化相关项目建设、运维及业务管理信息系统服务的科学、规范、协调与高效，提升了项目立项、验收、评估等效率。不断探索科技成果转移转化公示制度和异议处理办法，通过张贴栏、网络信息等丰富了信息公开渠道。

2. 探索议事规则，完善互通互报机制

学校优化科技成果转移转化工作流程，通过会议讨论、互通有无、走出去与请进来等方式，联合校产经营有限公司、大学科技园等定期邀请地方政府、企业到学校参观、交流，推介学校各项技术成果。同时，学校组织各学院相关领域专家走访各地企事业单位，在实践参观中扩大了格局，提升学校教授等科研人员科技成果转化的视野、眼界和能力。

3. 引入社会优势力量实现强强联合

学校在整合现有工作的基础上通过引入社会优势力量实现强强联合，主动对接相关专业知识产权服务有限公司，打破了以往单打独斗工作局面，建立了由“发明→评估→增值→专利→发展→市场→许可 / 转让→谈判→合同”等步骤组成的专业化工作链，以提高专利质量和技术的商业价值为工作重心，在此基础上进行专业化的市场营销和商业谈判，从而做到从发明披露到最终转化的全程管理，保证了专利质量，有效促进了科研成果转化。

4. 案例：合成气制乙二醇技术项目

自 2009 年，学校与上海浦景化工技术股份有限公司和安徽淮化股份有限公司合作，共同开展合成气制乙二醇技术的中试设计工作。参与本项目研究的博士、硕士研究生全部就业于浦景化工技术股份有限公司。三方协议约定知识产权由合作三方共有。浦景化工技术股份有限公司全权经营技术销售市场，技术转让获得的经济效益按一定比例在三方进行分配。该成果已经投产 3 家企业，最大规模 30 万吨 / 年，实现经济效益超过 10 亿元，学校从该项目获科研经费超过千万元。学校通过产学研合作模式创新，学生学以致用，缩短入职的准备期，直接把实验室理论研究的结果转化为生产力，提高了科技成果转化效率。

（二）南京航空航天大学：构建校地产学研合作平台，发挥学校行业特色优势

学校与一大批行业龙头骨干企业合作实施了一批对地方产业发展有重大带动作用的产学研项目，建设了一批有影响力的产学研合作平台。

1. 加强重点行业“全链条”创新布局，创新产学研合作模式

依托学校在航空航天领域国家重点学科和各类科技创新平台，学校

加强与重点行业产业的深度对接，通过与企业联合申报地方政府的相关产学研项目或国家项目，开展联合研发、孵化新项目等合作模式，深度融合航空航天产业，促进基础研究成果的应用与开发，为航空工业解决关键技术问题，实现校企深度融合。

2. 以新兴领域为牵引，深化产学研合作

学校主动融入国家和区域技术创新体系，建立新兴领域双向成果转化工作体系，依托学校国家技术转移中心，通过共性技术开展新兴领域的供需有效对接，将学校在航空宇航、发动机、装备制造等新兴领域的优势科技成果与新能源、新材料、机电一体化等区域产业转型升级和新兴产业发展需求相结合，形成显著的经济社会效益。

3. 构建高效、务实、多样的产学研合作平台

“十二五”以来，学校分别与江苏、广西、河南、甘肃等 4 个省区建立了战略合作关系，在江苏、广东等地共建校地研究院 7 家，技术转移中心分中心 37 家，服务企事业单位 2000 余家，达成各类科技合作项目 5000 余项，到校科技经费 30 多亿元，加速构建高效、务实、多样的产学研合作平台。

4. 案例：“磁悬浮鼓风机”成果转化

学校科研团队针对污水处理、烟气脱硫、物料输送等领域对高效大功率磁悬浮鼓风机的需求，自主研发系列化磁悬浮鼓风机，构建了磁悬浮系统设计、制造、控制理论体系，解决了工业领域传统鼓风机高能耗、噪声问题。科研团队通过产学研合作的方式，由研发团队与合作企业从专利布局到深入研究，从基础理论、样机试制到工程应用，突破了高性能磁悬浮轴承系统设计、高速大功率永磁电机控制、高可靠性电机转子制备工艺、新型保护轴承等关键技术难题，取得了一批原创性成果，构建了磁悬浮系统相关专利群，形成了系列化磁悬浮鼓风机产品。已有包

五、注重技术转移专业人才培养，提升成果转化服务水平

（一）复旦大学：建立技术转移“双”团队模式

学校技术转移中心不断加强专业人才队伍建设，形成技术转移“双”团队服务模式，规范化管理科技成果转化运作流程。

1. 组建技术转移“双”团队，“纵向 + 横向”服务科技成果转化

学校为有效开展技术转移工作，成立专门技术转移机构——技术转移中心；2018 年，学校成立了新的管理机构——科学技术研究院。技术转移中心与产学研合作处为科学技术研究院的下属部门，“纵向”共同深入与国内外企业开展产学研合作，“横向”共同负责科技合同管理相关工作。为加强技术转移人员专业化水平，学校积极安排服务人员参加上海市教委组织的技术经纪人培训，建立起一支覆盖法律、知识产权、商务、金融等多个专业的复合型技术转移人才队伍。学校拥有上海市技术经纪人资格的技术转移人才共 12 位。

2. 积极发挥专业服务人才作用

学校积极发挥市场化专业服务人才作用，为学校知识产权的创造、运用、保护和管理提供专业服务。一是引入优质专利代理机构，加强知识产权的精细化管理，为学校专利申请提供更加专业的代理服务，并针对不同需求提供差异化服务；二是建立全生命周期的专利管理电子化系统，为学校提供优质的知识产权保护服务，提升专利质量；三是与技术转移专业机构加强合作，结合学校综合性学科、原始创新和前沿核心技术，将专利信息定期向市场推送。

3. 转化成效显著提升

2018 年，复旦大学以技术开发、咨询、服务项目新签订合同 665 项，

到款总金额达2.5亿元，50万元以上合同124个，同比增长50%；以转让、许可、作价投资方式转化科技成果新签订合同12项，合同总金额达2.8亿元，同比增长近4倍，学校批准成立的7个校企联合实验室，合同金额1.1亿元。

4. 案例：新型抗肿瘤药物“IDO抑制剂”国内外两项专利独家许可

新型抗肿瘤药物“IDO抑制剂”国内外两项专利独家许可给美国沪亚公司，授权国外地区的临床开发和市场销售权利，学校技术转移中心团队全程参与谈判和沟通。由于该成果市场化风险较高，其在国内的成果转化一直未能顺利实施，因此，发明人于2018年创办苏州如鹰生物医药有限公司推动该药物的市场转化。学校技术转移团队和发明人经过多轮对接洽谈，最终在保护学校利益及交易程序合规的前提下，学校以独占实施许可方式将该药物在中国大陆、香港、澳门地区的权益以1.0亿元采用里程碑付款方式，许可给苏州如鹰生物医药有限公司。学校通过将成果许可教师创办的企业实施的方式来激励教师创业，由专业的技术转移服务人员按照程序协助教师与国内外企业开展谈判与沟通，起到了带动作用和示范效应。

（二）中山大学：让专业的人做专业的事

学校打造“学校管理人员—院系兼职技术经理人—公司专业队伍—科研人员”4个层次一体化运行的成果转化人才体系，提升各类人员对科技成果创造、保护和转化意识。

1. 注重技术转移人才队伍建设

学校重视技术转移人才队伍的可持续发展，在技术转移人才队伍建设方面，一是内部建设，即科学研究院产学研合作处建立了一支9人的专职人员团队；二是外部建设，即通过公司组建了一支包含技术、知识产权、商务、法务等专业人才在内的 11 人的技术转移队伍。通过组织政策宣讲和业务培训交流等活动，不断提高技术转移从业人员业务和服务水平。仅 2017—2018 年面向三校区五校园理、工、医、附属医院和重点团队开展宣讲活动超过 40 场次，覆盖人数达到 2000 人次，让科研人员全面了解国家、地方及学校的利好政策，使其成果转化的思想意识和积极性不断增强。学校技术转移人员中已有 15 余人次获得教育部、国家知识产权局及相关主管部门颁发的技术经理人、高等院校知识产权专员资格证书。

2. 集聚专业人才成立知识产权服务公司

学校围绕成果转化“专业化”的特点，让专业的人做专业的事，通过整合经营性资产管理的机构和资源，集聚覆盖多门学科类别的专业人才，全资成立了广州中大知识产权服务有限公司（以下简称“公司”）。公司利用学校成果转化净收益的 10% 作为公司运营经费，组建了专业技术转移人才队伍，为学校科技成果转化工作提供专业和市场化全流程服务，破解了学校成果转化管理部门人员不足的难题。此外，公司代表学校科研管理部门参加政府举办的成果对接会 20 场，与地方政府合作举办中山大学成果转化精准对接会 3 场，共计推送 100 多个项目参加路演，与超过 80 余家企业建立联系，成功签约项目超过 1000 万元。

3. 建立 7∶1∶1∶1 的成果转化收益分配模式，反哺成果转化人才体系

学校充分利用成果转化收益分配的激励作用，反哺成果转化工作全链条中各类人才。学校科技成果转化净收入采用 7∶1∶1∶1 的分配机制，即 70% 用于奖励成果完成人，激发创新主体的积极性；10% 用于奖励发明人所在院系，用于鼓励院系支持科研人员开展转化，聘用院系成果转化兼职经理人；10% 为学校收益，体现学校对科技成果的主权，用于与成果转化相关工作和风险金支出；10% 为学校支付公司的委托费，用于公司业务支出。学校充分利用成果转化收益分配的激励作用，将转化净收益的 10% 让渡给公司，既不动科研人员的“奶酪”，又能使公司有积极性“做多得多”。高效合理的收益分配模式给予“学校管理人员—院系兼职技术经理人—公司专业队伍—科研人员”4 个层次人才梯队不竭动力。

4. 案例：一种化痰止咳药物及其制备方法专利权转让

学校研究团队近 20 年来一直致力于广东道地中药材化州化橘红的临床研究，运用现代药物研究方式将化橘红制作成的“红珠胶囊”，是目前唯一可以同时止咳化痰的现代制剂，已完成三期 A 临床试验。

2018 年，由学校负责成果转化工作的科学研究院牵头，会同国有资产管理处对成果进行了资产评估，发明人提出采用许可 8 年的方式进行转化，因专利有效期限不足 5 年，5 年后该技术属于公知领域技术，无法实施许可 8 年。此外，新药研发的周期长，5 年内难以完成临床研究并获得生产批件，评估公司无法测算出 5 年内的经济收益，将会导致该成果的评估值降低。经学校技术转移人员积极咨询国家知识产权局，并与发明人、受让方协商，最终将成果以 2000 万元转让给化州化橘红药材发展有限公司。

（三）江苏省产业技术研究院：不断加大技术转移专业人才的培养力度

研究院建立 3 支技术转移专业人才团队，积极开展技术转移内部实务培训，外部接轨国际标准引入 ATTP 培训，专业服务成果转化工作。

1. 积极开展技术转移专业人才培养

研究院建立 3 支技术转移专业人才团队，即院本部技术转移部作为核心团队，各专业研究所、产业科技服务中心、企业联合创新中心的技术转移专员作为中坚力量，各高校院所、科技镇长团的技术转移人员为合作生力军。近年来，研究院积极培养团队专业服务能力，一方面通过与知名律所、省高新技术创业服务中心、省专利信息服务中心等专业机构合作，累计举办技术转移实务培训、专利运营实务高级培训、科技企业融资与财税管理、知识产权保护与运营、初创企业营销与团队管理、技术与产权交易等专业培训共 14 场。

另一方面接轨国际标准引入 ATTP 培训。自 2017 年起，研究院院本部与国际注册技术转移经理人协会（ATTP）合作，把国际标准的技术转移经理人培训引入江苏，先后参与共同举办了 2017 年度国际注册技术经理人培训苏州班和 2018 年度国际注册技术经理人培训江苏班，遴选出来自研究院院本部、专业研究所、企业联合创新中心、产业科技服务中心 43 名技术转移骨干员工参加 ATTP 培训，首批完成培训的 14 名学员中，已有 6 人被授予国际注册技术转移经理人资格。

2. 培养线上线下服务人才，推进优质技术转移服务

研究院线上平台“苏技 e”，经过 3 年多的建设，积累了一大批来自企业、创投机构和科研院所的高质量、专业化的稳定用户，为项目的高效推送和精准对接提供了有力支撑。2018 年，研究院技术转移专业团队在省科技厅的指导下，开展技术合同登记业务，为各专业研究所的技术合同提供高效便捷的线上审批、登记服务。

团队在提高自身专业化服务能力同时，深耕线下平台“苏技汇”三大品牌活动，汇聚各类创新资源，促进一大批项目的落地与合作签约。2018 年全年共举办苏技汇活动 28 场，其中，技术对接 14 场、项目路演 9 场、主题沙龙 5 场，累计参加人员 6000 余人次，形成稳定合作关系的投资机构、龙头企业和行业服务机构 200 余家。

3. 案例：共建产业科技服务团队，全方位服务成果转化

研究院采取“一中心、多基地”的运作模式，与专业服务机构及地方政府合作共建产业科技服务中心，壮大技术转移专业人才队伍，服务省产研院相关研究所项目孵化落地。

研究院衍生孵化企业南京牧镭激光科技有限公司购买的南京先进激光技术研究院，研发成功多普勒测风激光雷达技术。服务中心在了解到该项目融资及产业化需求后，技术转移团队与项目人员多次沟通讨论，通过技术交易市场线上和线下平台，采取多种宣传推广方式，帮助项目向产业界及投资方推介，先后获得上市公司金风科技及中科红塔、华泰证券两轮共计 8000 万元的社会资本融资。凭借该项核心技术，公司取得跨越式发展，近 3 年到账收入分别为 300 万元、2500 万元、6500 万元，上缴各类税收超 500 万元，技术增值达 100 倍。

六、健全考核评价体系，提升成果转化动力

（一）北京理工大学：健全转移转化人才评价体系，探索具有学校特色的技术转移机制

学校作为承担北京高校技术转移联盟日常工作的秘书长单位，重视激发科研人员成果转化积极性，健全人才评价体系，同时兼顾各方利益主体，建立科学合理的分配机制，形成具有北理工特色的技术转移模式，在高等院校中发挥了较好的示范引领作用。

1. 改革人才考核机制，健全转移转化人才评价体系

2018 年 4 月，学校发布了《北京理工大学高级专业技术职务岗位申报基本条件（修订）》，建立起面向学校教师的成果转化类高级专业技术职务岗位。高级专业技术职务岗位申报基本条件根据不同类型的专

业技术职务岗位分别设定，教师岗位包含教学研究型，教学型，研究型（基础类、应用类、成果转化类）。学校按照新修订文件抓紧落实成果转化类高级专业技术职务岗位评价工作，建立健全教师岗成果转化类高级专业技术职务岗位的设立和评价制度。

2. 制定科学合理的成果转化收益分配比例

对于转化现金收入，学校采用“7111”分配模式，即净收益的 70% 奖励科学家团队，学校、学院和技术转移机构各留 10% 用于支持科研和成果转化；对于作价入股，则采用“6211”分配模式，即股权的 60% 奖励科学家团队，学校的比例提高到 20%。同时，学校发现成果作价入股创建学科性公司后，教师团队和公司难以形成利益共同体，因此通过创新学科性公司管理办法，即学校以科技成果作价入股后，教师团队现金出资作为学科性公司的启动资金，并持相应股份，形成风险共担、利益共享的新模式，推动学科性公司产业化实施。学校兼顾了各方利益（包括技术转移机构），一方面调动科研人员的积极性、增强科研后劲、促进成果转化；另一方面给予人才考核评价体系有力的物质保障。2018 年，学校以转让、许可、作价投资方式转化科技成果合同总项数为 17 项，合同总金额达 1.3 亿元，同比增长 3 倍。

3. 10 项专利作价入股北京理工导航控制科技有限公司

学校以“一种用于高动态载体的惯性导航装置”等 10 项专利作价 1275 万元入股北京理工导航控制科技有限公司（以下简称“理工导航”）。根据《北京理工大学促进科技成果转化实施办法》规定，学校将作价入股的 60% 股权，即价值 765 万元股权奖励给科技成果完成人及转化工作中做出重要贡献的人员；奖励给学院、技术转移中心各 10% 股权，即价值 255 万元股权；剩余 20% 股权，即价值 255 万元股权为学校股权。理工导航引进先进技术后，公司发展迅速。理工导航已启动科创板上市策划，有望成为继理工雷科、理工华创等典型案例之后北京理工大学科技成果转化的新亮点。

（二）东南大学：不断推动人才分类评价体系建设

学校不断完善人才分类评价标准，鼓励科研团队和技术转移团队与国内外企业加强合作，探索形成具备东大特色的技术转移转化体系。

1. 不断完善人才分类评价标准

近年来，学校不断完善分类评价体系，出台一系列促进科技成果转移转化的思路举措。在职称评审和职级晋升考核等政策中对重大横向项目予以积极考虑和支持。明确规定对承担研究、研发横向项目，技术许可、转让项目和设计类横向项目的，单项经费超过一定金额，在教师评价中，等同于教师参与国家或省部级科技项目的研究与实施。同时，通过完善分类评价体系，进一步鼓励学校科研团队与国内外企业加强合作，促进重大产学研和成果转化项目工作的开展。

2. 完善考核制度，吸引各型人才

学校出台《东南大学专职科研系列人员聘用管理办法》，努力构建一支较大规模、结构合理、素质优良的创新人才队伍。学校技术转移中心利用自身优势，通过开展培训、外聘专业经纪人等方式充实壮大技术转移队伍。自 2016 年始，技术转移中心在校内聘请 40 余名专职教师作为技术转移特派员参与学校技术转移工作；在各地分中心和大学科技园，工作人员根据工作要求配备或招聘专职人员，实现工作人员属地化、专职化，分中心专职工作人员已超过 50 名。异地研究院主要负责人员纳入人才统一管理，奖勤罚懒，对做出突出成绩的人员，学校给予一定的激励配套。

3. 配置多种形式技术转移岗位，建立技术需求收集的稳定渠道

学校在技术转移工作中配置多种形式工作岗位，对外建立各种技术需求收集的稳定渠道，如积极谋划在地方（特别是区县）筹建东南大学技术转移中心地方分中心，已在江苏及周边地区成立了 40 多家东南大学技术转移地方分中心。同时，学校在江苏省 13 个地级市科技局聘请了科技信息联络员，建立了信息联络员定期交流制度；充分利用学校外派科技特派员、省组织部的“科技镇长团”这一资源，将学校的科技服务深入到各地市区县；并利用外部专业科技中介资源，如科易网、技联网、浙江网上技术市场技术中介服务联盟，上海高校技术市场等，为学校提供科技成果的宣传、居间服务等。

4. 科技成果价值增值工程

学校在国内高等院校中率先提出科技成果价值增值工程，目的是突破长期制约中国高等院校科技成果转化的内在瓶颈，为科技成果寻求创新性应用特别是颠覆性应用定位，将以专利为基础形式的高新科技成果转化为基于创新商业模式的产业化方案，据此为投资界的项目挖掘、投后孵化提供新的支持，为企业界转型发展提供新的机会，为高等院校先进科技成果转化开辟新的通道。该工程目标是研究并建立东南大学科技成果价值增值工程的体系及工作流程，探索流程节点的具体构架，将该项工程做成一个系统工程。

系统工程的各个节点都面向第三方开放，引入国内外高端专业化机构参与该项工程建设。成果增值和项目运作流程将主要由技术转移公司具体操作，公司通过不断适配增值工程需求变化，借鉴国内外高端专业化机构实操经验，打磨内部 KPI 考核评价体系，为成果转化和人员培养提供源源不断的动力。

七、完善激励机制，激发成果转化热情

（一）四川大学：探索职务科技成果所有权确权改革

学校着力探索职务科技成果所有权确权改革，建立了产学研激励、评价、保障和培育四大机制。

1. 探索职务科技成果所有权确权改革

2016 年，出台《四川大学科技成果转化行动计划（试行）》，在科研人员以科技成果作价投资入股的方式进行科技成果转化时，大胆探索职务科技成果所有权确权改革，确立“科学确权，早期分割，权益共享，责任共担”的确权模式。成果完成人可与学校共同作为成果所有权人，即职务科技成果可由学校完全持有，成果完成人也可申请与学校共同持有。鼓励科研人员和教师依法依规适度兼职兼薪，允许和规范科研人员兼职从事科技成果转化活动。

2. 构建“1+N+X”科技成果转化政策体系，保障激励机制的顺利落地

2018 年，学校根据文件实施一年以来的实施效果、存在问题等，统筹各相关部门，对原有文件重新简化、优化、修订，制定出台了《四川大学科技成果转化行动计划》，规定成果完成人可享有 50% ～ 90% 的成果所有权。华西医院制定了《促进科技成果转移转化九条激励政策》及《促进科技成果转移转化实施方案》（9 条 +36 条），允许成果完成人与医院协议约定科技成果的权属或股权比例。以个人名义占有股份，通过转让或许可取得的净收入，以及作价投资获得的股份或出资比例，提取 80% ～ 90% 的比例用于奖励。同时还制定了《横向课题科技合同管理办法》《专利管理办法》《药物器械临床试验管理办法》等一系列具体措施。持续构建完善以“川大 22 条”为统领性文件、N 个具体配

套实施细则文件、X 个操作流程及内控管理制度的“1+N+X”成果转化政策体系，强化政策导向，充分考虑科研人员的切身利益，调动了积极性，保障职务科技成果所有权确权改革等激励机制的顺利落地。

3. 案例：骨诱导人工骨产品的工程化转化

科研团队研究确定“骨诱导性生物材料”理论，首创生物活性人工骨、牙种植体及涂层人工髋关节。基于该技术成果，学校与成都市高新区政府达成协议，在成都共建包括成都生物医学材料产业技术研究院、国际互认的生物医学材料及制品检验中心等生物医学材料产业示范园区，整合上下游关联产品生产企业，实现工程化应用。该成果与合作企业先后签订技术转让、开发等合同，到账金额 1000 余万元。结合《四川大学科技成果转化行动计划（试行）》的确权程序及细则，学校对该团队的两项相关成果进行了所有权权属比例认定，成果完成人占比分别为 85% 和 80%。

学校通过允许教师买断学校的权属部分进行入股和转化，加大处置权和收益权改革，激发科研团队研发热情，促使科研团队灵活运用技术开发、转让、许可、作价投资等多种方式实现工程转化应用。

（二）中国科学院上海有机化学研究所：赋予研发团队奖励方式选择权

研究所在探索激励机制改革的过程中，探索形成“现金 + 股权”的两种奖励形式，研发团队可根据自身需求，灵活选择奖励方式。

1. 定义多种奖励方式，开放选择权

研究所在探索奖励机制的过程中，形成直接转让收益和作价入股后的技术股权收益两种奖励形式，供研发团队灵活选择。

一是以许可、转让方式转化（仅限于签订技术转让合同、专利实施

许可合同）取得的现金收入，针对科技成果完成者、后续科研与成果转化、做出贡献的转化实施者和研究所公共发展基金4个方面，可选择不同比例（分别为6∶0∶1∶3或5∶3∶1∶1）进行分配。二是以科技成果作价入股形式转化，研发团队可选择的一种方式是入股时作价金额60%的股份用于奖励科技成果完成者，40%作为研究所公共发展基金，该部分股权收益（净收入）的12.5%～25%奖励给做出贡献的转化实施者；另一种方式是入股时作价金额50%的股份用于奖励科技成果完成者和转化实施者，研究所持有50%股份中的60%用于支持该课题组科学技术研发与成果转化相关工作，40%作为研究所公共发展基金，该部分股权收益（净收入）的12.5%～25%奖励给做出贡献的转化实施者。

2. 建立收益分配二次公示制度

研究所对全部科研成果转化及科研人员转化收益分配建立申请、登记、报告的二次公示制度。第一次公示是对科技成果许可、转让及作价入股等事宜进行所内公示，包括成果的项目来源、简介、拟交易价格、成果团队等。第二次公示是对科研人员科技成果转化收益分配实行所内公示，包括受益人，收益分配比例、金额等。二次公示制度的实行，畅通了转化过程中的信息公开渠道，强化了风险防控力度，保证了激励落地的公平、公正和公开，为科研成果的成功转化提供了有力保障。

3. 案例：铜催化配体、抗肿瘤药物ET-743及酯氢化还原成醇的绿色工艺成果产业化

研究所基于4项专利技术："草酸酰胺类配体及其在铜催化芳基卤代物偶联反应中的用途""杂环羧酸酰胺配体及其在铜催化芳基卤代物偶联反应中的用途""天然产物Trabectedin的制备""含二氨基二膦四齿配体的钌络合物的合成及其应用"，采用收益法评估方式，根据第三方评估结果，于2018年9月，以技术作价入股的方式，作价6000万元，占股 60% 与联化科技股份有限公司（现金投入 2000 万元，占股 20%）和台州市黄岩创越投资合伙企业（有限合伙）（现金投入 2000 万元，占股 20%）共同设立合资合作公司，推动科研团队持续开展研发实验，打造核心技术，实现科技成果的产业化。科研管理处和监察审计室完成全部转化过程，在赋予研发团队激励方式选择权的同时，对科技成果转化收益分配中可能存在的问题和担忧进行了尝试和探索解决。

（三）哈尔滨医科大学：提出分阶段赋予专利权的奖励政策

学校聚焦生物医药科技成果产业化研发高风险、高投入、长周期的特点，不断探索制度创新及转化收益分配新模式。

1. 分阶段赋予专利权

为有效提高发明人主动参与成果转化的责任心和积极性，学校对《哈尔滨医科大学专利管理办法》进行了修订，进一步增加对发明人的奖励力度，创新性地提出了分阶段赋予专利权的奖励政策，即专利授权满 5 年，学校可奖励发明人专利成果 50% 所有权；专利授权满 10 年，可奖励全部专利所有权，有效增加了发明人主动参与成果转化的责任心和积极性。

2. 探索转化收益分配新模式

2018 年，学校对之前发布的《哈尔滨医科大学科技成果转化管理办法》和《哈尔滨医科大学横向科研项目及经费管理办法》进行了修订。在成果转化奖励方面，根据新规定，成果转化收入全部用于研发团队奖励及学校科技成果转移转化项目培育和促进工作。

其中，以货币方式获得收益，省内转化净收入的 90% 用于研发团队奖励，省外转化净收入的 75% 用于研发团队奖励。转化净收入以许可、转让合同实际交易额扣除完成本次成果转化交易发生的直接成本来确定，直接成本包括科技成果评估评价费、拍卖佣金等第三方服务费用及相关税费等，不含该成果前期研发费用。“头雁团队”等特殊人才（团队），依照上级相关激励政策执行。

成果转化以作价入股形式实施的，在确定相关事宜后，技术研发团队应及时提出奖励申请，经审查，与学校签订收益分配协议，原则上按7∶3的比例共享职务科技成果的知识产权，由学校出具相关材料，将知识产权由学校单独所有变更为学校和技术研发团队共同所有。科技成果转化所得股权按知识产权共享比例分配，并随年限参照分阶段释放专利权政策变更。

3. 完善专利申报全流程服务体系，配套分阶段释放专利权政策

学校将知识产权宣讲工作作为常态化工作的同时，产业处为研发团队提供专利从申报到落地转化、奖励的全流程一站式服务。首先，加大资金投入，为知识产权工作提供坚定的物质基础和条件支撑。2003年，学校设立“哈尔滨医科大学专利基金”以来，逐年增加资金投入，用于专利申请和维持的全额资助。其次，研发团队只需将必要的专利申报材料交至科产中心并参加学校统一组织的专利申报评审工作，后续的申报手续准备、费用减缓、进度跟进、费用交纳、专利维持等工作全部由学校负责。此模式让研发团队专心从事科技创新工作，有效避免因不及时缴纳相关费用造成的专利失效。

此外，为保证专利数量稳步提升的同时确保成果质量不断提高，学校专门建立了专利申报评审机制。专利申报评审每月进行一次，根据当月申报专利的学科情况从专家库中随机邀请5～7名专家组成评审团，从申报专利的创新性、实用性、成熟度、转化前景等几个方面进行评议，从专利保护方面为发明人提供直接有效的指导和帮助。全流程专利保护服务体系，有力配套分阶段释放专利权的激励政策。

第二篇

高等院校

第一章 概况

本部分对2018年1243家高等院校（包括109家中央所属高等院校和1134家地方所属高等院校）的科技成果转化进展和成效进行研究分析。

一、科技成果转化规模

一是以转让、许可、作价投资方式转化科技成果的合同项数、合同金额有所增长。2018年，1243家高等院校以转让、许可、作价投资方式转化科技成果的合同项数为8072项，同比增长10.2%；合同金额达75.8亿元，同比增长45.9%[①]。二是转化收入超过1亿元单位的数量持续增加。以转让、许可、作价投资方式转化科技成果合同总金额超过1亿元的单位有16家，同比增长60.0%。三是财政资助项目产生的科技成果转化合同金额略有增长，合同项数略有降低。财政资助项目产生的科技成果以转让、许可、作价投资方式转化合同金额为12.4亿元，同

① 本篇涉及各维度总数（包括图表中所示数据）分别指2018年1243家和2017年1240家高等院校相对应总数，报告中涉及“同比增长”或“同比降低”的统计口径是同时填报了2018年和2017年年度报告的1192家高等院校相应数据。

比增长 13.0%；合同项数为 1410 项，同比减少 8.9%。其中，中央财政资助项目产生的科技成果转化合同金额为 9.7 亿元，同比增长 30.3%；合同项数为 728 项，同比减少 19.0%。

二、科技成果转化交易金额

一是科技成果交易均价有所增长。以转让、许可、作价投资方式转化科技成果的平均合同金额为 93.9 万元，同比增长 32.4%。二是技术入股金额略有增长。一般认为，科技成果作价入股更能吸引科研人员后续参与，反映了单位和科研人员对成果转化的信心。2018 年以作价投资方式转化科技成果的合同金额达 27.9 亿元，同比增长 14.8%；作价投资平均合同金额突破 1.0 亿元，同比增长 11.5%，分别是转让、许可平均合同金额的 28.8 倍和 6.8 倍。三是大额科技成果转化项目频出。2018 年单项科技成果转化合同金额超过 1 亿元的成果为 18 项，超过 5000 万元的为 28 项，超过 1000 万元的为 117 项。其中，上海科技大学的“基于配体导向的蛋白质降解技术平台的小分子抗肿瘤药物的开发许可”合同金额达 8.19 亿元；北京大学的石墨烯材料制备技术作价投资合同金额为 1.23 亿元。

三、科技成果转化收入分配

一是现金和股权奖励总金额和股权奖励金额均略有增长。2018 年个人获得的现金和股权奖励金额达 29.2 亿元，同比增长 7.1%，占现金和股权收入总金额的比例为 63.9%。其中，股权奖励为 17.3 亿元，同比增长 20.1%。二是研发与转化主要贡献人员获得的奖励金额略有增长。研发与转化主要贡献人员获得的现金和股权奖励总金额达 27.7 亿元，同比增长 12.2%，占奖励个人总金额的比例达到 95.1%，高于 2017 年的 91.1%。三是奖励人次略有减少但人均奖励金额有所增长。现金和股权奖励科研人员 2.4 万人次，同比减少 6.2%；人均奖励金额 12.0 万元，同比增长 14.2%。

四、产学研合作情况

一是高等院校输出技术和服务的能力不断强化，“四技”合同金额有所增长。2018 年，1243 家高等院校签订的“四技”合同总金额达 597.3 亿元，同比增长 27.9%。其中，“四技”合同金额超过 1 亿元的单位为 124 家，同比增长 28.1%。二是与企业共建成果转化平台、创设和参股新公司的数量不断增多，科技成果供需双方的有效对接能力逐步提升。2018 年与企业共建研发机构、转移机构、转化服务平台总数为 6990 家，同比增长 18.8%。创设和参股新公司 1138 家，同比增长 26.3%。三是兼职从事科技成果转化和离岗创业人员的数量略有增加，智力流动不断强化。高等院校兼职从事成果转化和离岗创业人员的数量为 8260 人，同比增长 6.8%。

第二章
科技成果转化主要类型分析

本部分涉及的 1243 家高等院校中，从隶属关系来看，中央所属高等院校共 109 家（占 8.8%），地方所属高等院校共 1134 家（占 91.2%）（图 2-2-1）。从区域分布看，1243 家高等院校在东部、中部、西部、东北 4 个区域的分布情况为：东部地区 498 家（占 40.1%）、中部地区 258 家（占 20.8%）、西部地区 341 家（占 27.4%）、东北地区 146 家（占 11.7%）。

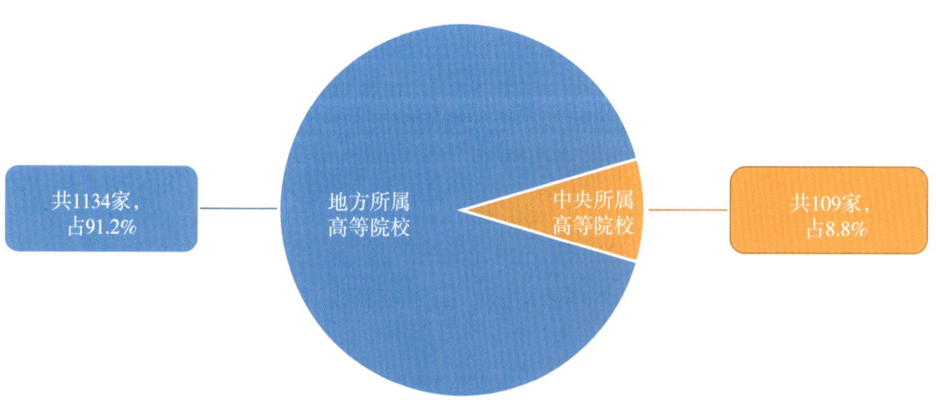

图 2-2-1 单位分布情况

一、基本情况

科技成果转化活动日益活跃，以转让、许可、作价投资 3 种方式转化科技成果的合同金额有所增长，合同项数略有增长。2018 年，1243 家高等院校以转让、许可、作价投资 3 种方式转化科技成果合同金额达 75.8 亿元，同比增长 45.9%；合同项数为 8072 项，同比增长 10.2%（图 2-2-2）。

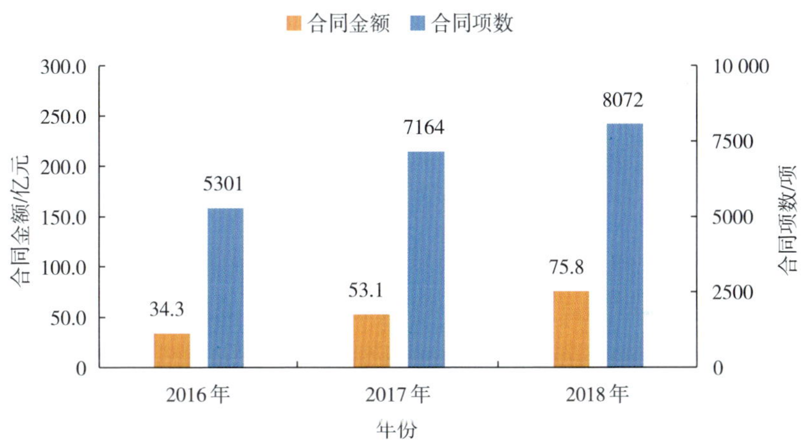

图 2-2-2　以转让、许可、作价投资 3 种方式转化科技成果基本情况

科技成果平均合同金额同比增长超过 20%。技术合同平均金额既能反映社会对科技成果价值的认可程度，也能在一定程度上反映技术成果对经济社会贡献的大小，是判断科技成果质量的参考指标。1243 家高等院校以转让、许可、作价投资方式转化科技成果的平均合同金额为 93.9 万元，同比增长 32.4%。

转化“龙头”单位成长迅速，科技成果转化年合同金额 1 亿元以上的单位数量增长率超 40%。以转让、许可、作价投资方式转化科技成果合同金额 1 亿元以上的高等院校数量不断增长。2017 年签订的科技成果转化合同金额 1 亿元以上的高等院校数量为 10 家，2018 年达到了 16 家，同比增长 60%。2018 年当年合同金额达 1000 万元以上的单位有 91 家，这 91 家单位的当年合同金额占 1243 家单位当年合同金额的比例为 91.4%。

由于科技成果转化合同中对执行方式和执行周期的具体约定不同，部分以转让、许可方式转化合同的金额会随具体执行周期进展阶段性地分批拨付，且通常情况下高校院所会基于当年实际到账金额实施奖励。因此，为了能够更加准确地反映科技成果转化产生的实时经济效益，本部分采集了各高等院校的转让、许可转化合同的当年到账金额。2018 年当年到账金额共计 15.3 亿元，同比增长 5.4%。其中，中央所属高等院校当年到账金额为 9.2 亿元，同比增长 14.9%；地方所属高等院校当年到账金额为 6.1 亿元，同比减少 7.0%。

高价值成果转化效益凸显，18 项成果转化合同金额达 1 亿元以上。2018 年，以转让、许可、作价投资 3 种方式转化科技成果单项合同金额超过 1 亿元的合同有 18 项，超过 5000 万元的合同有 28 项，超过 1000 万元的合同有 117 项。华东理工大学有 3 项科技成果转化的合同金额超 1 亿元，北京大学、复旦大学均有 2 项科技成果转化的合同金额超 1 亿元（表 2-2-1）。

表 2-2-1　高等院校转化合同金额超过 1 亿元的成果情况

序号	成果名称	合同金额 / 万元	转化方式	单位名称
1	基于配体导向的蛋白质降解技术平台的小分子抗肿瘤药物的开发许可	81 900.0	许可	上海科技大学
2	二氢乳清酸脱氢酶（DHODH）抑制剂相关专利	22 000.0	许可	华东理工大学

续表

序号	成果名称	合同金额/万元	转化方式	单位名称
3	“一种基于等离子体透镜的激光离子加速系统及其加速方法”等6项专利的实施许可	16 686.0	许可	北京大学
4	“苯并杂环胺类化合物及其用途”等5项专利	14 000.0	许可	华东理工大学
5	用于生产大豆低聚肽粉、高染料木苷含量大豆异黄酮等10种产品	13 500.0	许可	长春大学
6	石墨烯材料制备技术作价投资（石墨烯研究院）	12 260.0	作价投资	北京大学
7	脂肪干细胞及其衍生物在皮肤治疗领域的临床应用和产业化等6项成果	12 089.5	转让	上海交通大学
8	第三代EGFR抑制剂相关专利	11 000.0	许可	华东理工大学
9	一种*N*-苄基色胺酮衍生物及其制备方法和应用（W02015070766A1），一种*N*-苄基色胺酮衍生物及其制备方法应用（ZL201310560572）	10 750.0	许可	复旦大学
10	8个小分子靶向治疗药物	10 667.0	作价投资	四川大学
11	微机电（MEMS）产业化技术	10 534.0	作价投资	清华大学
12	一种用于合成氯乙烯的抗高温失活的金基催化剂的制备方法	10 500.0	作价投资	南开大学
13	专利申请技术实施许可转让（“一种病毒免疫治疗药物复合物及其用途”等3项专利）	10 340.0	转让	复旦大学
14	3万吨/年甜菜碱盐酸盐和氯乙酸甲酯新工艺产业化	10 200.0	转让	青岛科技大学
15	铝锂合金研发及产业化	10 000.0	作价投资	北京理工大学
16	零排放清洁生产氧化铝系列技术	10 000.0	作价投资	东北大学
17	一种大黄素衍生物及其制备技术	10 000.0	转让	哈尔滨医科大学
18	高比能锂硫电池技术（包括8项国内授权发明专利）	10 000.0	作价投资	中南大学

（一）转化方式对比情况

转让是科技成果转化的主要方式，合同项数占转让、许可、作价投资 3 种方式合同总项数的比例超过七成。2018 年，以转让方式转化科技成果的合同项数为 5949 项，同比增长 17.0%；以许可方式转化科技成果的合同项数为 1846 项，同比减少 6.2%；以作价投资方式转化科技成果的合同项数为 277 项，同比增长 3.0%。其中，转让合同项数占 3 种方式合同总项数（8072 项）的 73.7%（图 2-2-3）。

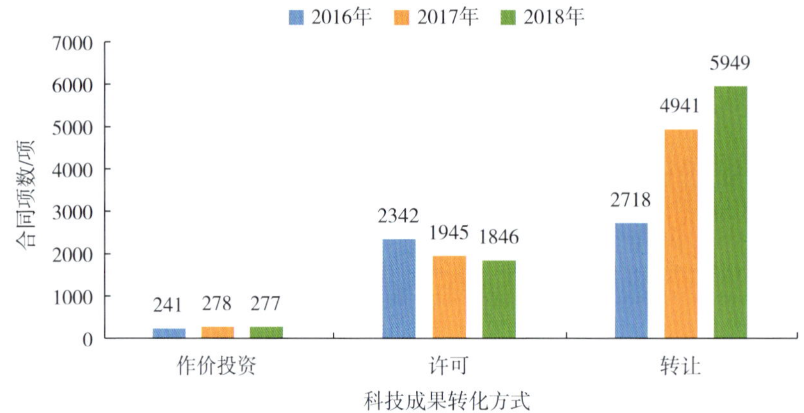

图 2-2-3 以转让、许可、作价投资方式转化科技成果合同项数情况

转让、许可、作价投资合同金额增长率均大于 10%，其中，转让和许可合同金额增长率超 60%。以转让、许可方式转化科技成果的合同金额分别为 20.7 亿元、27.2 亿元，较上年分别增长 62.0%、82.9%，以作价投资方式转化科技成果的合同金额为 27.9 亿元，同比增长 14.8%（图 2-2-4）。

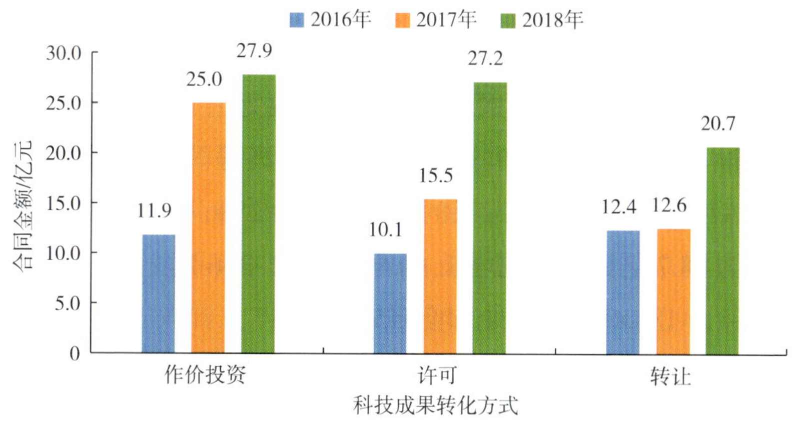

图 2-2-4　以转让、许可、作价投资方式转化科技成果合同金额情况

转让、许可、作价投资方式平均合同金额增长迅速，作价投资平均合同金额最高，是转让、许可方式平均合同金额总和的 5 倍多。转让方式的平均合同金额为 34.9 万元，同比增长 38.5%。许可、作价投资方式的平均合同金额分别为 147.3 万元、1005.5 万元，较上年分别增长 94.9%、11.5%。作价投资方式平均合同金额分别是转让、许可方式的 28.8 倍、6.8 倍（图 2-2-5）。

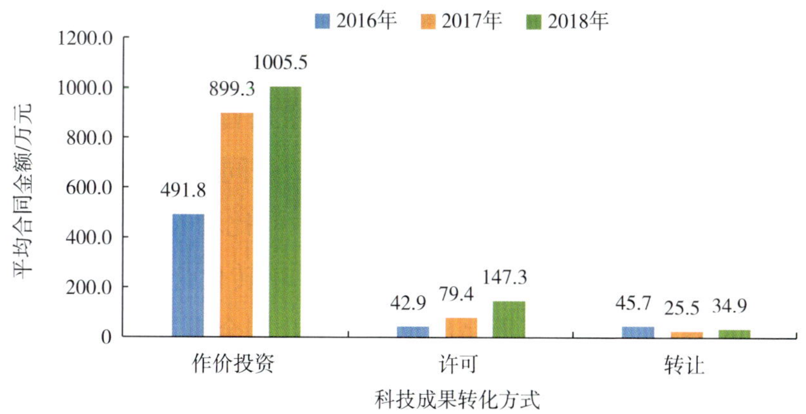

图 2-2-5　以转让、许可、作价投资方式转化科技成果平均合同金额情况

2. 各地方成果转化情况

2018 年，地方所属高等院校以转让、许可、作价投资方式转化科技成果的合同金额排名前 3 位的省市分别是上海市（9.3 亿元）、山东省（2.4 亿元）、吉林省（1.6 亿元）（图 2-2-8）。

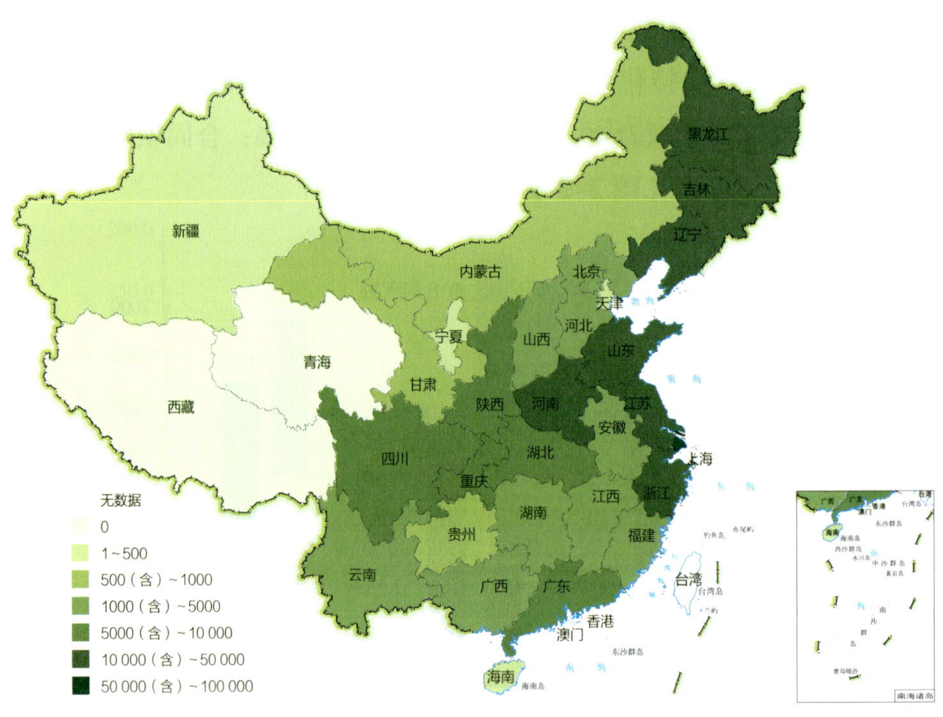

图 2-2-8 地方所属高等院校以转让、许可、作价投资方式转化科技成果合同金额情况（单位：万元）

（四）地区科技成果转化情况

1. 单位所在辖区科技成果转化情况

按照单位所在地统计分析显示，2018 年各地方辖区内的高等院校以转让、许可、作价投资方式转化科技成果的合同金额排名前 3 位的省市分别是上海市（20.4 亿元）、北京市（14.1 亿元）、江苏省（4.8 亿元）（图 2-2-9）。

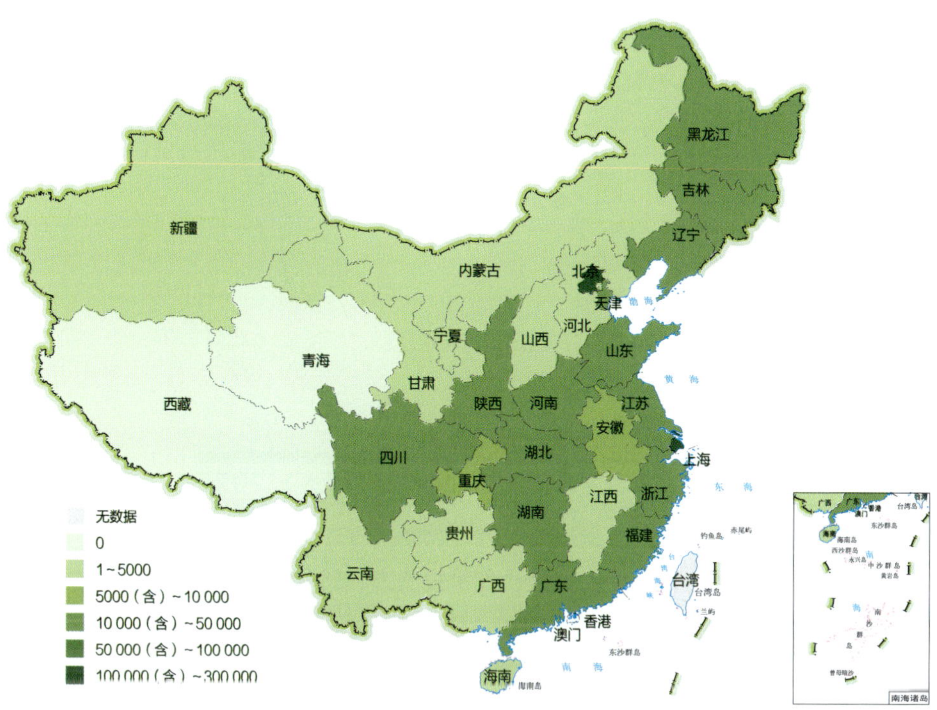

图 2-2-9　各地方辖区内高等院校科技成果转化合同金额情况（单位：万元）

2. 东部、中部、西部、东北地区科技成果转化情况

按照填报单位所在地区统计，东部、东北和中部地区的高等院校以转让、许可、作价投资方式转化科技成果的合同金额均有提高，东部地区合同金额增长最快，西部地区则略有降低。根据国家统计局 2011 年公布的我国东部、中部、西部、东北地区的划分方法，2018 年，东部地区单位以转让、许可、作价投资方式转化科技成果合同金额最高，为

51.1 亿元，同比增长 76.9%。东北地区单位以转让、许可、作价投资方式转化科技成果合同金额为 7.7 亿元，同比增长 12.2%。中部地区单位以转让、许可、作价投资方式转化科技成果合同金额为 8.7 亿元，同比增长 1.5%。西部地区单位以转让、许可、作价投资方式转化科技成果合同金额为 8.3 亿元，同比减少 20.1%（图 2-2-10）。

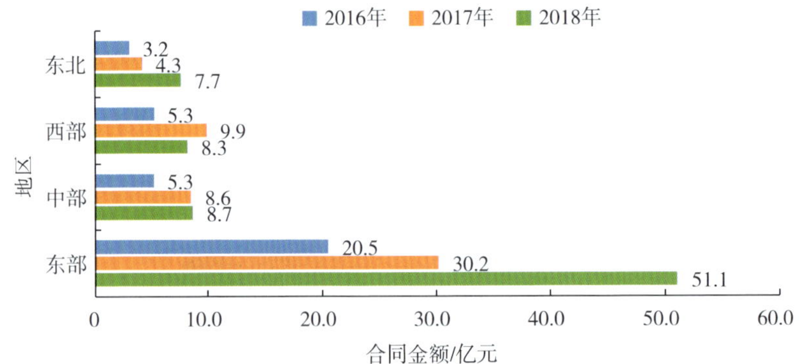

图 2-2-10　各地区以转让、许可、作价投资方式转化科技成果合同金额情况

二、以转让方式转化科技成果情况

以转让方式转化科技成果的合同金额增长超过 60%，合同项数增长近 20%。2018 年，以转让方式转化科技成果的合同金额达 20.7 亿元，同比增长 62.0%；合同项数为 5949 项，同比增长 17.0%；平均合同金额为 34.9 万元，同比增长 38.5%（图 2-2-11）。

2018 年以转让方式转化科技成果合同金额达 1 亿元以上的单位有 5 家，分别是复旦大学（1.8 亿元）、上海交通大学（1.6 亿元）、青岛科技大学（1.1 亿元）、西安交通大学（1.1 亿元）、哈尔滨医科大学（1.1

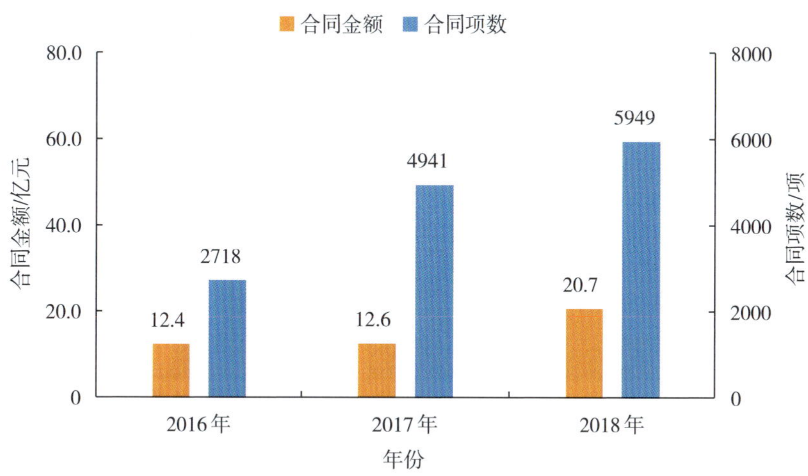

图 2-2-11　以转让方式转化科技成果合同项数、合同金额情况

亿元）。复旦大学、上海交通大学、青岛科技大学以转让方式转化科技成果合同金额成倍增长，哈尔滨医科大学异军突起。2018 年，复旦大学以转让方式转化的 9 项科技成果合同金额约达 1.78 亿元；2018 年，上海交通大学以转让方式转化科技成果共 111 项，合同金额约为 1.6 亿元。

三、以许可方式转化科技成果情况

以许可方式转化科技成果的合同金额及平均合同金额增长迅速。2018 年以许可方式转化科技成果的合同金额为 27.2 亿元，同比增长 82.9%；合同项数为 1846 项，同比减少 6.2%；平均合同金额为 147.3 万元，同比增长 94.9%（图 2-2-12）。

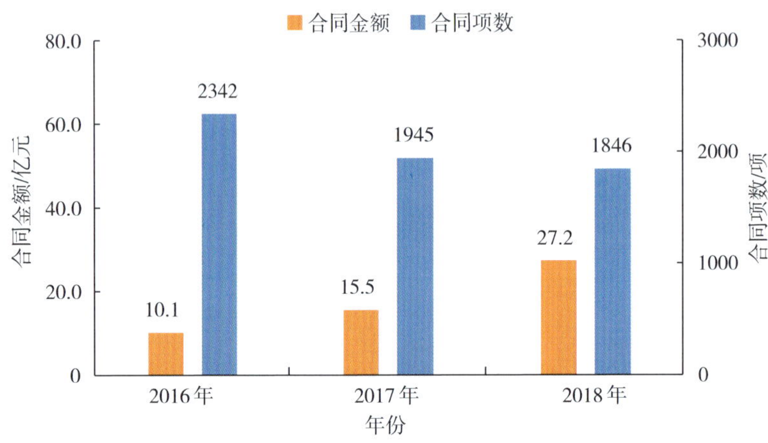

图 2-2-12　以许可方式转化科技成果的合同项数、合同金额情况

以许可方式转化科技成果合同金额超过 1 亿元的单位共 6 家，分别是上海科技大学（8.3 亿元）、华东理工大学（5.7 亿元）、清华大学（1.9 亿元）、北京大学（1.7 亿元）、长春大学（1.4 亿元）、复旦大学（1.1 亿元）。

四、以作价投资方式转化科技成果情况

以作价投资方式转化科技成果的合同金额持续增加，合同项数较为稳定。2018 年以作价投资方式转化科技成果的合同金额为 27.9 亿元，同比增长 14.8%；合同项数为 277 项，同比增长 3.0%；平均合同金额为 1005.5 万元，同比增长 11.5%（图 2-2-13）。这反映出在转化高价值原创科技成果时，企业更倾向于采用作价投资的方式转化。

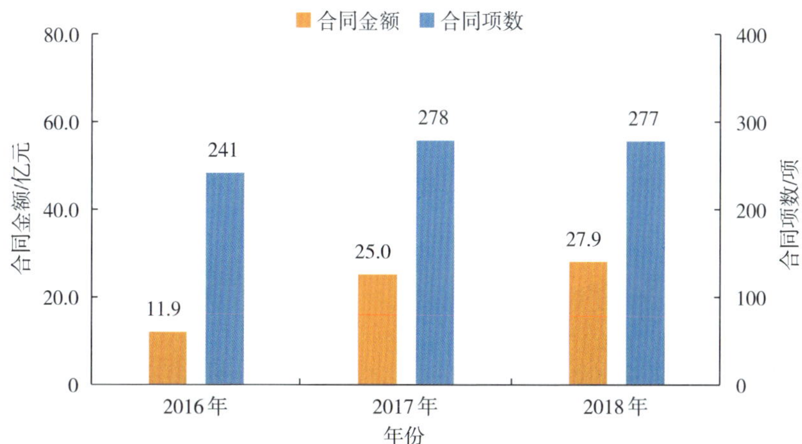

图 2-2-13　以作价投资方式转化科技成果合同项数、合同金额情况

作价投资成为部分单位大额科技成果转化的主要方式。清华大学以作价投资方式转化科技成果的合同项数、合同金额逐年增加，2018 年，该校作价投资合同项数 50 项，同比增长 47.1%；合同金额 5.1 亿元，同比增长 75.9%；平均合同金额 1017.0 万元，同比增长 19.6%。中南大学以作价投资方式转化科技成果平均合同金额不断提高，2018 年，该校作价投资合同项数 7 项，合同金额达 19 810 万元；平均合同金额高达 2830 万元，同比增长 49.1%。

五、科技成果转化定价方式情况

协议定价方式是高等院校科技成果转化的主要定价方式，占比达到 95% 以上。2018 年，1243 家高等院校以转让、许可、作价投资方式转化的 8026 项[①] 科技成果中，采用协议定价的有 7870 项，占总数的

① 此处数据与 2018 年以转让、许可、作价投资方式转化科技成果共 8072 项不一致，其原因为部分高等院校将多个成果作为一个科技成果转化合同填报。

98.1%；以挂牌交易和拍卖两种方式定价的科技成果数量分别为 51 项、105 项，分别占总数的 0.6%、1.3%（图 2-2-14）。科技成果转化定价过程中，经过评估的转化成果为 6157 项，占总数的 76.7%，未经过评估的转化成果为 1869 项，占总数的 23.3%（图 2-2-15）。

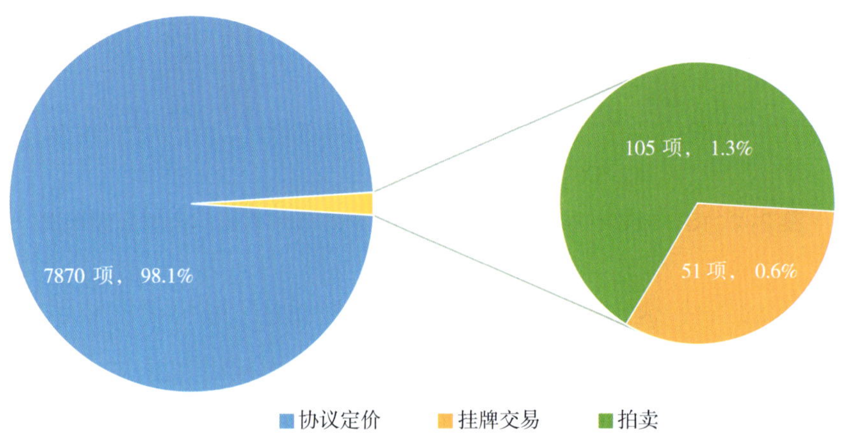

图 2-2-14 以转让、许可、作价投资方式转化科技成果的定价方式情况

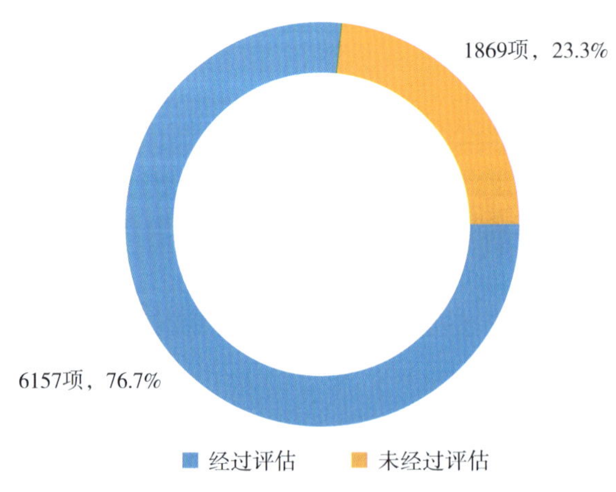

图 2-2-15 科技成果转化定价过程中的评估情况

六、科技成果转化去向

科技成果主要在境内转化，转化至中小微企业的成果数量最多，转化至非企业单位的增速最快。2018 年，科技成果以转让、许可、作价投资方式转化到境内、境外的数量分别为 7995 项、31 项，占比分别为 99.6%、0.4%。在境内转化的科技成果中，转化至中小微企业、其他企业、非企业单位的科技成果数量分别为 5176 项、2324 项、495 项，占科技成果转化合同总数的比例分别为 64.5%、29.1%、6.2%，较上年分别增长 16.7%、3.2%、87.9%（图 2–2–16）。

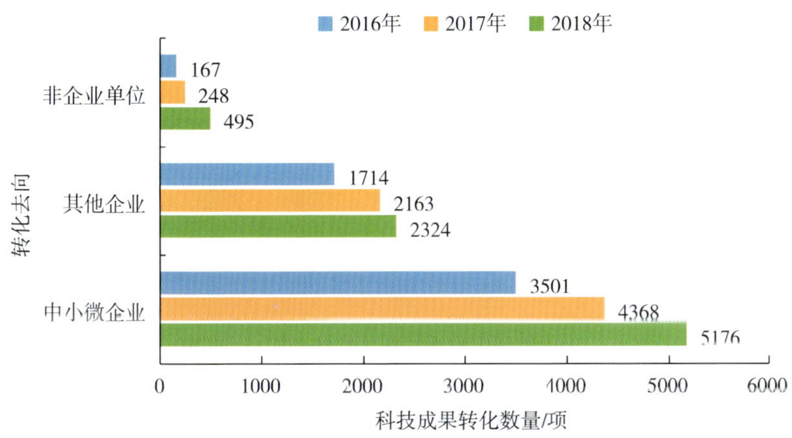

图 2–2–16 科技成果在境内转化去向情况

科技成果转化至中小微企业的合同金额最多，增速最快，转化至其他企业的合同金额有所增长，转化至非企业单位的合同金额大幅增长。2018 年，科技成果以转让、许可、作价投资方式转化到境内、境外的合同金额分别是 75.1 亿元、0.6 亿元，占比分别为 99.2%、0.8%。在境内转化的科技成果中，转化至中小微企业、其他企业的科技成果合同金额分别为 42.0 亿元、31.6 亿元，占比分别为 55.9%、42.0%，较上年

中央财政资助项目产生的科技成果以转让、许可、作价投资方式转化合同金额达 9.7 亿元，同比增长 30.3%，占全国财政资助转化项目的 78.2%；合同项数为 728 项，同比减少 19.0%，占全国财政资助转化项目的 51.6%（图 2-3-2）。

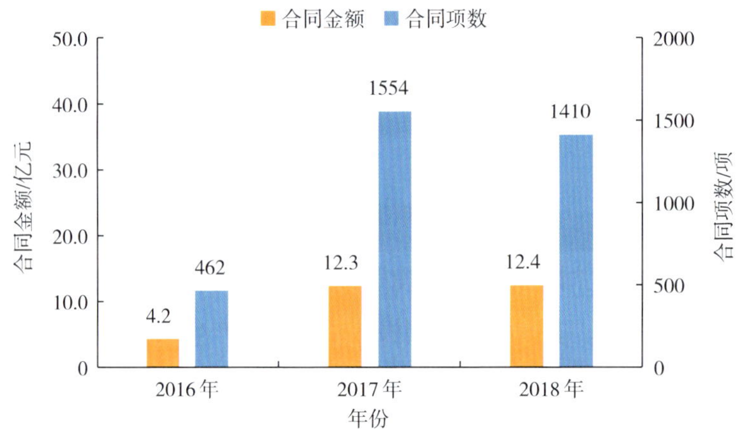

图 2-3-1　全国财政资助项目成果转化合同金额和合同项数情况

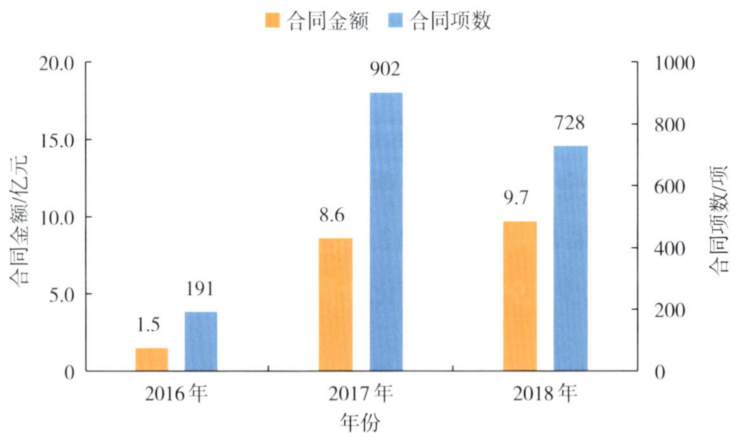

图 2-3-2　中央财政资助项目成果转化合同金额和合同项数情况

二、中央所属高等院校转化情况

（一）全国财政资助项目成果转化情况

中央所属高等院校受全国财政资助项目产生的科技成果转化合同项数略有减少、合同金额小幅增长。2018 年，受全国财政资助的科技成果以转让、许可、作价投资方式转化的合同项数为 783 项，同比减少 2.2%，占中央所属高等院校转化合同总项数（2586 项）的 30.3%；合同金额为 9.8 亿元，同比增长 25.0%，占中央所属高等院校转化合同总金额（48.7 亿元）的 20.0%（图 2–3–3）。

图 2–3–3　中央所属高等院校受全国财政资助项目成果转化合同金额和合同项数情况

（二）中央财政资助项目成果转化情况

中央所属高等院校受中央财政资助项目产生的科技成果以转让、许可、作价投资方式转化的合同金额小幅增长、合同项数略有减少。2018 年，受中央财政资助产生的科技成果以转让、许可、作价投资方式转化的合同金额达 8.3 亿元，同比增长 28.0%，占中央所属高等院校受全国财政资助转化项目合同总金额（9.8 亿元）的 85.1%；合同项数为 556 项，同比减少 1.1%，占中央所属高等院校受全国财政资助转化项目合同总项数（783 项）的 71.0%（图 2-3-4）。

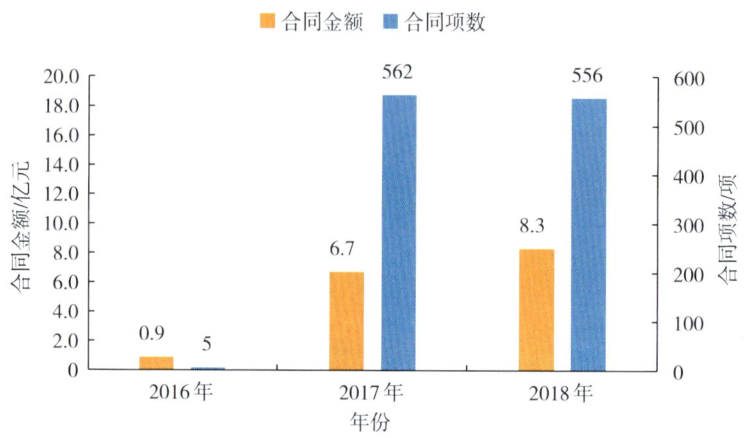

图 2-3-4　中央所属高等院校受中央财政资助项目成果转化合同金额和合同项数情况

中央所属高等院校受中央财政资助项目产生的科技成果转化日益增加。2018 年，东北大学共以转让、许可、作价投资方式转化科技成果 25 项，合同金额达 1.9 亿元。其中，受中央财政资助项目产生的科技成果转化合同项数为 25 项，占合同总项数的 100%；合同金额达 1.9 亿元，占合同总金额的 100%；西安交通大学以转让、许可、作价投资方式转化的合同项数为 218 项，合同金额达 1.2 亿元。其中，受中央财政资助项目产生的科技成果转化合同项数为 102 项，占合同总项数的 46.8%；合同金额达 6794 万元，占合同总金额的 56.1%。

三、各省、直辖市、自治区所属高等院校转化情况

（一）全国财政资助项目成果转化情况

地方所属高等院校受全国财政资助项目产生的科技成果转化合同项数和合同金额均有所降低。2018 年，地方所属高等院校受全国财政资助项目产生的科技成果转化合同项数为 627 项，同比减少 16.1%，占地方所属高等院校转化合同总项数（5486 项）的 11.4%；合同金额为 2.7 亿元，同比减少 17.2%，占地方所属高等院校转化合同总金额（27.1 亿元）的 9.9%（图 2-3-5）。

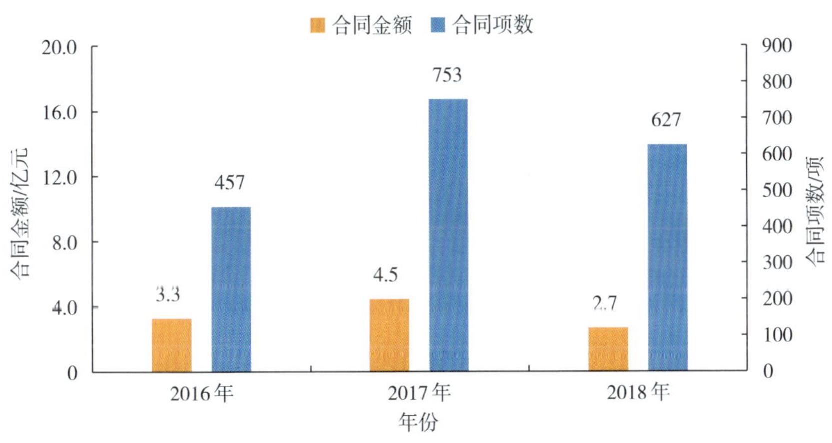

图 2-3-5　地方所属高等院校受全国财政资助项目成果转化合同金额和合同项数情况

2018 年，地方所属高等院校受全国财政资助项目成果以转让、许可、作价投资方式转化的合同金额排名前 3 位的地区分别是山东省（7924.5 万元）、陕西省（4400.3 万元）、黑龙江省（3088.5 万元）（图 2-3-6）。

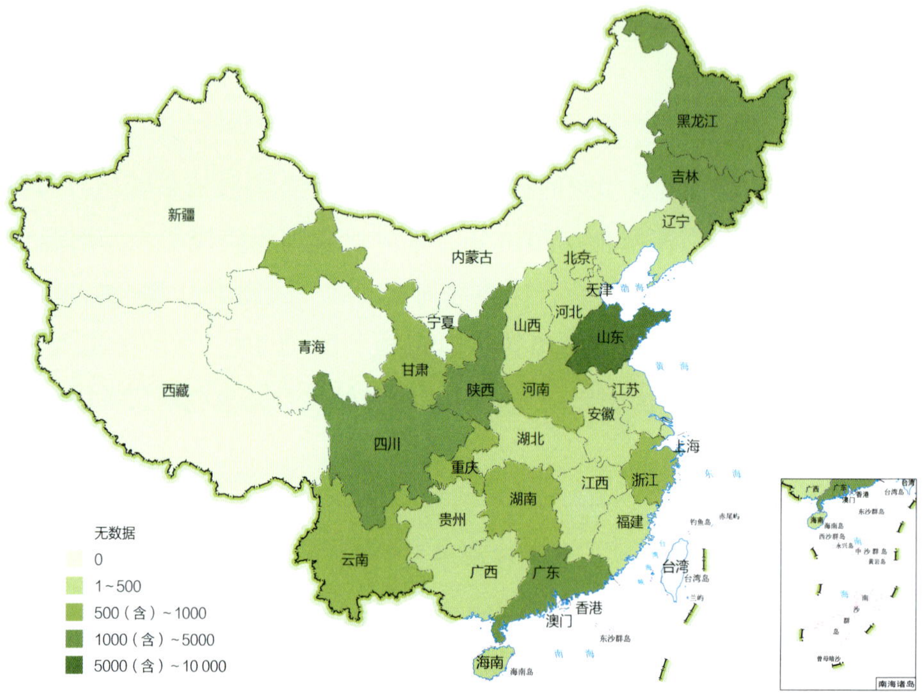

图 2-3-6　地方所属高等院校转化受全国财政资助项目成果合同金额情况（单位：万元）

（二）中央财政资助项目成果转化情况

地方所属高等院校受中央财政资助项目产生的科技成果以转让、许可、作价投资方式转化的合同金额有所增长、合同项数有所降低。2018年，以转让、许可、作价投资方式签订的中央财政资助转化项目的合同金额达 1.4 亿元，同比增长 47.2%，占地方所属高等院校受全国财政资助转化项目合同总金额（2.7 亿元）的 53.3%；中央财政资助项目科技成果转化合同项数为 172 项，同比减少 50.2%，占地方所属高等院校受全国财政资助转化项目合同总项数（627 项）的 27.4%（图 2-3-7）。

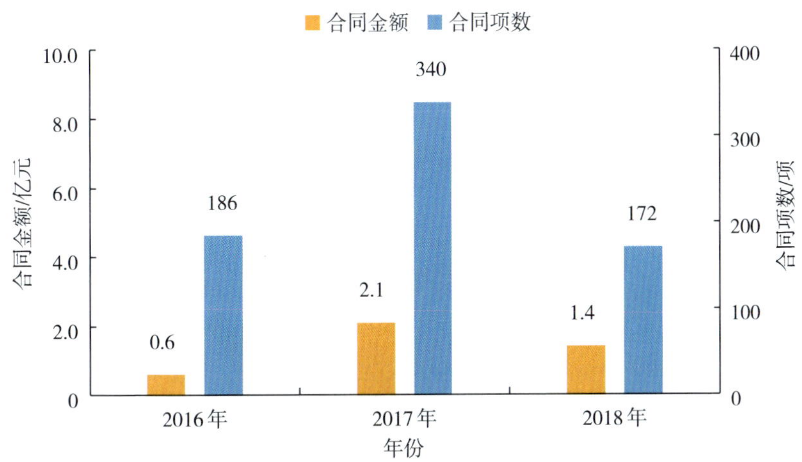

图 2–3–7　地方所属高等院校受中央财政资助项目成果转化合同金额和合同项数情况

2018 年，地方所属高等院校受中央财政资助项目成果以转让、许可、作价投资方式转化的合同金额排名前 3 位的地区分别是山东省（7620.0 万元）、陕西省（3574.6 万元）、重庆市（722.0 万元）（图 2–3–8）。

2018 年，青岛大学以转让、许可、作价投资方式转化科技成果的合同金额达 7473.6 万元，受中央财政资助项目成果转化金额为 7200 万元，同比增长 259.9 倍；合同项数为 11 项，其中，受中央财政资助项目的转化成果为 1 项，同比降低 66.7%。陕西科技大学以转让、许可、作价投资方式转化科技成果的合同金额达 1262 万元，受中央财政资助项目成果转化金额为 1046.5 万元，同比增长 59.1 倍；合同项数为 46 项，其中，受中央财政资助项目的转化成果为 8 项，同比增长 1 倍。

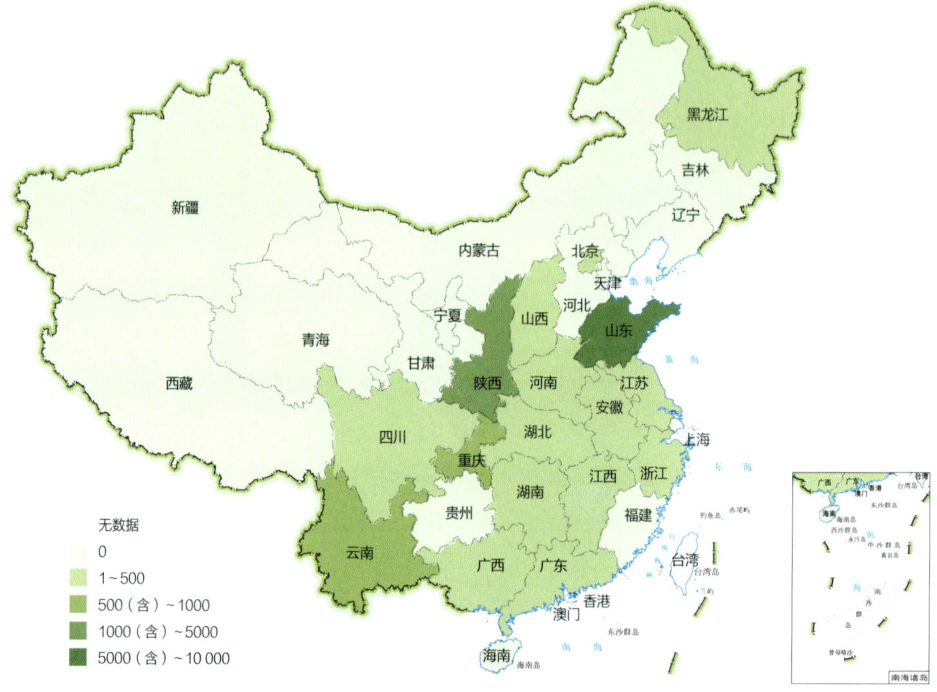

图 2-3-8　地方所属高等院校转化受中央财政资助项目成果合同金额情况（单位：万元）

四、地区财政资助科技成果转化情况

（一）单位所在辖区科技成果转化情况

1. 全国财政资助项目成果转化情况

按单位所在地区统计，2018 年，地方辖区内的高等院校受全国财政资助项目的科技成果以转让、许可、作价投资方式转化的合同金额排名前 3 位的地区分别是广东省（2.8 亿元）、辽宁省（1.9 亿元）、江苏省（1.8 亿元）（图 2-3-9）。

图 2-3-9　各地方辖区内高等院校转化受全国财政资助项目成果合同金额情况（单位：万元）

2. 中央财政资助项目成果转化情况

2018 年，地方所属高等院校以转让、许可、作价投资方式转化受中央财政资助项目产生的科技成果合同金额排名前 3 位的地区分别是广东省（2.2 亿元）、辽宁省（1.9 亿元）、江苏省（1.5 亿元）（图 2-3-10）。

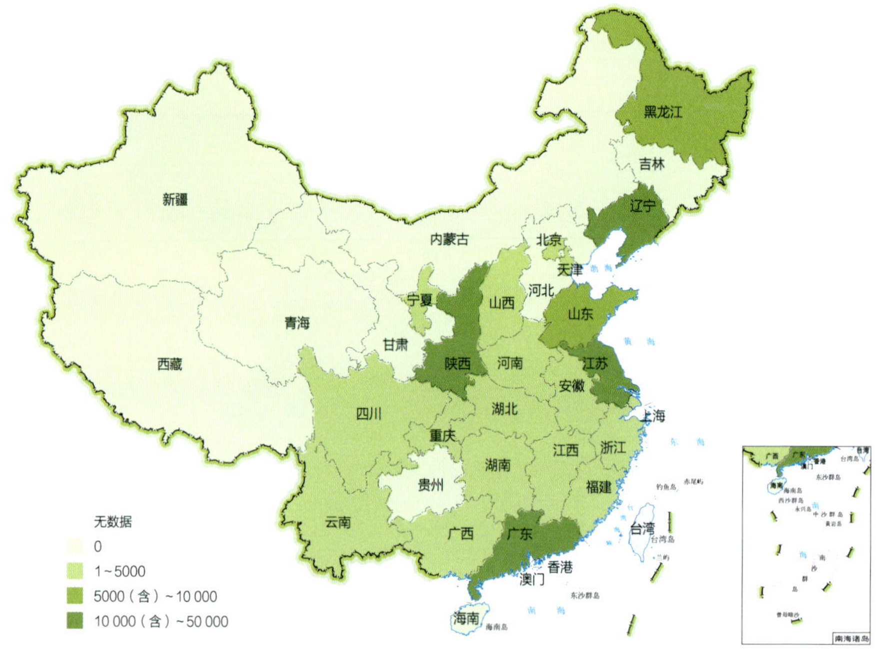

图 2-3-10　各地方辖区内高等院校转化受中央财政资助项目成果合同金额情况（单位：万元）

（二）东部、中部、西部和东北地区财政资助项目成果转化情况

1. 全国财政资助项目成果转化情况

西部、中部地区高等院校受全国财政资助项目产生的科技成果以转让、许可、作价投资方式转化的合同金额略有降低，但东部、东北地区持续增长。2018 年，西部、中部地区高等院校受全国财政资助产生的科技成果以转让、许可、作价投资方式转化的合同金额分别为 2.2 亿元、1.0 亿元，较上年分别减少 3.9%、5.1%；东部、东北地区高等院校受全国财政资助产生的科技成果转化的合同金额分别为 6.1 亿元、3.2 亿元，同比分别增长 16.6%、34.3%（图 2-3-11）。

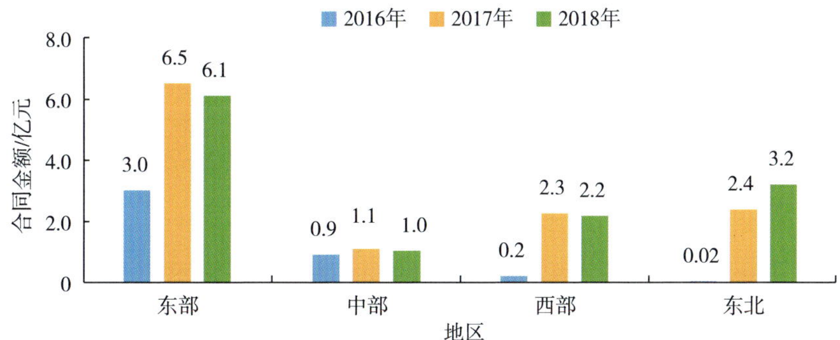

图 2-3-11　各地区全国财政资助项目成果转化合同金额情况

2. 中央财政资助项目成果转化情况

2018 年，东部和东北地区高等院校受中央财政资助产生的科技成果以转让、许可、作价投资方式转化的合同金额分别为 4.9 亿元、2.7 亿元，同比分别增长 114.9%、22.5%。西部、中部地区高等院校受中央财政资助产生的科技成果以转让、许可、作价投资方式转化的合同金额分别为 1.7 亿元、0.4 亿元，同比分别减少 16.1%、59.8%（图 2-3-12）。

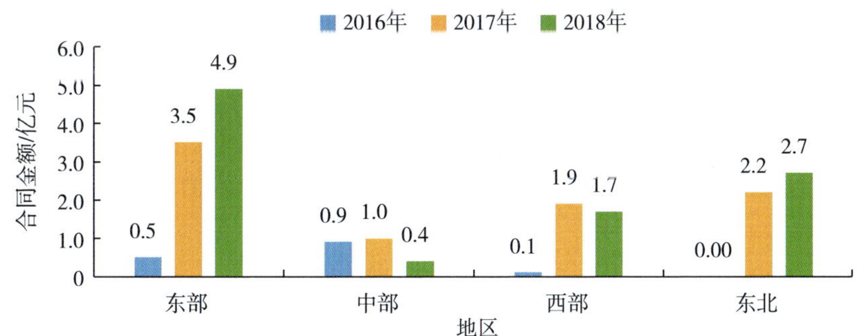

图 2-3-12　各地区中央财政资助项目成果转化合同金额情况

第四章
科技成果转化收入分配及奖励

统计分析发现，随着促进科技成果转化系列政策法规的落实，高等院校对科技人员激励力度不断加大，科研人员获得奖励金额和人均奖励金额有所增长，科技创富效应逐步显现，正在进一步激励科研人员的创新创业积极性。

一、基本情况

（一）现金和股权收入分配及奖励情况

以转让、许可、作价投资方式转化科技成果获得的现金和股权收入略有降低，个人获得的现金和股权奖励略有增加。2018 年，现金和股权收入总金额为 45.6 亿元，同比减少 1.7%；个人获得的现金和股权奖励金额达 29.2 亿元，同比增长 7.1%。其中，研发与转化主要贡献人员所获现金和股权奖励达 27.7 亿元，同比增长 12.2%（图 2–4–1）。

奖励个人金额占现金和股权收入总金额的比例超过 50%，奖励研发与转化主要贡献人员金额占奖励个人金额的比例超过 90%。奖励人次略有减少，人均奖励金额略有增长。个人获得的现金和股权奖励占现金和

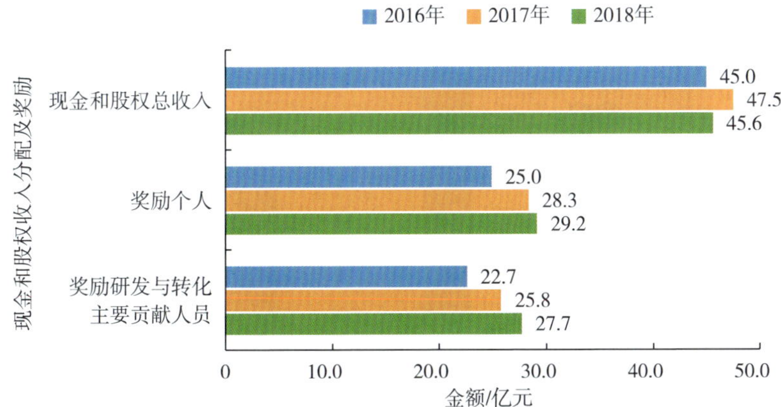

图 2-4-1　现金和股权收入分配及奖励情况

股权收入的比例由 2017 年的 59.6% 提高到 2018 年的 63.9%，研发与转化主要贡献人员获得的奖励占奖励科研人员总金额的比例达到 95.1%，高于 2017 年的 91.1%，达到了《促进科技成果转化法》和《若干规定》要求的比例，政策红利显著释放，科技创富效应逐步显现（图 2-4-2、图 2-4-3）。奖励人次为 24 277 人次，同比减少 6.2%；人均奖励金额 12.0 万元，同比增长 14.2%。

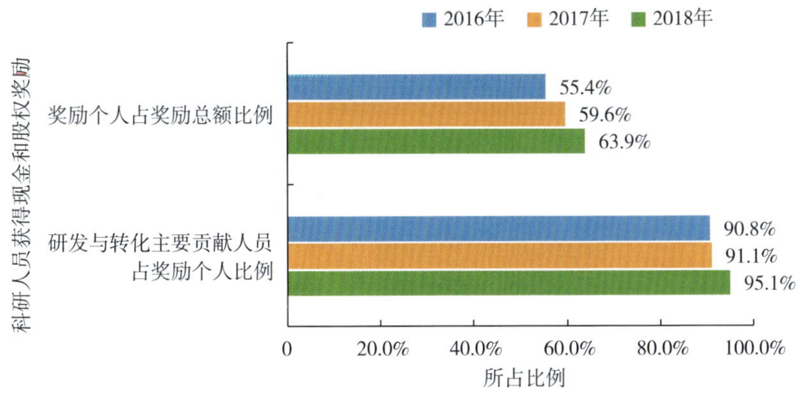

图 2-4-2　科研人员获得现金和股权奖励占比情况

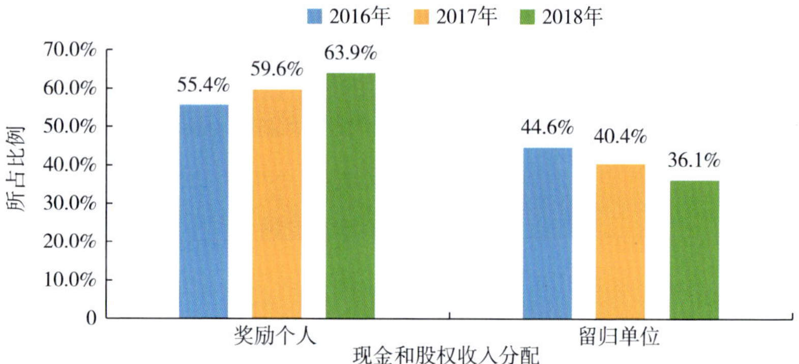

图 2-4-3　现金和股权收入分配情况

（二）现金收入分配及奖励情况

以转让、许可方式转化科技成果获得的现金收入、科研人员获得的现金奖励较上一年度略有降低。2018 年现金收入金额为 19.5 亿元，同比降低 9.4%；个人获得的现金奖励金额为 11.9 亿元，同比降低 7.6%。其中，研发与转化主要贡献人员所获现金奖励为 10.7 亿元，同比下降 4.4%（图 2-4-4）。

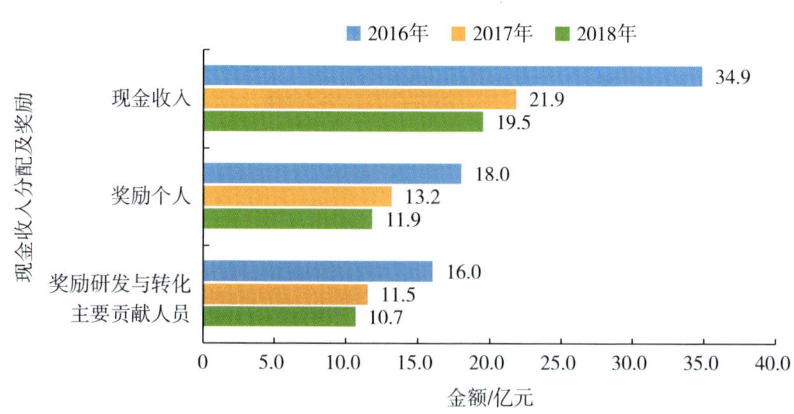

图 2-4-4　现金收入分配及奖励情况

奖励个人金额占现金收入总额的比例、奖励研发与转化主要贡献人员金额占奖励个人金额的比例均有所提高。奖励人次略有降低，人均奖励金额略有下降。2018 年，个人获得的现金奖励占现金收入的比例由 2017 年的 60.4% 提高到 60.8%；研发与转化主要贡献人员获得的奖励占奖励科研人员总金额的比例由 2017 年的 87.5% 提高到 90.0%（图 2-4-5、图 2-4-6）。奖励人次、人均奖励金额分别为 23 360 人次、5.1 万元，较上年分别降低 4.9%、2.9%。现金奖励个人金额超过 1 亿元的单位共 1 家，为清华大学（1.3 亿元）。

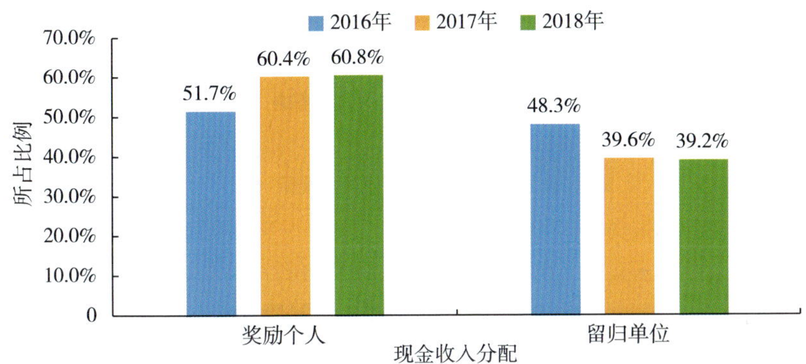

图 2-4-5 现金收入留归单位和奖励个人分配比例情况

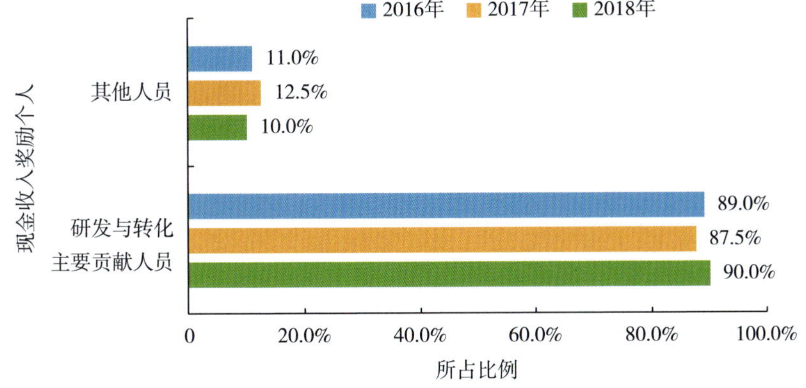

图 2-4-6 现金收入奖励个人分配比例情况

（三）股权收入分配及奖励情况

以作价投资方式转化科技成果获得的股权收入、个人获得的股权奖励略有增长。2018 年，股权收入金额为 26.1 亿元，同比增长 4.9%；个人获得的股权奖励达 17.3 亿元，同比增长 20.1%。其中，研发与转化主要贡献人员所获股权奖励达 17.0 亿元，同比增长 25.7%（图 2-4-7）。

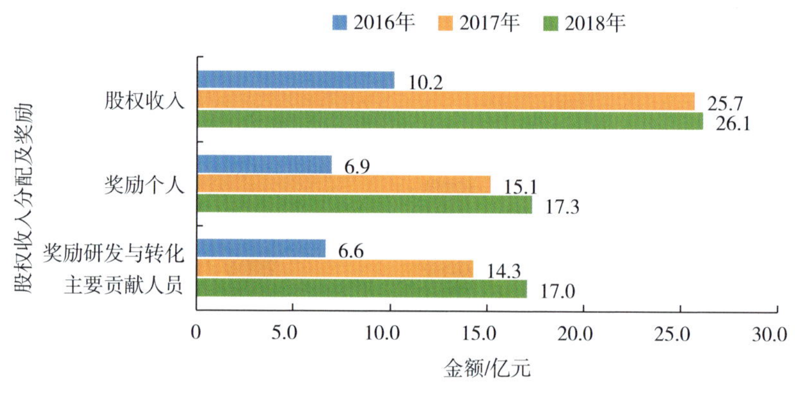

图 2-4-7　股权收入分配情况

奖励个人金额占股权收入总额的比例有所增长且超过了 50%，奖励研发与转化主要贡献人员金额占奖励个人金额的比例提高。奖励人次小幅减少，人均奖励金额持续增加，股权人均奖励金额是现金奖励人均奖励金额的 30 多倍。2018 年，个人获得的股权奖励占股权收入的比例为 66.2%，高于 2017 年的 59.0%；研发与转化主要贡献人员获得的股权奖励占奖励个人总金额的比例由 2017 年的 94.3% 提高到 98.7%（图 2-4-8、图 2-4-9）。奖励人次为 917 人次，同比减少 29.5%；股权人均奖励金额为 188.4 万元，同比增长 70.5%，是现金奖励人均奖励金额的 37.1 倍。

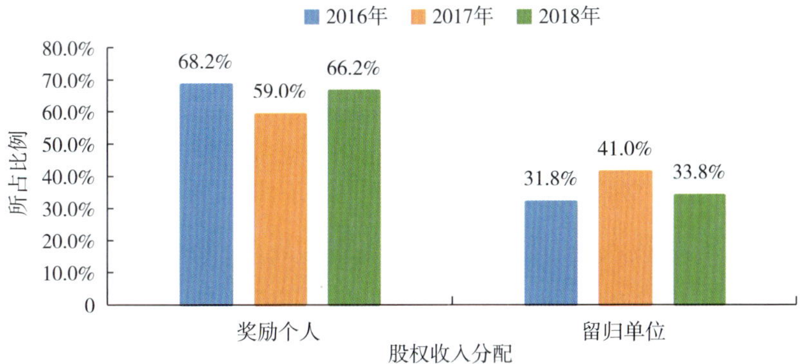

图 2-4-8　股权收入留归单位和奖励个人分配比例情况

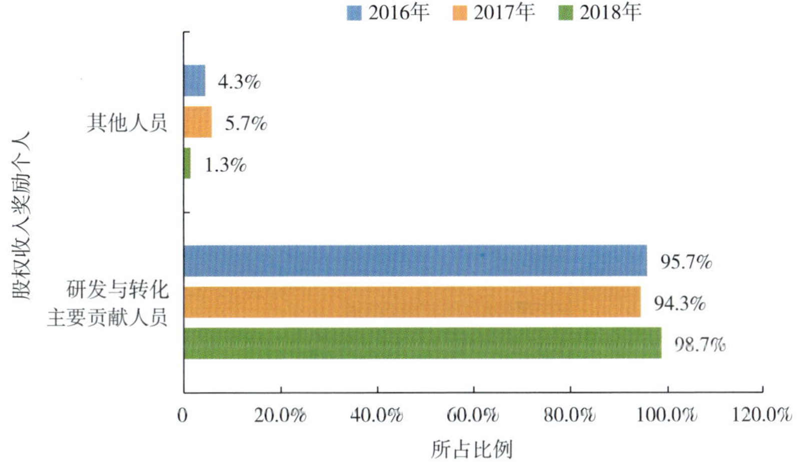

图 2-4-9　股权收入奖励个人分配情况

股权收入奖励科研人员金额超过 1 亿元的单位共 5 家，分别是清华大学（3.2 亿元）、四川大学（1.8 亿元）、中南大学（1.4 亿元）、南开大学（1.1 亿元）、东北大学（1.0 亿元）。

二、中央所属高等院校收入分配及奖励情况

（一）现金和股权收入分配及奖励情况

中央所属高等院校以转让、许可、作价投资方式转化科技成果获得的现金和股权收入略有降低，个人获得的现金和股权奖励略有增长。2018 年，109 家中央所属高等院校以转让、许可、作价投资方式转化科技成果获得的现金和股权收入总金额为 33.0 亿元，同比减少 3.2%；个人获得的现金和股权奖励金额达 20.2 亿元，同比增长 3.1%。其中，研发与转化主要贡献人员所获现金和股权奖励达 20.0 亿元，同比增长 7.4%（图 2-4-10）。

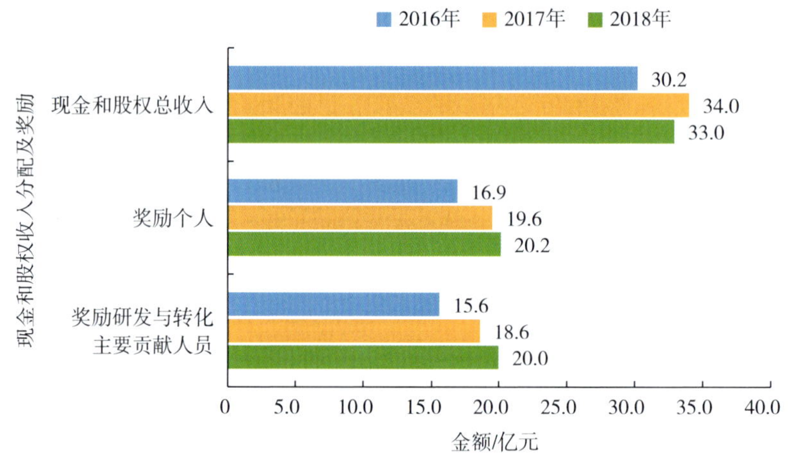

图 2-4-10　中央所属高等院校现金和股权收入分配及奖励情况

奖励个人金额占现金和股权收入总额的比例超过 50%，奖励研发与转化主要贡献人员金额占奖励个人金额的比例超过 90%。奖励人次略有降低，但人均奖励金额有所提升。2018 年，个人获得的现金和股权奖励占现金和股权收入总额的比例由 2017 年的 57.5% 提高到 61.2%；研

发与转化主要贡献人员获得的奖励占奖励个人总金额的比例由 2017 年的 95.3% 提高到 99.2%（图 2-4-11、图 2-4-12）。奖励人次为 8142 人次，同比减少 30.6%；人均奖励金额 24.8 万元，同比增长 48.7%。

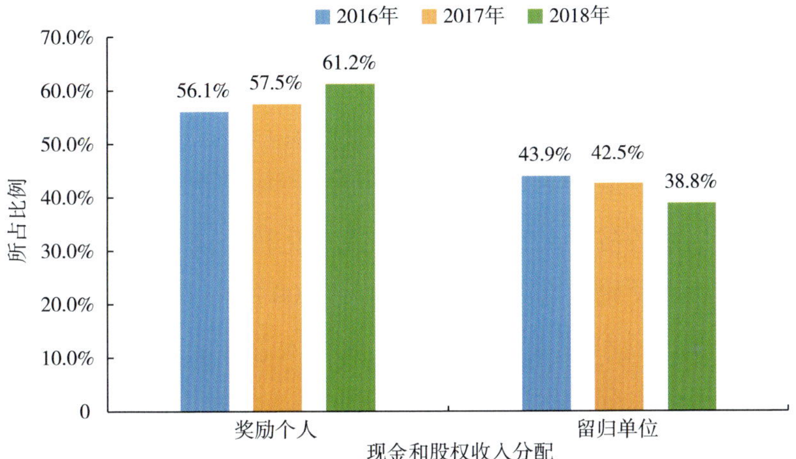

图 2-4-11　中央所属高等院校现金和股权收入分配情况

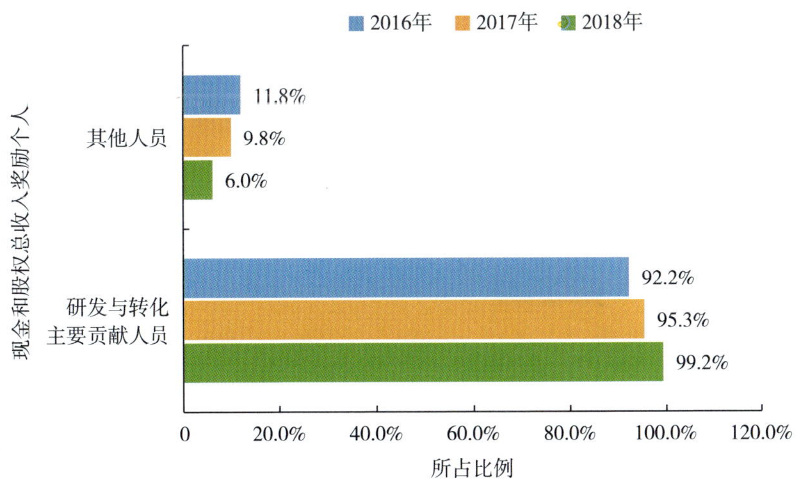

图 2-4-12　中央所属高等院校现金和股权收入奖励个人分配情况

2018 年，以现金和股权收入奖励个人总金额排名，清华大学位列 1243 家高等院校（109 家中央所属高等院校）之首。科研人员获得的科技成果转化现金和股权奖励总额达 4.5 亿元，人均奖励金额为 126.1 万元。其中，获得的现金奖励总额为 1.3 亿元，人均奖励金额 70.1 万元；获得股权奖励总额为 3.2 亿元，人均奖励金额 219.4 万元，这充分激发了科研人员的积极性。

（二）现金收入分配及奖励情况

中央所属高等院校以转让、许可方式转化科技成果获得的现金收入、个人获得的现金奖励略有降低。2018 年，109 家中央所属高等院校以转让、许可方式转化科技成果获得的现金收入总金额为 11.3 亿元，同比降低 15.3%；个人获得的现金奖励金额为 6.3 亿元，同比减少 19.2%。其中，研发与转化主要贡献人员所获现金奖励为 6.2 亿元，同比减少 14.0%（图 2-4-13）。

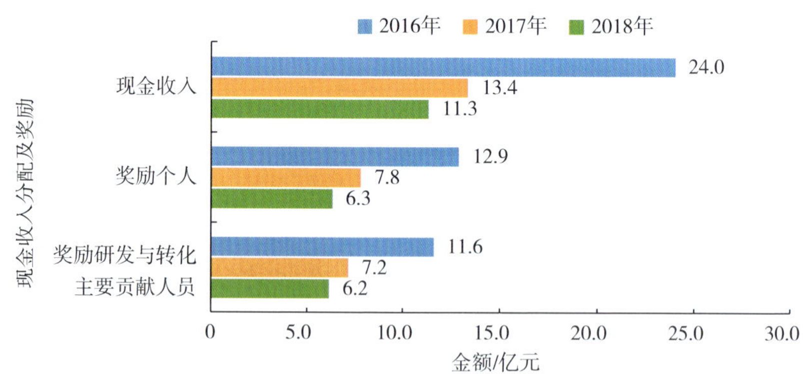

图 2-4-13　中央所属高等院校现金收入分配及奖励情况

奖励个人金额占现金收入总额的比例、奖励研发与转化主要贡献人员金额占奖励个人金额的比例均有所提高。奖励人次小幅降低，人均奖励金额略有提升。2018 年，个人获得的现金奖励占现金收入总额的比例由 2017 年的 58.7% 降到 56.0%，研发与转化主要贡献人员获得的奖励占奖励个人总金额的比例由 2017 年的 91.7% 提高到 97.6%（图 2-4-14、图 2-4-15）。奖励人次为 7532 人次，同比减少 31.0%；人均奖励金额 8.4 万元，同比增长 17.0%。

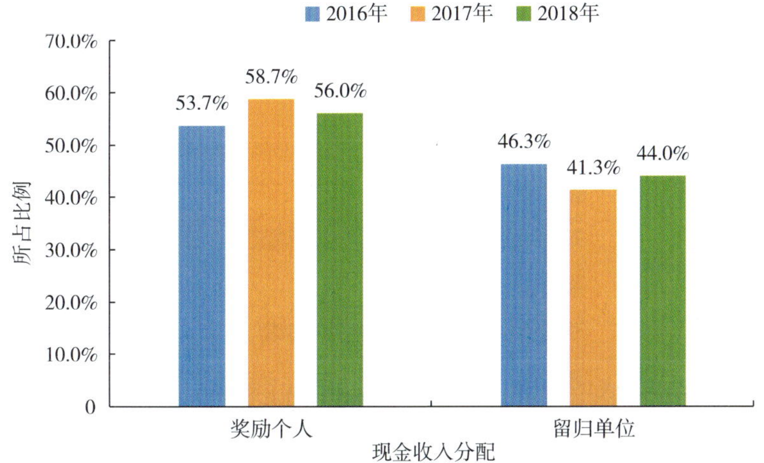

图 2-4-14　中央所属高等院校现金收入分配情况

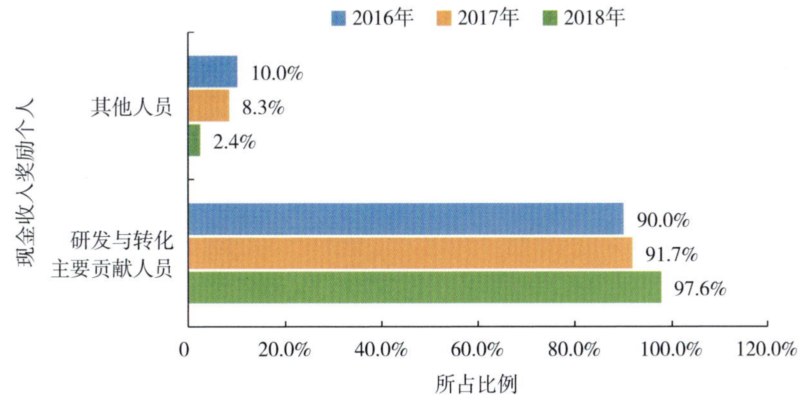

图 2-4-15　中央所属高等院校现金收入奖励个人分配情况

（三）股权收入分配及奖励情况

中央所属高等院校以作价投资方式转化科技成果获得的股权收入、科研人员获得的股权奖励增速放缓。2018 年，109 家中央所属高等院校以作价投资方式转化科技成果获得的股权收入总金额为 21.7 亿元，同比增长 4.7%；个人获得的股权奖励金额为 13.8 亿元，同比增长 18.1%。其中，研发与转化主要贡献人员所获股权奖励为 13.8 亿元，同比增长 20.8%（图 2-4-16）。

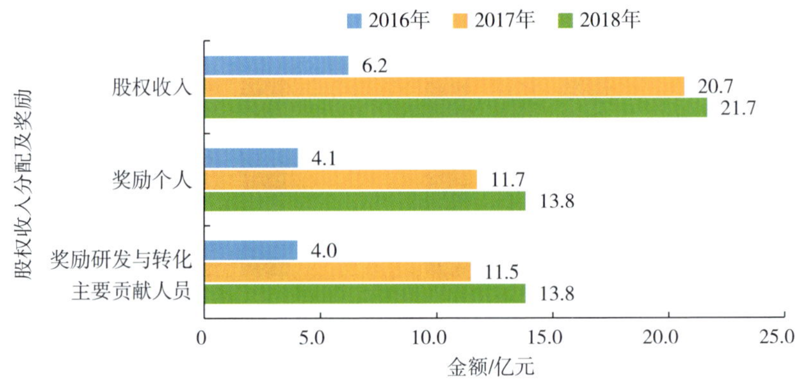

图 2-4-16　中央所属高等院校股权收入分配及奖励情况

奖励个人金额占股权收入总额的比例有所提高且超过了 50%，奖励研发与转化主要贡献人员金额占奖励个人金额的比例提高显著。奖励人次小幅减少，股权人均奖励金额有所增长。股权人均奖励金额是现金人均奖励金额的 27 倍。2018 年，个人获得的股权奖励占股权收入总额的比例为 63.9%，高于 2017 年的 56.7%；研发与转化主要贡献人员获得的股权奖励占奖励个人总金额的比例由 2017 年的 97.7% 提高到 100.00%（图 2-4-17、图 2-4-18）。奖励人次为 610 人次，同比减少 26.1%；股权人均奖励金额 227.0 万元，同比增长 59.7%，是现金奖励人均奖励金额的 27.0 倍。

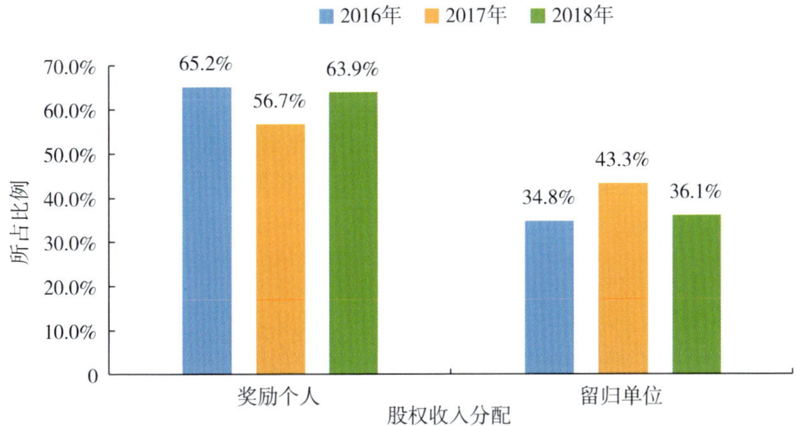

图 2-4-17　中央所属高等院校股权收入分配情况

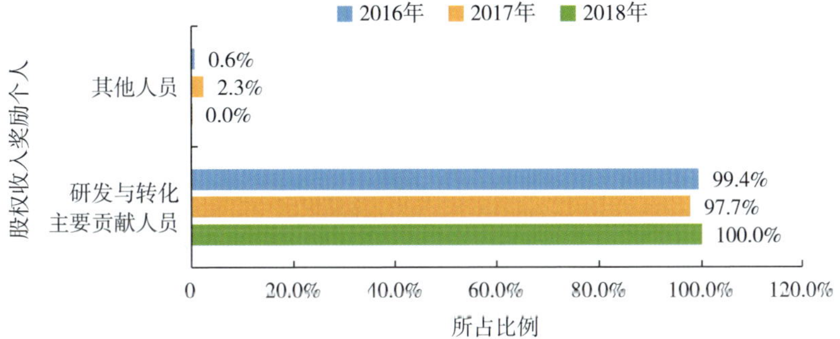

图 2-4-18　中央所属高等院校股权收入奖励个人分配情况

三、各省、直辖市、自治区所属高等院校收入分配及奖励情况

（一）现金和股权收入分配及奖励情况

1. 收入分配及奖励概况

地方所属高等院校以转让、许可、作价投资方式转化科技成果获得的现金和股权收入略有降低，科研人员获得的现金和股权奖励小幅增长。

2018 年，1134 家地方所属高等院校以转让、许可、作价投资方式转化科技成果获得的现金和股权收入总金额为 12.7 亿元，同比增加 2.6%；个人获得的现金和股权奖励金额为 9.0 亿元，同比增长 17.5%。其中，研发与转化主要贡献人员所获现金和股权奖励为 7.7 亿元，同比增长 27.2%（图 2–4–19）。

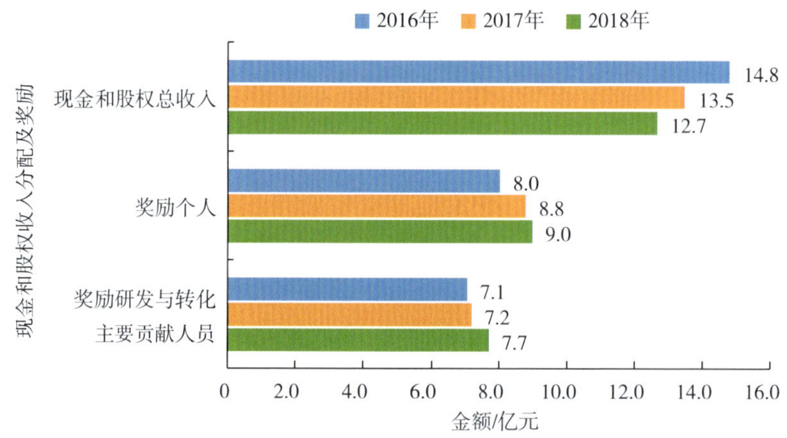

图 2–4–19　地方所属高等院校现金和股权收入分配及奖励情况

奖励个人金额占现金和股权收入总金额的比例有所提高且高于 50%，奖励研发与转化主要贡献人员金额占奖励个人金额的比例超过 80%。奖励人次略有增长，人均奖励金额略有降低。2018 年，个人获得的现金和股权奖励占现金和股权收入总金额的比例由 2017 年的 65.1% 提高到 70.9%；研发与转化主要贡献人员获得的奖励占奖励个人总金额的比例由 2017 年的 81.9% 增长到 85.9%（图 2–4–20、图 2–4–21）。奖励人次为 16 135 人次，同比增长 15.2%；人均奖励金额为 5.6 万元，同比减少 2.0%。

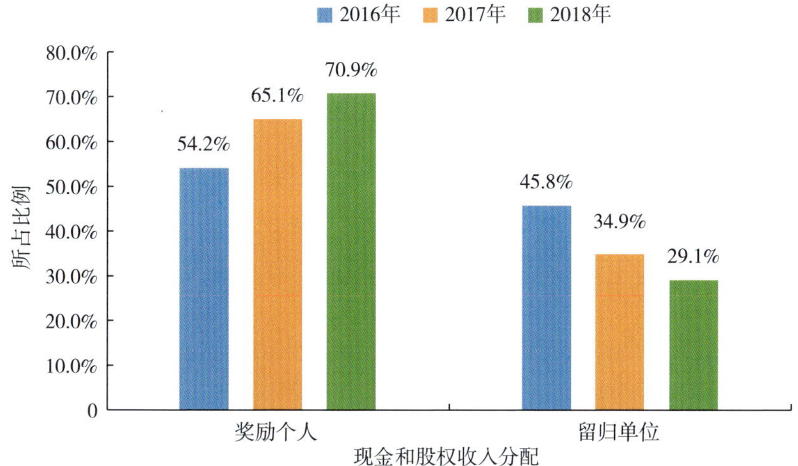

图 2-4-20　地方所属高等院校现金和股权收入分配情况

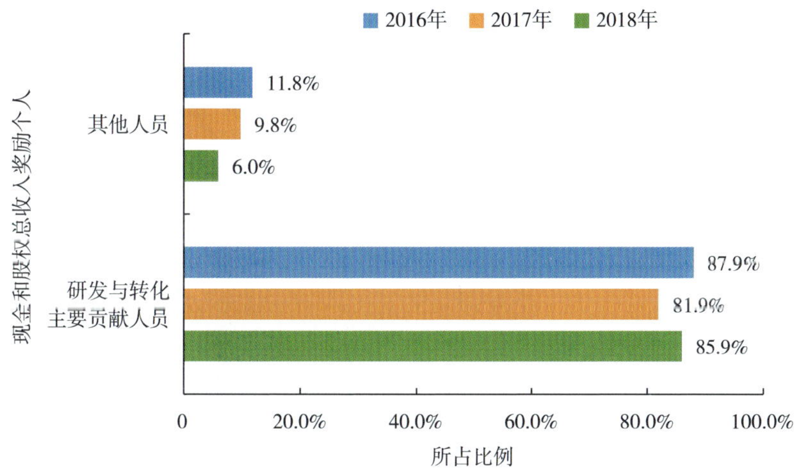

图 2-4-21　地方所属高等院校现金和股权收入奖励个人分配情况

2. 各地方单位收入分配及奖励情况

2018 年，江苏省、山东省、辽宁省所属高等院校以转让、许可、作价投资方式转化科技成果获得的现金和股权收入金额的排名为全国前 3 位，分别是 1.4 亿元、1.3 亿元、1.2 亿元。江苏省、浙江省、山东省所属高等院校以转让、许可、作价投资方式转化科技成果获得的现金和股权奖励个人金额的排名为全国前 3 位，分别是 1.0 亿元、0.9 亿元、0.8 亿元。江苏省、浙江省、辽宁省所属高等院校以转让、许可、作价投资方式转化科技成果获得的现金和股权奖励研发与转化主要贡献人员金额的排名为全国前 3 位，分别是 0.9 亿元、0.8 亿元、0.8 亿元。奖励人次排名前 3 位的地区分别是江苏省（3381 人次）、浙江省（3025 人次）、四川省（1801 人次）（图 2-4-22、图 2-4-23）。

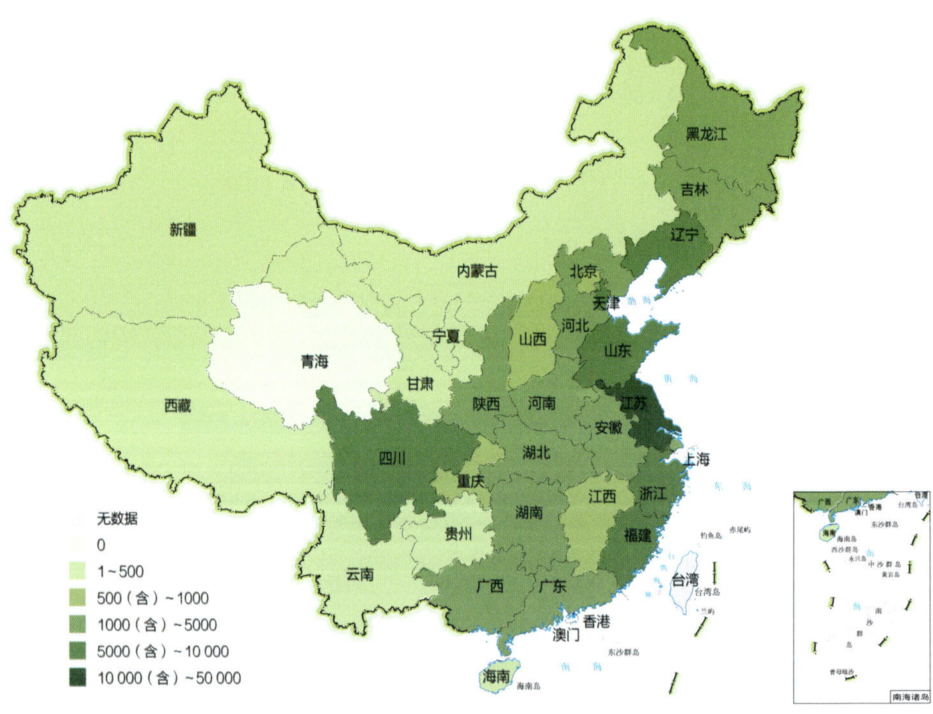

图 2-4-22　各地方现金和股权收入金额情况（单位：万元）

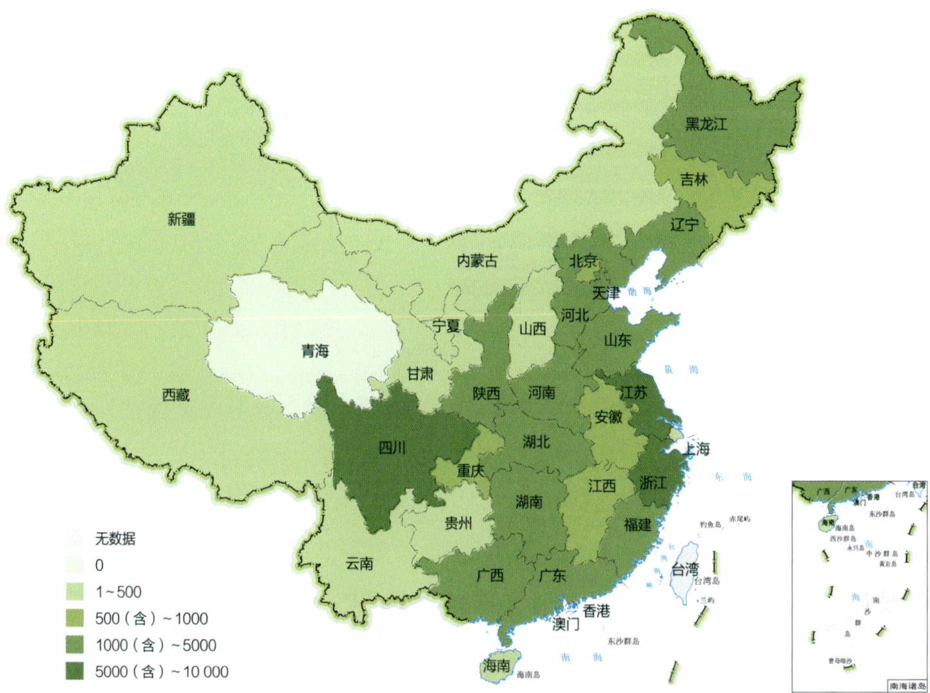

图 2-4-23　各地方现金和股权奖励个人金额情况（单位：万元）

（二）现金收入分配及奖励情况

地方所属高等院校以转让、许可方式转化科技成果获得的现金收入略有降低，个人获得的现金奖励略有增长。2018 年，1134 家地方所属高等院校以转让、许可方式转化科技成果获得的现金收入总金额为 8.2 亿元，同比减少 0.7%；个人获得的现金奖励金额为 5.5 亿元，同比增长 11.1%。其中，研发与转化主要贡献人员所获现金奖励为 4.5 亿元，同比增长 13.5%（图 2-4-24）。

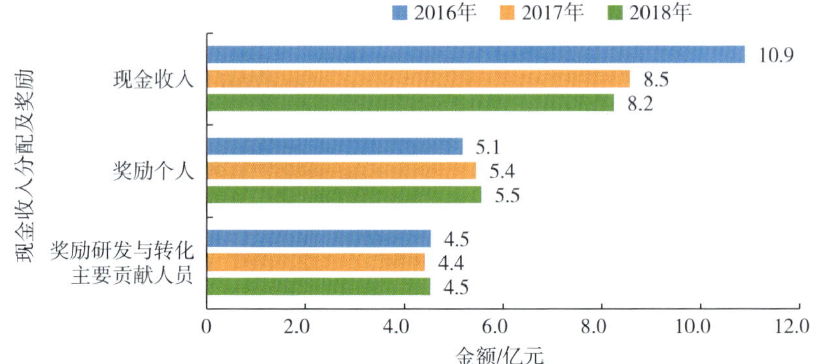

图 2-4-24　地方所属高等院校现金收入分配及奖励情况

奖励个人金额占现金收入总额的比例有所提高且高于 50%，奖励研发与转化主要贡献人员金额占奖励个人金额的比例增加且超过 80%。奖励人次略有增加，人均奖励金额略有降低。2018 年，个人获得的现金奖励占现金收入总额的比例由 2017 年的 63.1% 提高到 67.3%；研发与转化主要贡献人员获得的奖励占奖励个人总金额的比例为 81.2%，基本与 2017 年的 81.3% 持平（图 2-4-25、图 2-4-26）。奖励人次为 15 828 人次，同比增长 17.1%；人均奖励金额 3.5 万元，同比减少 5.1%。

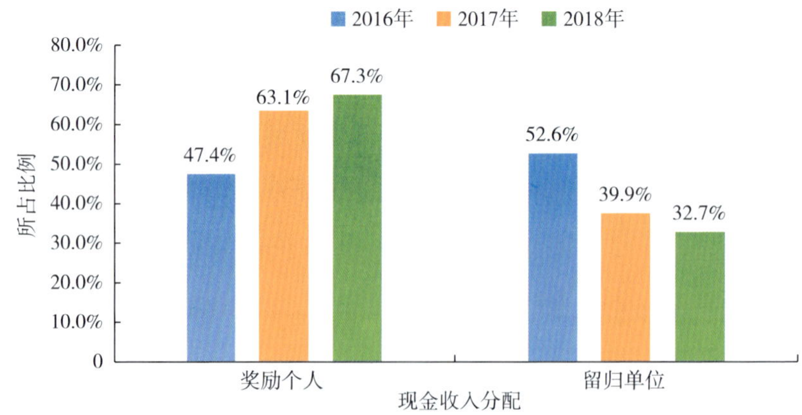

图 2-4-25　地方所属高等院校现金收入分配情况

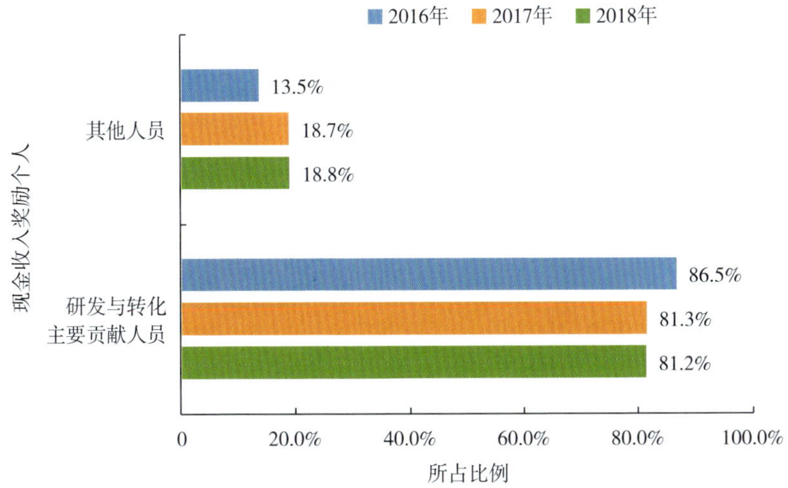

图 2-4-26　地方所属高等院校现金收入奖励个人分配情况

（三）股权收入分配及奖励情况

地方所属高等院校以作价投资方式转化科技成果获得的股权收入略有降低，个人获得股权奖励有所增长。2018 年，1134 家地方所属高等院校以作价投资方式转化科技成果获得的股权收入为 4.4 亿元，同比减少 6.1%；个人获得的股权奖励金额为 3.4 亿元，同比增长 29.3%。其中，研发与转化主要贡献人员所获股权奖励为 3.2 亿元，同比增长 52.2%（图 2-4-27）。

奖励个人金额占股权收入总额的比例、奖励研发与转化主要贡献人员金额占奖励个人金额的比例均有提高。奖励人次小幅减少，股权人均奖励金额大幅增长，股权人均奖励金额是现金奖励人均奖励金额的 30 多倍。2018 年，个人获得的股权奖励占股权收入总额的比例由 2017 年的 68.6% 增加到 77.4%；研发与转化主要贡献人员获得的股权奖励占奖励个人总金额的比例由 2017 年的 82.7% 提高到 93.4%（图 2-4-28、图

2-4-29）。奖励人次为 307 人次，同比减少 35.5%；股权人均奖励金额为 111.8 万元，同比增加 100.4%，是现金奖励人均奖励金额的 31.9 倍。

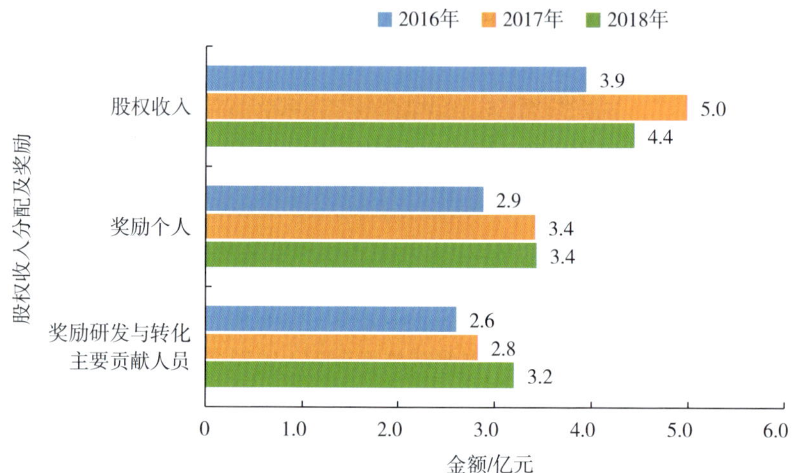

图 2-4-27　地方所属高等院校股权收入分配及奖励情况

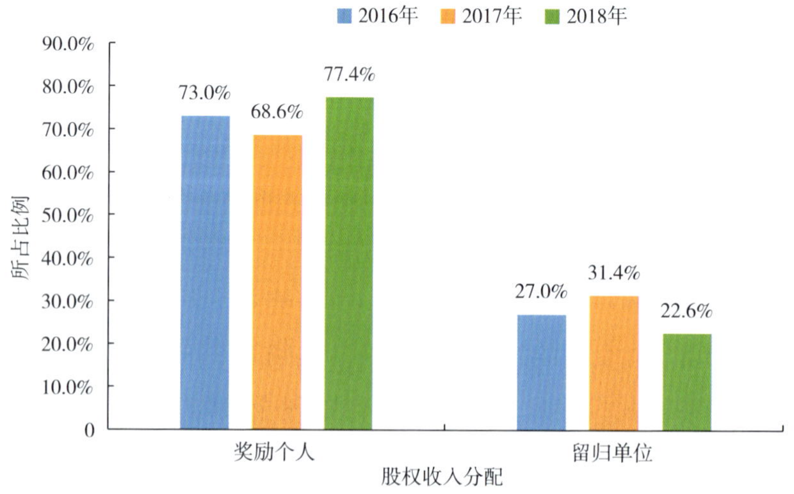

图 2-4-28　地方所属高等院校股权收入分配情况

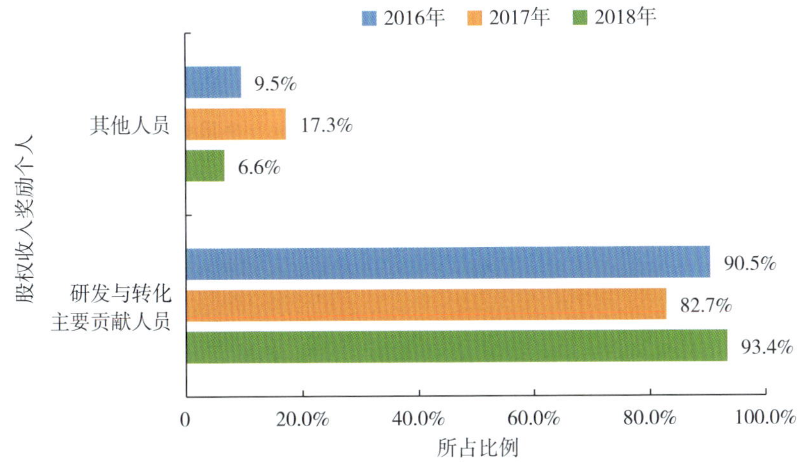

图 2-4-29　地方所属高等院校股权收入奖励个人分配情况

2018 年，沈阳化工大学“低阶煤无焦油流态化两端气化、输送床菱镁矿闪速轻烧、高品质阻燃剂级氢氧化镁转化工作方案”作价 7056 万元，与辽宁金隆溪科技有限公司及海城市源耐火材料有限公司合作成立辽宁隆镁科技有限公司，该项目总投资约 1.6 亿元，技术占股 44.1%，实现科技成果转化落地辽宁。该项成果在新公司成立后，研发团队获得了 80% 的股权奖励。

四、地区收入分配及奖励情况

按单位所在地区统计，2018 年，各地方辖区内的高等院校以转让、许可、作价投资方式转化科技成果获得的现金和股权收入金额排名前 3 位的地区分别是北京市（11.3 亿元）、上海市（4.5 亿元）、四川省（3.5 亿元）。

北京市、四川省、广东省辖区内的高等院校以转让、许可、作价投资方式转化科技成果获得的现金和股权奖励个人金额排名、奖励研发与转化主要贡献人员金额的排名均为全国前 3 位。北京市、四川省、广东省现金和股权奖励个人金额分别是 6.7 亿元、2.8 亿元、2.4 亿元，奖励研发与转化主要贡献人员金额分别是 6.6 亿元、2.7 亿元、2.3 亿元。奖励人次排名前3位的地区分别是江苏省(6033 人次)、浙江省(3252 人次)、四川省（ 1950 人次 ）（ 图 2-4-30 ）。

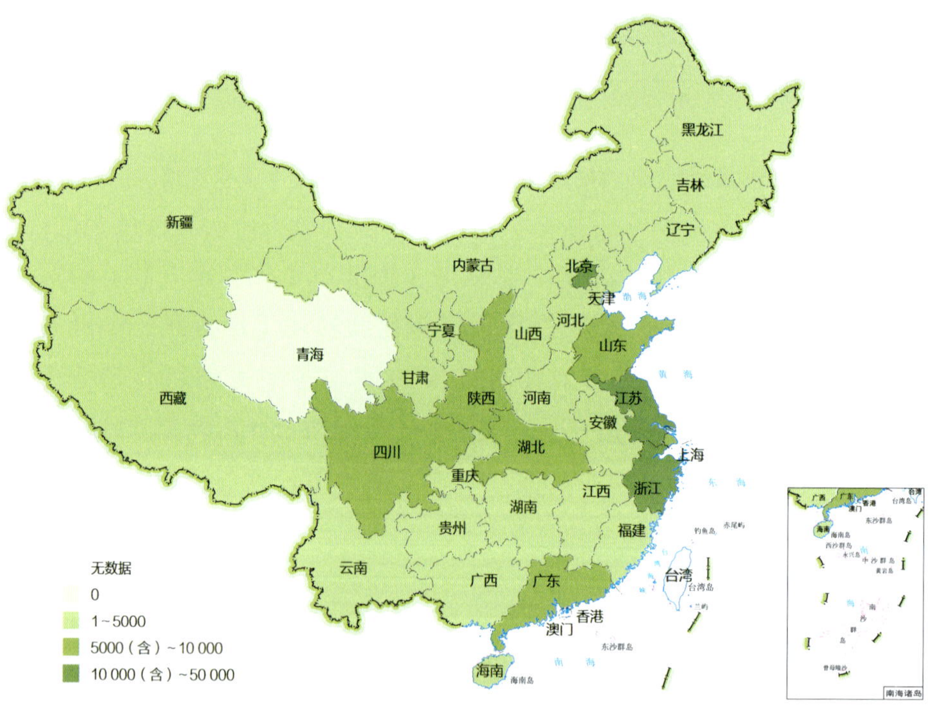

图 2-4-30　各地方辖区内高等院校现金和股权奖励个人金额情况（单位：万元）

第五章 产学研合作

统计分析发现，1243 家高等院校输出技术、服务能力不断强化，技术开发、咨询、服务数量和质量稳步提升，进一步助力供给侧结构性改革、构筑经济发展新动能。

一、基本情况

“四技”合同金额快速增长。2018 年，1243 家高等院校签订的“四技”合同总金额达 597.3 亿元，同比增长 27.9%，其中“四技”合同金额超过 1 亿元的单位为 124 家，同比增长 28.1%。“四技”合同总项数达 182 236 项，同比增长 23.8%。

技术开发、咨询、服务合同项数增长超过 20%，合同项数占“四技”合同总项数的比例超过 95%。2018 年，技术开发、咨询、服务合同项数 174 164 项，同比增长 24.5%，占“四技”合同总数的比例为 95.6%（2016 年、2017 年占比分别为 89.4%、95.2%），技术开发、咨询、服务合同是 1243 家高等院校的主要技术交易活动（图 2-5-1）。

三、各省、直辖市、自治区所属高等院校产学研合作情况

（一）产学研合作概况

地方所属高等院校的技术开发、咨询、服务合同项数增长超过20%，合同金额小幅增长。2018 年，1134 家地方所属高等院校签订的技术开发、咨询、服务合同项数为 92 807 项，同比增长 19.5%；合同金额为 207.0 亿元，同比增长 23.7%（图 2–5–4）。

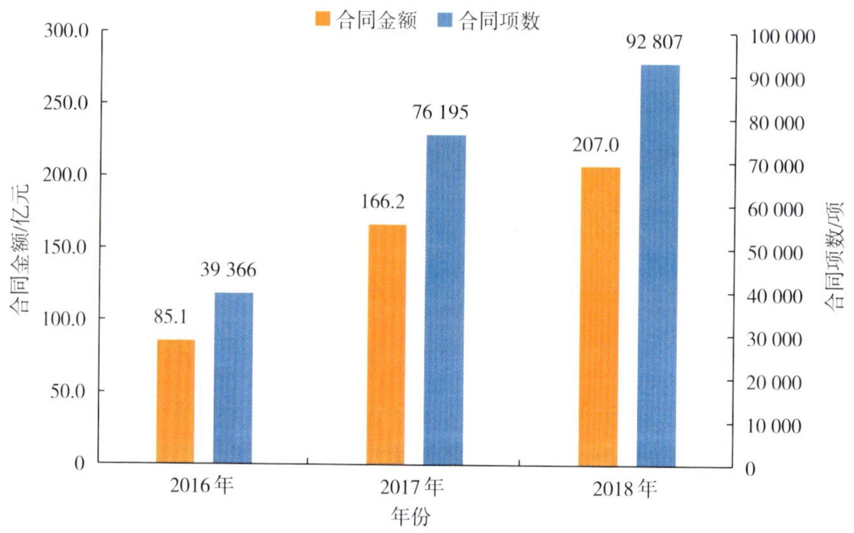

图 2–5–4　地方所属高等院校产学研合作情况

（二）各地方产学研合作情况

2018 年，地方所属的高等院校签订的技术开发、咨询、服务合同总项数排名前 3 位的地区分别是江苏省（12 528 项）、浙江省（8612 项）、

广东省（6512 项）；合同总金额排名前 3 位的地区分别是江苏省（32.7 亿元）、浙江省（16.7 亿元）、陕西省（14.9 亿元）。苏州大学产学研合作（技术开发、咨询、服务）合同金额达 5.1 亿元，在 1134 家地方所属高等院校中排名第 1 位（图 2-5-5、图 2-5-6）。

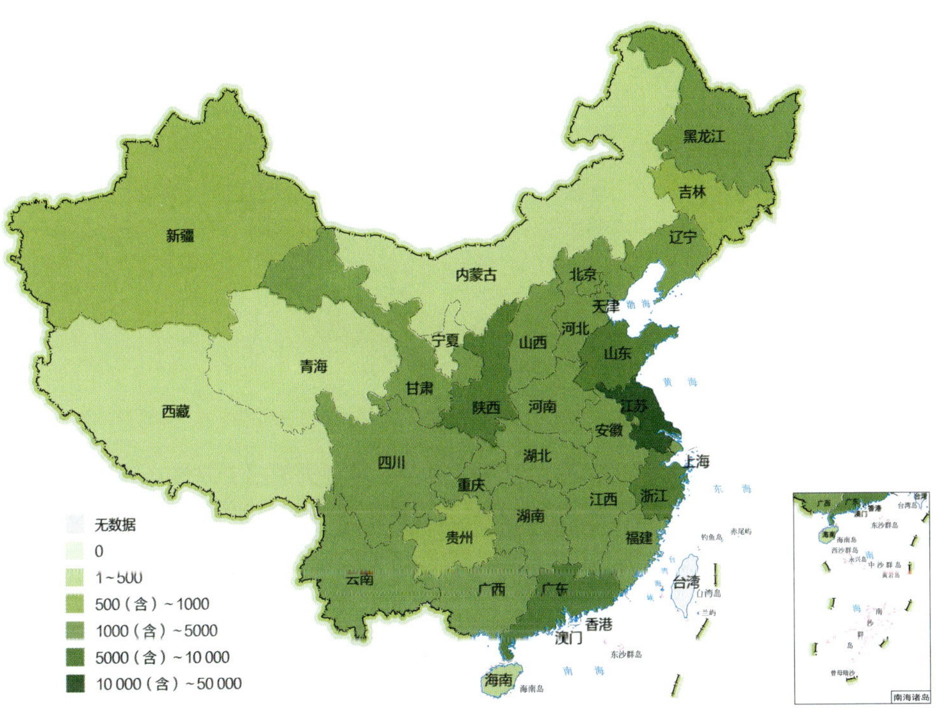

图 2-5-5　地方所属高等院校产学研合作合同项数情况（单位：项）

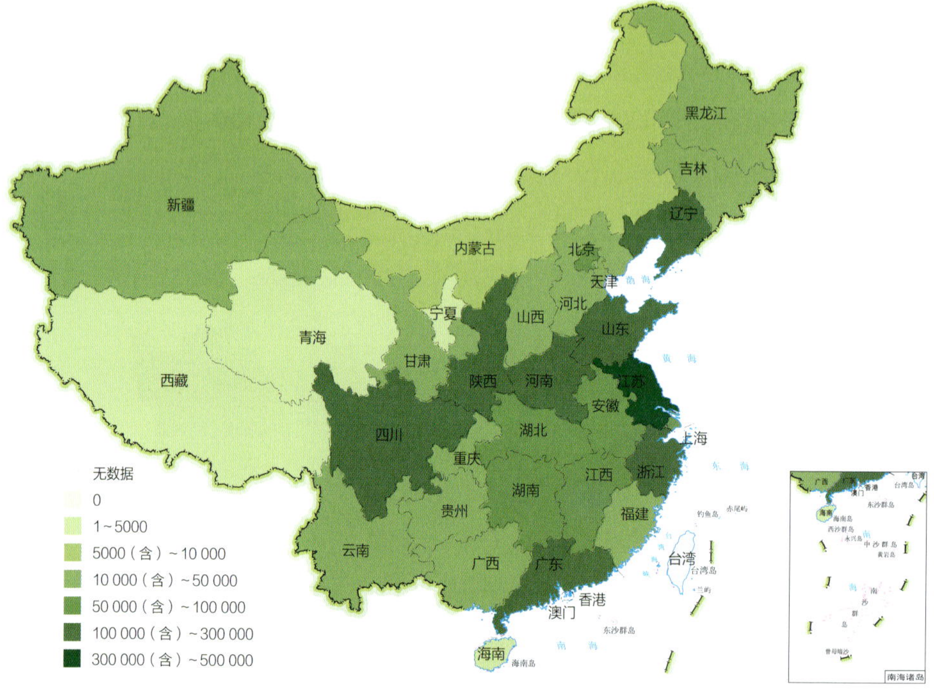

图 2-5-6　地方所属高等院校产学研合作合同金额情况（单位：万元）

四、地区产学研合作情况

按照单位所在辖区统计，2018 年全国 31 个地方辖区内的高等院校签订的产学研合作（技术开发、咨询、服务）合同项数排名前 3 位的省市分别是江苏省（22 782 项）、湖北省（20 286 项）、北京市（17 595 项）；合同金额排名前 3 位的省市分别是北京市（84.9 亿元）、江苏省（78.6 亿元）、上海市（43.6 亿元）（图 2-5-7、图 2-5-8）。

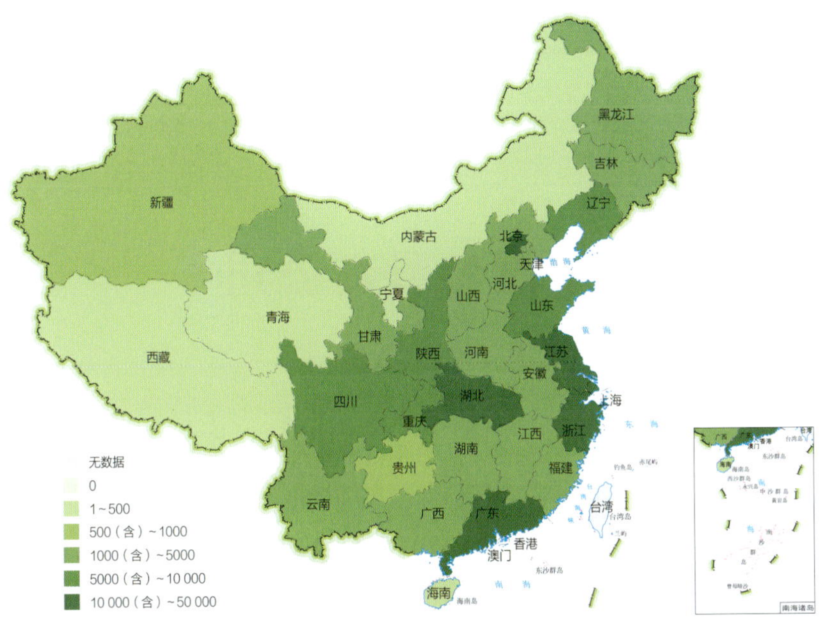

图 2-5-7 各地方辖区内高等院校产学研合作合同项数情况（单位：项）

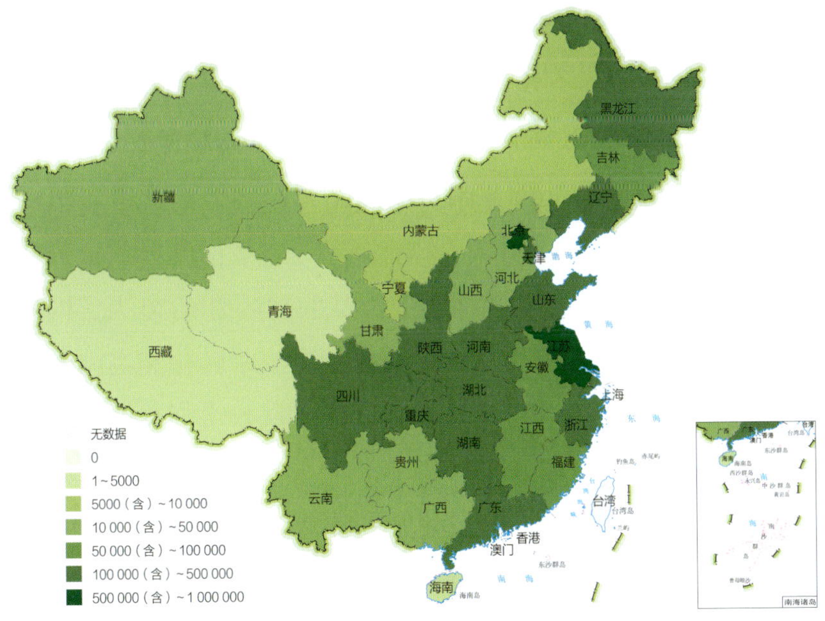

图 2-5-8 各地方辖区内高等院校产学研合作合同金额情况（单位：万元）

第六章
兼职创业和创设参股新公司

统计分析发现，高等院校兼职从事科技成果转化和离岗创业人员的数量不断增加，创设和参股新公司的数量快速增长，为促进科技成果的转移转化发挥了重要作用。

一、兼职及离岗创业情况

兼职从事成果转化和离岗创业人员的数量总体略有上升。2018 年，1243 家高等院校兼职从事成果转化和离岗创业人员数量为 8260 人，同比增长 6.8%。其中，109 家中央所属高等院校兼职从事成果转化和离岗创业人员的数量为 1430 人，同比减少 25.3%；1134 家地方所属高等院校兼职从事成果转化和离岗创业人员的数量为 6830 人，同比增长 17.7%（图 2–6–1）。平均每家单位兼职从事成果转化和离岗创业人员的数量为 6.6 人，其中，109 家中央所属高等院校平均每家单位兼职从事成果转化和离岗创业人员的数量为 13.1 人，1134 家地方所属高等院校平均每家单位兼职从事成果转化和离岗创业人员的数量为 6.0 人。

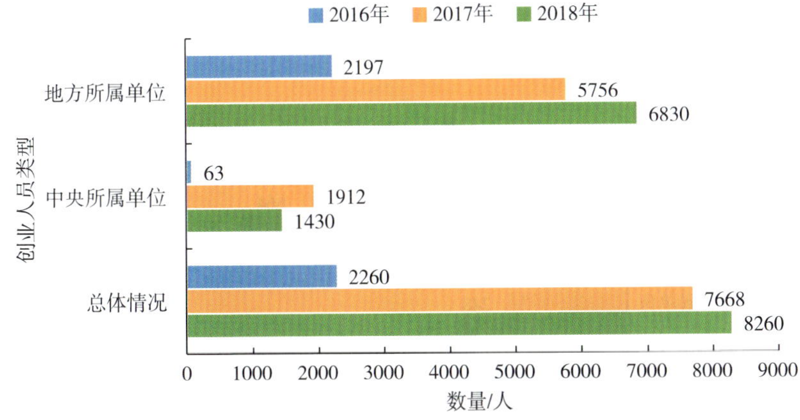

图 2-6-1　兼职从事成果转化人员和离岗创业人员情况

北京大学积极采取措施推动科研人员兼职兼薪。2016—2018 年，北京大学陆续发布了《北京大学教研系列教师校外兼职管理试行办法》和《北京大学关于教师长期离岗的规定》，明确了全校各单位教师校外兼职审批备案制度。从制度上对教师的兼职兼薪进行了规范，尤其是兼职备案审批工作机制的建立，既便于学校及时掌握了解教师兼职情况，又可引导院系和教师将更多的精力放在学科建设和人才培养等核心业务上来，让教师的兼职兼薪有章可循，支持教师参与成果转化工作。

二、创设和参股新公司情况

创设和参股新公司数量增长率超 20%，其中，中央和地方所属高等院校创设和参股新公司数量均有小幅增长。2018 年，1243 家高等院校创设和参股新公司数量为 1138 家，同比增长 26.3%。中央所属高等院校创设和参股新公司数量为 346 家，同比增长 39.5%。地方所属高等院校创设和参股新公司数量为 792 家，同比增长 21.2%（图 2-6-2）。1243 家高等院校平均创设和参股新公司 0.9 家，中央所属高等院校平均

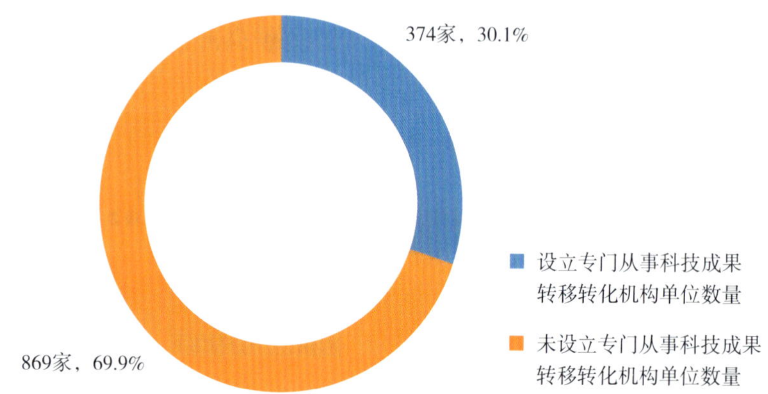

图 2-7-1　各单位设立专门从事科技成果转移转化机构单位的数量情况

以提高技术成熟度和适应企业实施要求提供服务；设计研究部负责实现过程研究与工程研究衔接；综合服务部负责环境评价、安全评价、专利事务等工作；分中心管理部负责各研究院的资源整合和各地区分中心建设。2018 年，华东理工大学科技成果转化取得较好成绩，以转让、许可、作价投资方式转化的科技成果合同金额约达 6.0 亿元，当年到账金额为 5294 万元，“四技”合同金额约达 9.2 亿元，技术转移中心在科技成果转移转化过程中发挥了重要作用。

（二）技术转移人员

填报技术转移人员信息的高等院校数量激增。根据对 1243 家高等院校的科技成果转化年度报告的统计分析，填报了本单位从事科技成果转移转化工作人员数量的单位共 661 家，占填报单位数的 53.2%，反映出各高等院校开始加大技术转移人才的储备。这 661 高等院校中，专门从事科技成果转移转化工作的人员共 13 185 人，其中专职工作人员 4925 人、兼职工作人员 8260 人，平均每家单位拥有专职工作人员 7.5 人、兼职工作人员 12.5 人，其中兼职工作人员增速明显（图 2-7-2）。

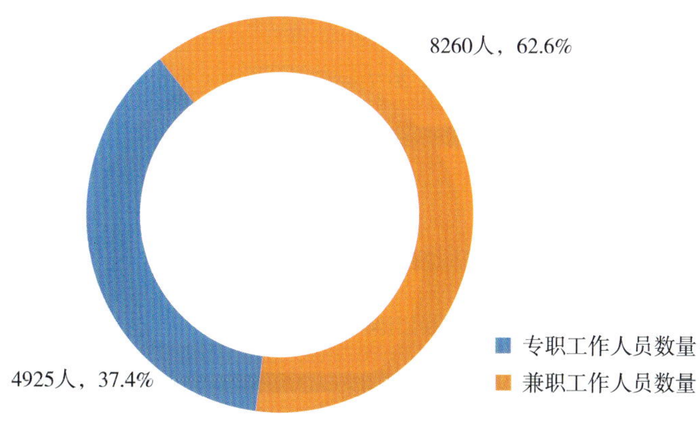

图 2-7-2　661 家高等院校技术转移人才数量情况

二、与企业共建研发机构、转移机构、转化服务平台情况

高等院校与企业共建研发机构、转移机构和服务平台的数量增加。2018 年，1243 家高等院校与企业共建研发机构、转移机构、转化服务平台总数为 6990 家，同比增长 18.8%，对促进科技成果和科技研发供需的有效对接发挥了重要作用。中央所属高等院校与企业共建研发机构、转移机构、转化服务平台总数为 2234 家，同比增长 19.1%。地方所属高等院校与企业共建研发机构、转移机构、转化服务平台总数为 4756 家，同比增长 18.6%（图 2-7-3）。1243 家高等院校平均创建机构和平台 5.6 家，中央所属高等院校平均创建 20.5 家，地方所属高等院校平均创建 4.2 家。

2018 年，浙江工业大学与行业龙头企业正式签约企业研究院 3 家，新签订校企联合研发中心 23 个，截至 2018 年年底，共建有校企联合研发中心 196 个。以技术转让（包括转让、许可、作价投资），技术开发，技术咨询，技术服务方式转移转化科技成果合同金额约达 4.2 亿元。

第三篇

科研院所

第一章
概况

本篇对 2018 年 1957 家科研院所（包括中央所属科研院所 417 家、地方所属科研院所 1540 家）的科技成果转化进展和成效进行研究分析。

一、科技成果转化合同项目数量

一是以转让、许可、作价投资方式转化科技成果的合同金额有所增长。2018 年，1957 家科研院所以转让、许可、作价投资方式转化科技成果的合同金额达 101.5 亿元，同比增长[①]57.2%，合同项数为 3230 项，同比降低 0.9%。二是转化收入超过 1 亿元的单位数量基本保持稳定。以转让、许可、作价投资方式转化科技成果合同总金额超过 1 亿元的单位有 16 家，数量与 2017 年相比减少 3 家。三是财政资助项目产生的科技成果转化合同金额大幅增长。财政资助项目产生的科技成果以转让、许可、作价投资方式转化合同金额为 43.7 亿元，同比增长 113.3%，合同项数为 1082 项，同比降低 1.9%。其中，中央财政资助项目产生的科

① 本篇涉及各维度总数（包括图表中所示数据）分别指 2018 年 1243 家和 2017 年 2155 家科研院所相对应总数，报告中涉及“同比增长”或“同比降低”的统计口径是同时填报了 2018 年和 2017 年年度报告的 1902 家科研院所的相应数据。

技成果转化合同金额为 40.1 亿元，同比增长 163.6%，合同项数为 529 项，同比降低 6.7%。

二、科技成果转化交易金额

一是科技成果交易均价有所增长。以转让、许可、作价投资方式转化科技成果的平均合同金额为 314.4 万元，同比增长 58.6%。二是技术入股金额快速增长。一般认为，科技成果作价入股更能吸引科研人员后续参与，反映了单位和科研人员对成果转化的信心。2018 年以作价投资方式转化科技成果的合同金额达 51.4 亿元，同比增长 94.0%。作价投资平均合同金额达 2223.4 万元，同比增长 89.0%。分别是转让、许可平均合同金额的 10.4 倍、16.8 倍。三是大额科技成果转化项目频出。2018 年单项科技成果转化合同金额超过 1 亿元的成果为 12 项，超过 5000 万元的为 32 项，超过 1000 万元的为 115 项。其中，中国科学院工程热物理研究所的“中储国能（北京）技术有限公司”项目合同金额达 17.5 亿元，中国科学院长春光学精密机械与物理研究所的“固着磨料抛光及其抛光方法”等 49 项专利项目合同金额 8.8 亿元。

三、科技成果转化收入分配

一是现金和股权奖励总金额、股权奖励金额快速增长。2018 年个人获得的现金和股权奖励金额达 38.5 亿元，同比增长 98.3%，占现金和股权的收入总金额的比例为 46.5%。其中，股权奖励为 17.3 亿元，同比增长 156.9%。二是研发与转化主要贡献人员获得的奖励金额大幅增长。研发与转化主要贡献人员获得的现金和股权奖励总金额达 35.8 亿元，同比增长 106.5%，占奖励个人总金额的比例达到 93.1%，高于 2017 年的 88.9%。三是奖励人次和人均奖励金额稳步提升。现金和股权奖励科研人员 4.4 万人次，同比增长 9.8%，人均奖励金额 8.7 万元，同比增长 80.5%。

四、产学研合作情况

一是科研院所输出技术和服务的能力基本趋于平稳，“四技”合同金额略有降低。2018 年，1957 家科研院所签订的“四技”合同总金额达 333.5 亿元，同比降低 0.3%。其中，“四技”合同金额超过 1 亿元的单位为 81 家，同比增长 25.4%。二是与企业共建成果转化平台略有减少，创设和参股新公司数量略有增长。2018 年与企业共建研发机构、转移机构、转化服务平台总数为 1257 家，同比降低 3.3%。创设和参股新公司 1017 家，同比增长 6.6%。三是兼职从事科技成果转化和离岗创业人员数量略有降低，智力流动需进一步强化。科研院所兼职从事成果转化和离岗创业人员数量为 2797 人，同比降低 1.7%。

第二章
科技成果转化主要类型分析

本篇涉及的1957家科研院所中，从隶属关系来看，中央所属科研院所共417家（占21.3%），地方所属科研院所共1540家（占78.7%）（图3-2-1）。从区域分布来看，1957家科研院所在东部、中部、西部、东北4个区域的分布情况为：东部地区993家（占50.7%），中部地区477家（占24.4%），西部地区349家（占17.8%），东北地区为138家（占7.1%）。

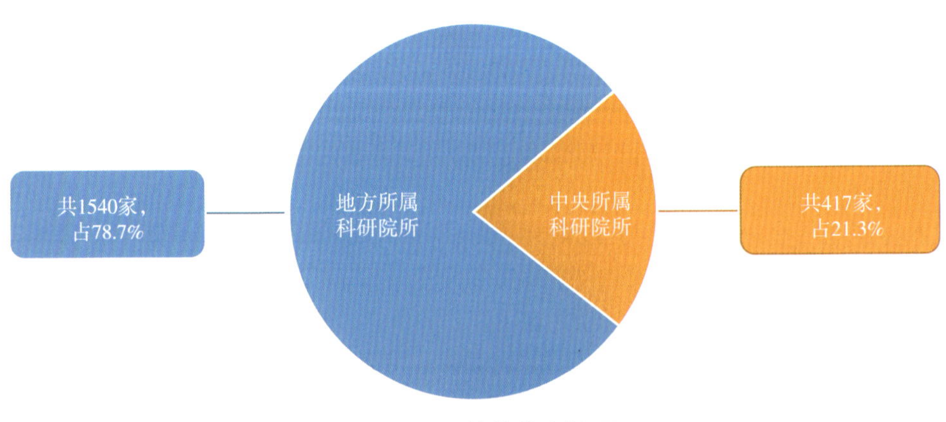

图3-2-1　单位分布情况

一、基本情况

科技成果转化活动日益活跃，以转让、许可、作价投资方式转化科技成果的合同金额有所增长、合同项数略有降低。2018 年，1957 家科研院所以转让、许可、作价投资方式转化科技成果合同金额达 101.5 亿元，同比增长 57.2%；合同项数为 3230 项，同比降低 0.9%（图 3–2–2）。

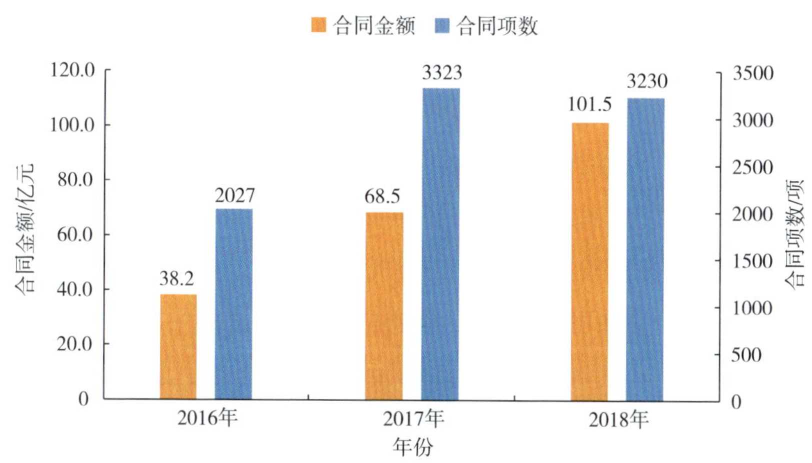

图 3–2–2　以转让、许可、作价投资方式转化科技成果基本情况

科技成果平均合同金额同比增长超过 50%。技术合同平均金额既能反映社会对科技成果价值的认可程度，也能在一定程度上反映技术成果对经济社会贡献的大小，是判断科技成果质量的重要指标。1957 家科研院所以转让、许可、作价投资方式转化科技成果的平均合同金额为 314.4 万元，同比增长 58.6%。

转化“龙头”单位进入平稳发展，以转让、许可、作价投资方式科技成果转化年合同金额 1 亿元以上的单位数量略有降低。2017 年签订的科技成果转化合同金额 1 亿元以上的科研院所数量为 19 家，2018 年则有 16 家，同比降低 15.8%。2018 年当年合同金额达 1000 万元以上的单位有 92 家，这 92 家单位的当年合同金额占 1957 家单位当年合同金额的比例为 92.5%。

由于科技成果转化合同中对执行方式和执行周期的具体约定不同，部分转让、许可方式的转化合同金额会随具体执行周期进展阶段性地分批拨付，且通常情况下科研院所会基于当年实际到账金额实施奖励。因此，为了能够更加准确地反映科技成果转化产生的实时经济效益，本篇采集了各科研院所的转让、许可转化合同的当年到账金额。统计分析发现，2018 年当年到账金额共计 19.0 亿元，同比增长 14.5%。其中，中央所属科研院所当年到账金额为 11.5 亿元，同比增长 30.5%；地方所属科研院所当年到账金额为 7.5 亿元，同比降低 3.5%。

高价值成果转化效益凸显，12 项成果转化合同金额达 1 亿元以上。2018 年，以转让、许可、作价投资方式转化科技成果单项合同金额超过 1 亿元的合同有 12 项，超过 5000 万元的有 32 项，超过 1000 万元的有 115 项。中国科学院上海药物研究所有 3 项科技成果转化的合同金额超过 1 亿元（表 3–2–1）。

表 3–2–1　科研院所转化合同金额超过 1 亿元的成果

序号	成果名称	合同金额 / 万元	转化方式	单位名称
1	压缩空气储能技术作价投资［中储国能（北京）技术有限公司］	175 000.0	作价投资	中国科学院工程热物理研究所
2	固着磨料抛光及其抛光方法等 49 项专利	88 003.3	作价投资	中国科学院长春光学精密机械与物理研究所
3	抗肿瘤化药 1 类新药 WM2	59 250.0	转让	中国科学院上海药物研究所

续表

序号	成果名称	合同金额/万元	转化方式	单位名称
4	抗肿瘤化药1类新药HH185	46 500.0	转让	中国科学院上海药物研究所
5	高能量密度锂离子电池硅碳负极材料	31 300.0	作价投资	中国科学院物理研究所
6	国产化基因测序仪（专利、软件著作权、专有技术）	26 663.7	转让	深圳华大生命科学研究院
7	重离子束对肿瘤靶区三维适形照射装置、医用偏转磁聚焦结构的重离子或质子加速器、放射治疗中动态肿瘤靶区定位装置及其方法	20 000.0	作价投资	中国科学院近代物理研究所
8	PEG－奥沙利铂	14 950.0	转让	中国科学院上海药物研究所
9	靶向PI3K的肿瘤治疗药物IMM-H012原料药及其制剂	14 000.0	转让	中国医学科学院药物研究所
10	0.5～2吨级小型液体火箭发动机	10 500.0	作价投资	中国科学院力学研究所
11	灯台叶总生物碱原料和胶囊	10 000.0	转让	中国科学院昆明植物研究所
12	半导体激光器	10 000.0	作价投资	中国科学院苏州纳米技术与纳米仿生研究所

（一）转化方式对比情况

许可是科研院所科技成果转化的主要方式，合同项数占转让、许可、作价投资方式转化合同总项数的比例超过五成。2018年，以转让方式转化科技成果的合同项数为1301项，同比增长4.2%；以许可方式转化科技成果的合同项数为1698项，同比降低4.9%；以作价投资方式转化科技成果的合同项数为231项，同比增长2.7%。其中，许可合同项数占 3 种方式合同总项数（3230 项）的 52.6%（图 3-2-3）。

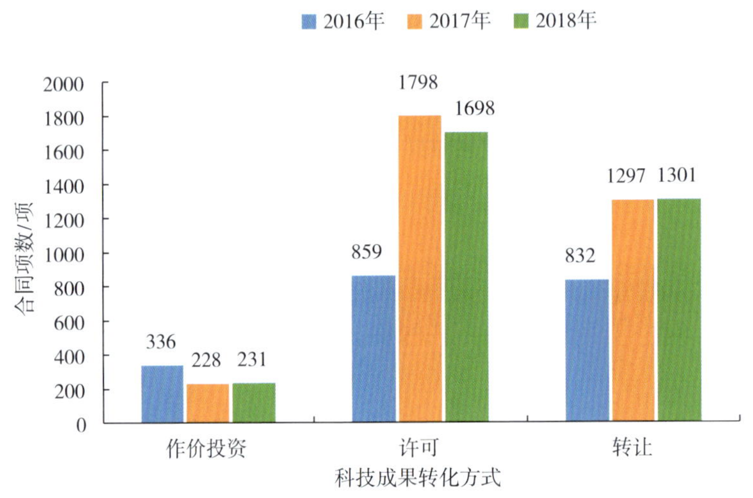

图 3-2-3　以转让、许可、作价投资方式转化科技成果合同项数情况

转让、许可、作价投资方式转化科技成果合同金额增长率均大于 15%。其中，以作价投资方式转化科技成果的合同金额增长率超过 90%。以转让、许可方式转化科技成果的合同金额分别为 27.8 亿元、22.4 亿元，较上年分别增长 42.2%、20.4%；以作价投资方式转化科技成果的合同金额为 51.4 亿元，同比增长 94.0%（图 3-2-4）。

许可、作价投资方式平均合同金额小幅增长，作价投资平均合同金额最高，是转让、许可方式平均合同金额总和的 6 倍多。转让方式的平均合同金额为 213.4 万元，同比增长 36.5%。许可、作价投资方式的平均合同金额分别为 132.0 万元、2223.4 万元，较上年分别增长 26.6%、89.0%。作价投资方式平均合同金额分别是转让、许可方式的 10.4 倍、16.8 倍（图 3-2-5）。

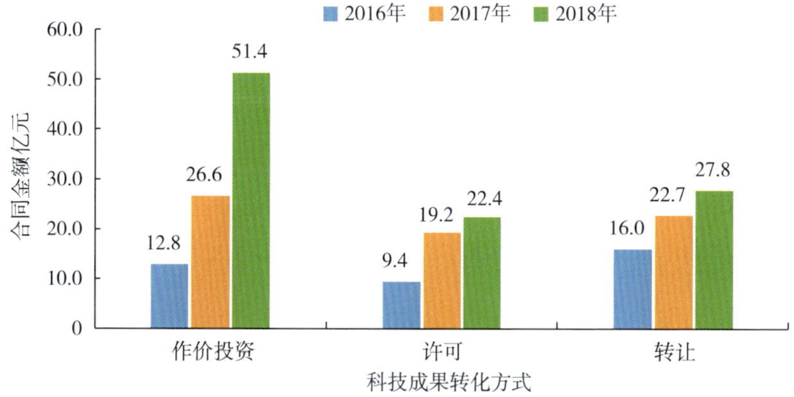

图 3-2-4　以转让、许可、作价投资方式转化科技成果合同金额情况

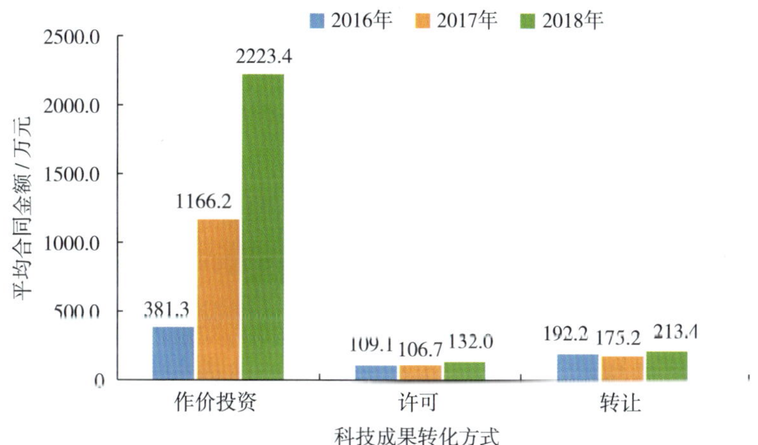

图 3-2-5　以转让、许可、作价投资方式转化科技成果平均合同金额情况

（二）中央所属科研院所科技成果转化情况

中央所属科研院所科技成果转化合同数量略有降低，合同金额增长超过 70%。2018 年，中央所属科研院所以转让、许可、作价投资方式转化科技成果的合同项数为 1100 项，同比降低 7.9%；合同金额为 88.4

亿元，同比增长 79.3%；科技成果转化平均合同金额 803.3 万元，同比增长 94.7%（图 3–2–6）。

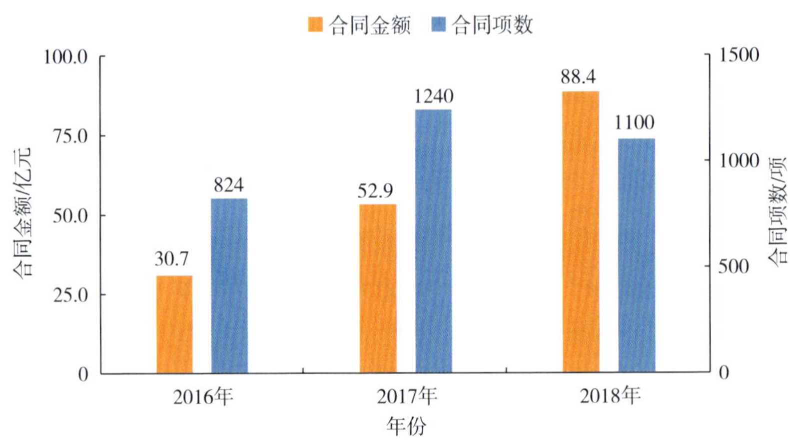

图 3–2–6　中央所属科研院所以转让、许可、作价投资方式转化科技成果情况

部分单位科技成果转化成效显著。中国科学院工程热物理研究所 2018 年签订科技成果转化合同金额 19.2 亿元，同比增长 2.1 倍，在 1957 家单位中合同金额排名居首位。中国科学院上海药物研究所大额转化合同连续出现，2018 年，单项转化合同金额超过 1 亿元的成果达 3 项，2018 年以转让、许可、作价投资方式转化科技成果的合同总金额达到 16.9 亿元，同比增长 8.0 倍。

（三）各省、直辖市、自治区所属科研院所科技成果转化情况

1. 成果转化概况

地方所属科研院所科技成果转化合同金额及平均合同金额略有降低。2018 年，地方所属科研院所以转让、许可、作价投资方式转化

科技成果的合同金额为13.2亿元，同比降低14.1%；平均合同金额61.9万元，同比降低16.8%；合同项数为2130项，同比增长3.2%（图3-2-7）。

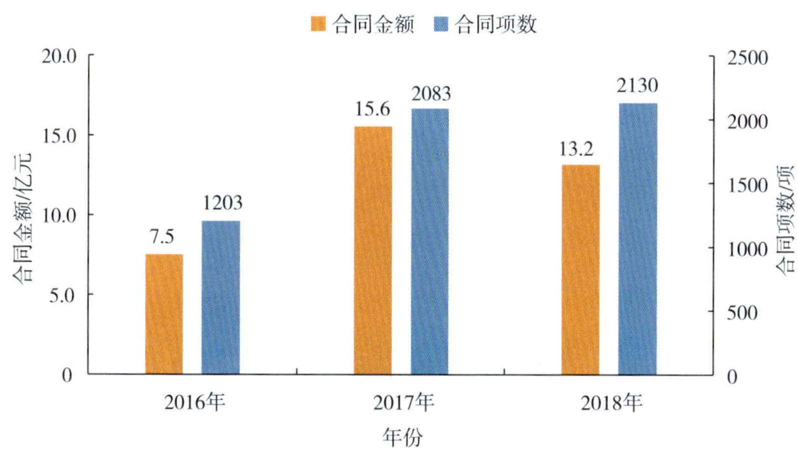

图 3-2-7　地方所属科研院所以转让、许可、作价投资方式转化科技成果情况

深圳华大生命科学研究院科技成果转化合同总金额达2.7亿元，在地方所属科研院所中排名居首位。广东省农业科学院科技成果转化合同140项，在1957家科研院所中位列第一。

2. 各地方成果转化情况

2018年，地方所属科研院所以转让、许可、作价投资方式转化科技成果的合同金额排名前3位的省分别是广东省（4.5亿元）、山东省（1.3亿元）、江苏省（1.1亿元）（图3-2-8）。

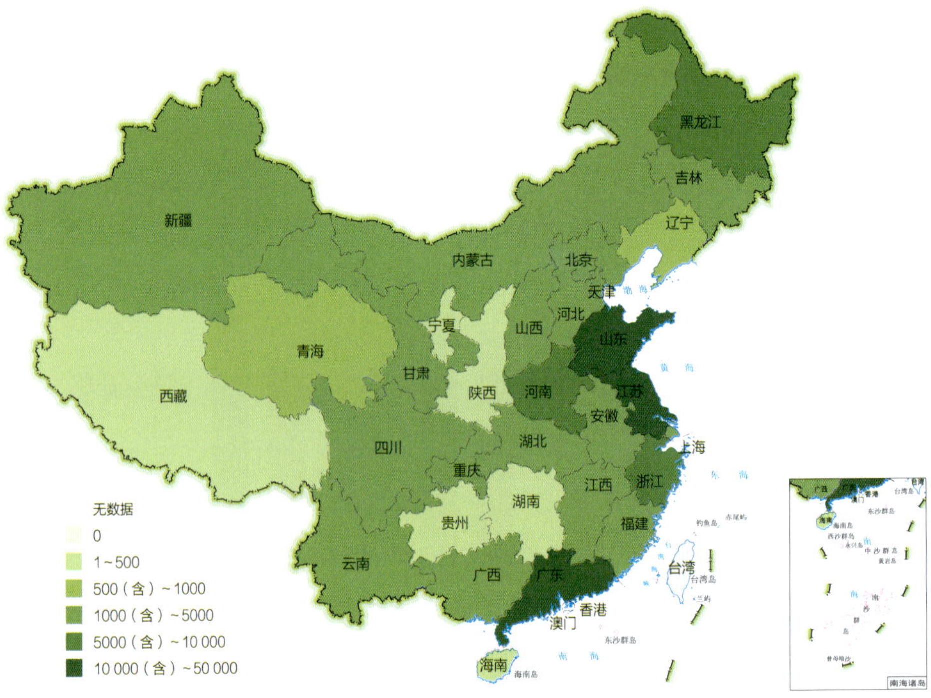

图 3-2-8　地方所属科研院所以转让、许可、作价投资方式转化科技成果合同金额情况（单位：万元）

（四）地区科技成果转化情况

1. 单位所在辖区科技成果转化情况

按照单位所在辖区统计，2018 年各地方辖区内的科研院所以转让、许可、作价投资方式转化科技成果的合同金额排名前 3 位的省市分别是北京市（35.5 亿元）、上海市（22.2 亿元）、吉林省（10.3 亿元）（图 3-2-9）。

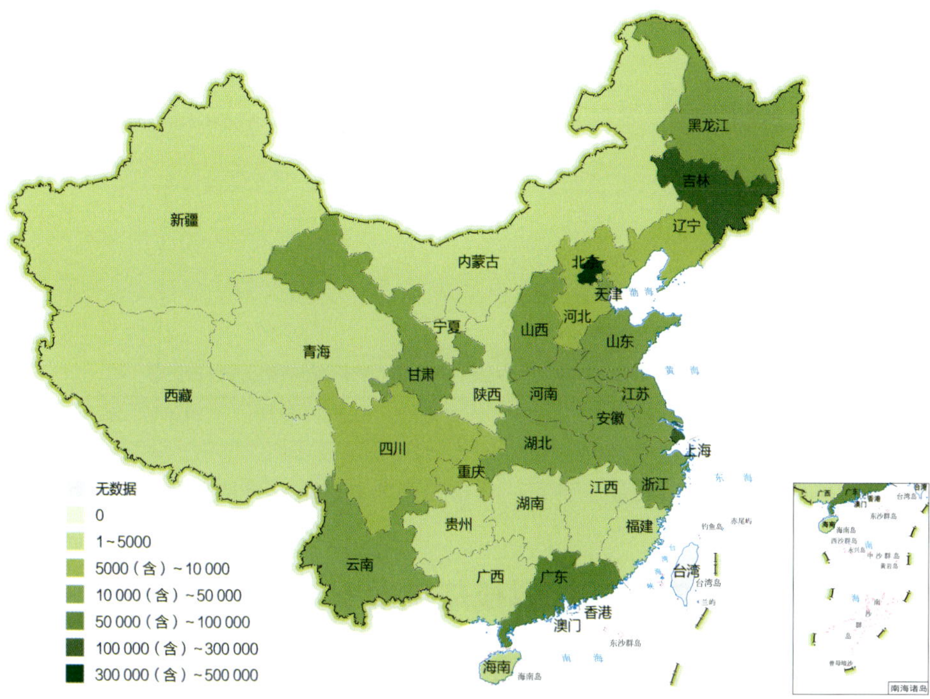

图 3-2-9　各地方辖区内科研院所科技成果转化合同金额情况（单位：万元）

2. 东部、中部、西部、东北地区科技成果转化情况

按照单位所在辖区统计，东部和东北地区的科研院所以转让、许可、作价投资方式转化科技成果的合同金额均有所增长，西部地区科技成果的合同金额小幅增长，东部地区合同金额增长最快。根据国家统计局 2011 年公布的中国东部、中部、西部、东北地区的划分方法，2018 年，东部地区单位以转让、许可、作价投资方式转化科技成果合同金额最高，为 74.0 亿元，同比增长 72.1%。中部地区单位以转让、许可、作价投资方式转化科技成果合同金额为 6.2 亿元，同比降低 1.7%。西部地区单位以转让、许可、作价投资方式转化科技成果合同金额为 7.8 亿元，同比增长 33.6%。东北地区单位以转让、许可、作价投资方式转化科技成果合同金额 13.5 亿元，同比增长 43.2%（图 3-2-10）。

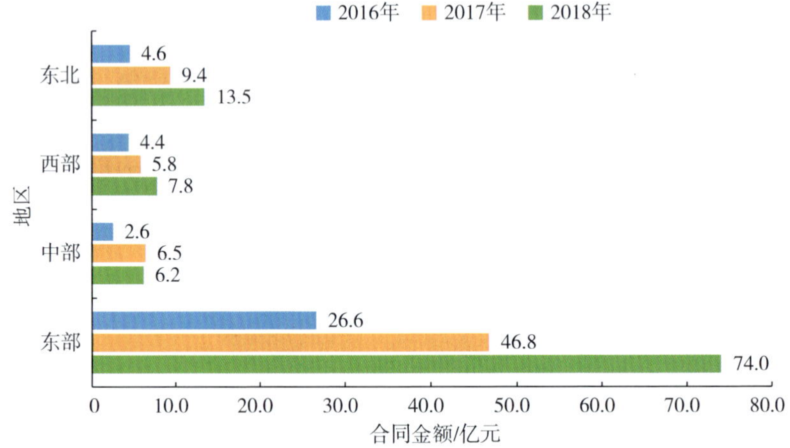

图 3-2-10　各地区以转让、许可、作价投资方式转化科技成果合同金额情况

二、以转让方式转化科技成果情况

以转让方式转化科技成果的合同金额增长超过 40%，合同项数略有增加。2018 年，以转让方式转化科技成果的合同金额达 27.8 亿元，同比增长 42.2%；合同项数为 1301 项，同比增长 4.2%；平均合同金额为 213.4 万元，同比增长 36.5%（图 3-2-11）。

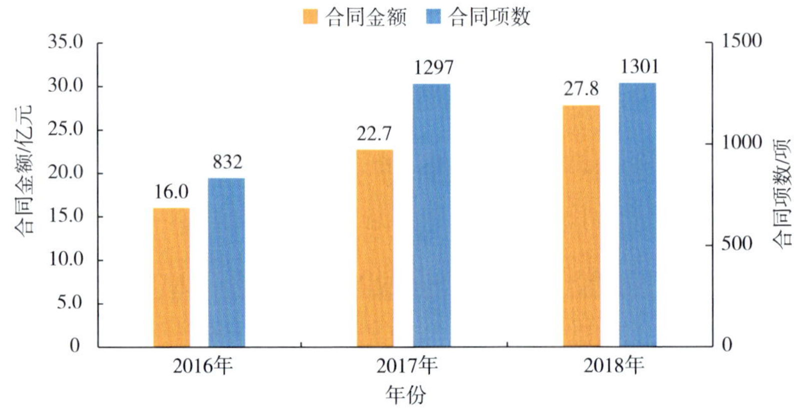

图 3-2-11　以转让方式转化科技成果合同金额和合同项数情况

2018 年以转让方式转化科技成果年合同金额达 1 亿元以上的单位有 4 家，分别是中国科学院上海药物研究所（11.2 亿元）、中国医学科学院药物研究所（2.7 亿元）、深圳华大生命科学研究院（2.7 亿元）、中国科学院昆明植物研究所（1 亿元）。中国科学院上海药物研究所以转让方式转化科技成果合同金额显著增长。2018 年中国科学院上海药物研究所通过协议定价以转让方式转化了 11 项科技成果，合同金额共 11.2 亿元，同比增长 5.5 倍。

三、以许可方式转化科技成果情况

以许可方式转化科技成果的合同金额略有增长。2018 年以许可方式转化科技成果的合同金额为 22.4 亿元，同比增长 20.4%；合同项数为 1698 项，同比降低 4.9%；平均合同金额为 132.0 万元，同比增长 26.6%（图 3–2–12）。

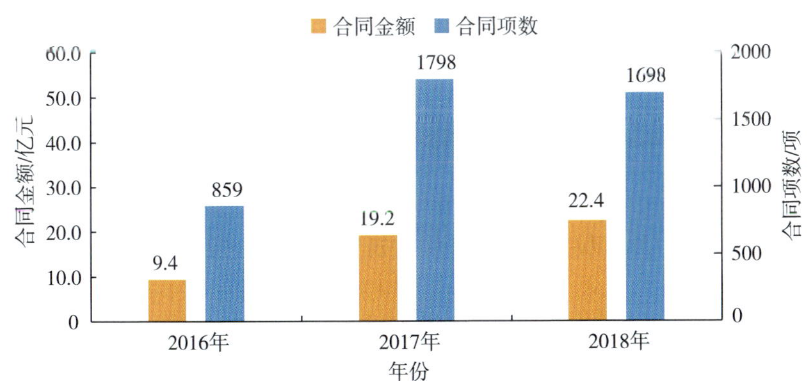

图 3–2–12　以许可方式转化科技成果的合同金额和合同项数情况

以许可方式转化科技成果合同金额超过 1 亿元的单位共 3 家，分别是中国科学院上海药物研究所（5.7 亿元）、中国农业科学院兰州兽医研究所（2.1 亿元）、中国农业科学院哈尔滨兽医研究所（1.7 亿元）。

四、以作价投资方式转化科技成果情况

以作价投资方式转化科技成果的合同金额快速增长，合同项数略有增长。2018 年以作价投资方式转化科技成果的合同金额为 51.4 亿元，同比增长 94.0%；合同项数为 231 项，同比增长 2.7%；平均合同金额为 2223.4 万元，同比增长 89.0%（图 3–2–13）。这反映出在转化高价值原创科技成果时，企业更倾向于采用作价投资方式完成科技成果转化。

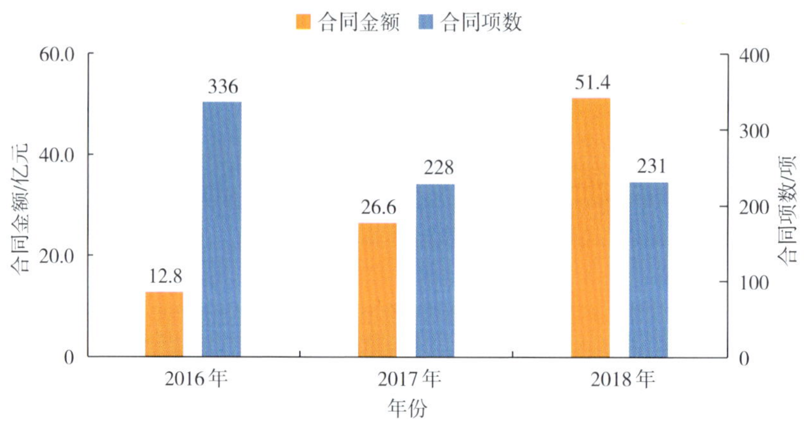

图 3–2–13　以作价投资方式转化科技成果合同金额和合同项数情况

作价投资成为部分单位大额科技成果转化的主要方式。中国科学院工程热物理研究所以作价投资方式转化科技成果平均合同金额不断提高。2017 年，该所作价投资合同项数为 4 项，合同金额达 6.2 亿元，平均合同金额高达 1.5 亿元；2018 年，该所作价投资合同项数为 5 项，合同金额达 18.7 亿元，平均合同金额高达 3.7 亿元，同比增长 143.0%。

中国科学院长春光学精密机械与物理研究所以作价投资方式转化科技成果合同金额有大幅增长。2017 年，该所作价投资合同金额为 1.2 亿元；2018 年，该所作价投资合同金额为 9.4 亿元，同比增长 6.8 倍。

五、科技成果转化定价方式情况

协议定价方式是科研院所科技成果转化的主要定价方式，占比达到 95% 以上。2018 年，1957 家科研院所以转让、许可、作价投资方式转化的 3001 项[①]科技成果中，采用协议定价的有 2822 项，占总数的 94.0%，以挂牌交易和拍卖两种方式定价的科技成果数量分别为 97 项、82 项，分别占总数的 3.3%、2.7%（图 3-2-14）。科技成果转化定价过程中，经过评估的转化成果为 2058 项，占总数的 68.6%，未经过评估的转化成果为 943 项，占总数的 31.4%（图 3-2-15）。

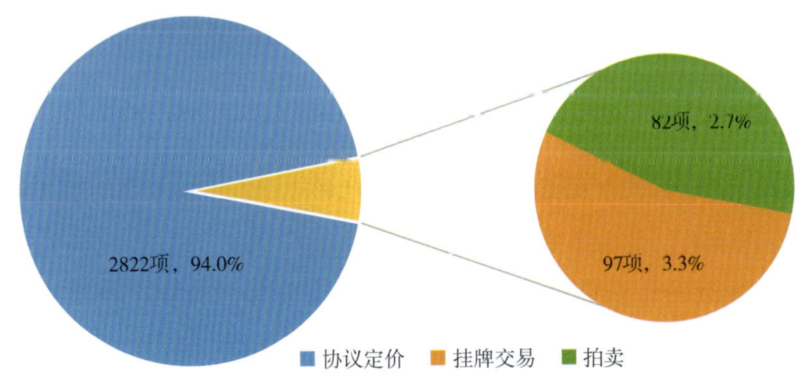

图 3-2-14　以转让、许可、作价投资方式转化科技成果的定价方式情况

① 此处数据与 2018 年以转让、许可、作价投资方式转化科技成果共 3230 项不一致，其原因为部分科研院所将多个成果作为一个科技成果转化合同填报，并剔除合同金额为零的科技成果。

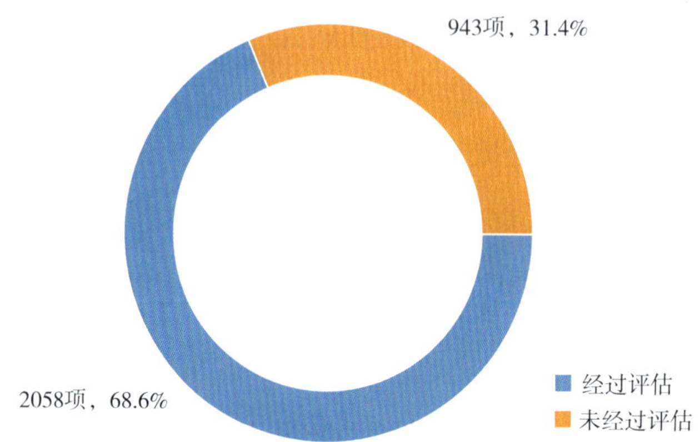

图 3-2-15　科技成果转化定价过程中的评估情况

六、科技成果转化去向

科技成果主要在境内转化，转化至中小微企业的成果数量最多，增速最快。2018 年，科技成果以转让、许可、作价投资方式转化至境内、境外的数量分别是 2984 项、17 项，占比分别为 99.4%、0.6%。在境内转化的科技成果中，转化至中小微企业、其他企业、非企业单位的科技成果数量分别为 1666 项、1006 项、312 项，占科技成果转化合同总数的比例分别为 55.5%、33.5%、10.4%，较上年分别增长 15.2%、0.3%、-20.8%（图 3-2-16）。

科技成果转化至中小微企业的合同金额最多，合同金额大幅增长，转化至非企业单位的合同金额快速增长。2018 年，科技成果以转让、许可、作价投资方式转化至境内、境外的合同金额分别是 101.4 亿元、0.1 亿元，占比分别为 99.9%、0.1%。在境内转化的科技成果中，转化至中小微企业、其他企业的科技成果合同金额分别为 61.3 亿元、37.5 亿元，占比分别为 60.4%、36.9%，较上年分别增长 107.7%、11.6%。转化至非企业单位的科技成果合同金额为 2.6 亿元，占比为 2.6%，同比增长 98.9%（图 3-2-17）。

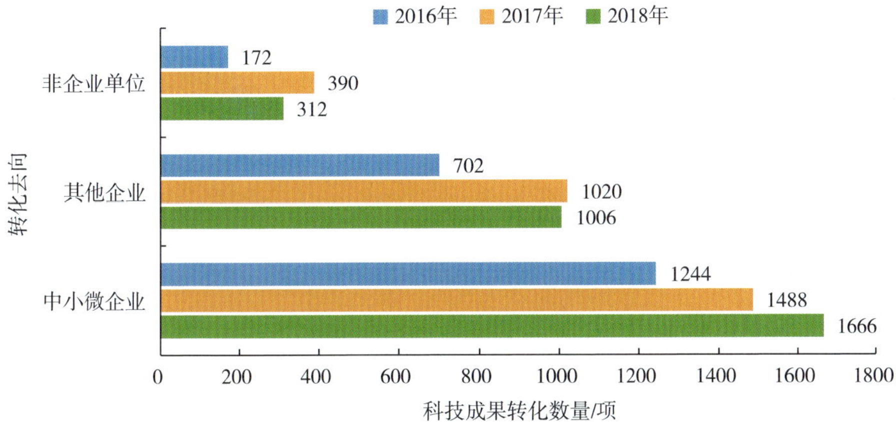

图 3-2-16　科技成果在境内转化去向情况

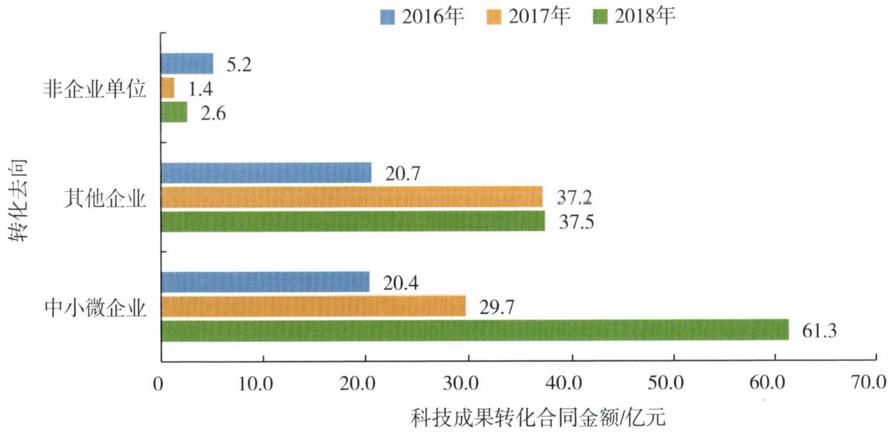

图 3-2-17　科技成果在境内转化合同金额情况

第三章
财政资助项目成果转化

随着国家促进科技成果转化的政策红利不断释放，受财政资助产生的科技成果以转让、许可、作价投资方式转化的合同项数、合同金额呈高速增长态势。其中，中央财政资助项目产生的科技成果转化合同项数、合同金额增长更快。

一、基本情况

（一）全国财政资助项目成果转化情况

全国财政资助项目的科技成果转化合同项数基本保持稳定，合同金额大幅增长。2018 年，以转让、许可、作价投资方式签订的科技成果转化合同共计 3230 项。其中，全国财政资助项目的成果转化合同项数为 1082 项，同比降低 1.9%，占转化合同总项数的 33.5%；合同金额为 43.7 亿元，同比增长 113.3%（图 3–3–1）。

（二）中央财政资助项目成果转化情况

中央财政资助项目产生的科技成果以转让、许可、作价投资方式

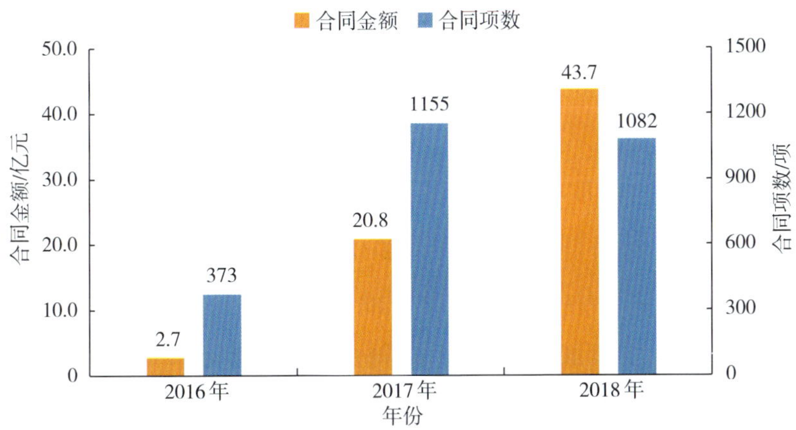

图 3-3-1　全国财政资助项目成果转化合同金额和合同项数情况

转化的合同金额大幅增长，合同项数略有降低。2018 年，受中央财政资助项目产生的科技成果以转让、许可、作价投资方式转化合同金额为 40.1 亿元，同比增长 163.6%，占全国财政资助转化项目的 91.8%；合同项数为 529 项，同比降低 6.7%，占全国财政资助转化项目的 48.9%（图 3-3-2）。

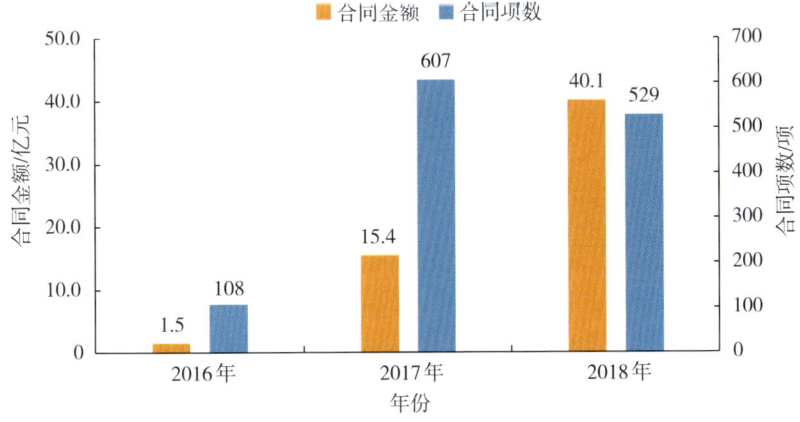

图 3-3-2　中央财政资助项目成果转化合同金额和合同项数情况

二、中央所属科研院所转化情况

（一）全国财政资助项目成果转化情况

中央所属科研院所受全国财政资助项目产生的科技成果转化合同项数略有降低，合同金额大幅增长。2018 年，以转让、许可、作价投资方式转化的科技成果中受全国财政资助的转化项目为 435 项，同比降低 7.9%，占中央所属科研院所转化合同总项数（1100 项）的 39.5%；全国财政资助项目成果转化合同金额为 40.6 亿元，同比增长 143.2%，占中央所属科研院所转化合同总金额（88.4 亿元）的 45.9%（图 3-3-3）。

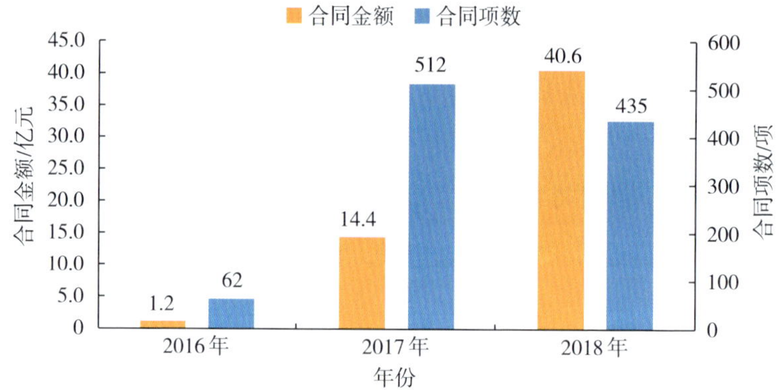

图 3-3-3　中央所属科研院所受全国财政资助项目成果转化合同金额和合同项数情况

（二）中央财政资助项目成果转化情况

中央所属科研院所受中央财政资助项目产生的科技成果以转让、许可、作价投资方式转化的合同项数略有降低，合同金额增长 1.7 倍多。2018 年，以转让、许可、作价投资方式转化受中央财政资助产生的科技成果合同项数为 379 项，同比降低 3.6%，占中央所属科研院所全国财政资助转化项目合同总项数（435 项）的 87.1%；中央财政资助转化项目的合同金额达 39.2 亿元，同比增长 176.3%，占中央所属科研院所全国财政资助转化项目合同总金额（40.6 亿元）的 96.5%（图 3-3-4）。

图 3-3-4 中央所属科研院所受中央财政资助项目成果转化合同金额和合同项数情况

中央所属科研院所受中央财政资助项目产生的科技成果转化日益增长。2018 年，中国科学院上海药物研究所以转让、许可、作价投资方式转化科技成果的合同项数为 15 项，其中 12 项为中央财政资助项目产生的科技成果，占成果总项数的比例为 80.0%，合同金额高达 16.9 亿元。

三、各省、直辖市、自治区所属科研院所转化情况

（一）全国财政资助项目成果转化情况

地方所属科研院所受全国财政资助项目产生的科技成果转化合同项数略有增长，合同金额有所降低。2018 年，地方所属科研院所受全国财政资助项目成果转化的合同项数为 647 项，同比增加 2.5%，占地方

所属科研院所转化合同总项数（2130 项）的 30.4%；合同金额为 3.1 亿元，同比降低 18.9%，占地方所属科研院所转化合同总金额（13.2 亿元）的 23.2%（图 3-3-5）。

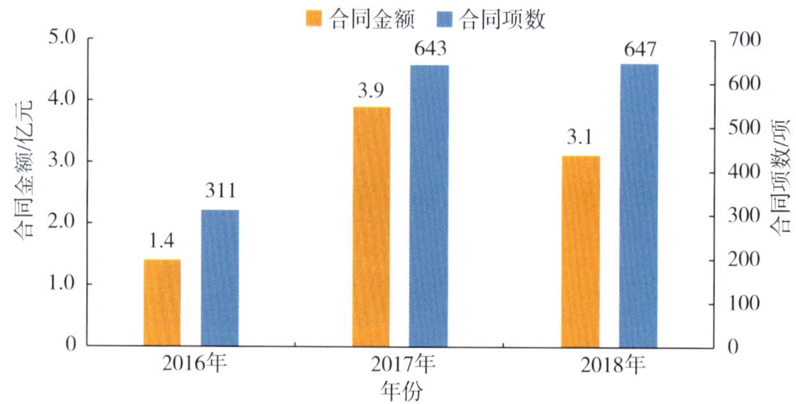

图 3-3-5　地方所属科研院所受全国财政资助项目成果转化合同金额和合同项数情况

2018 年，地方所属科研院所受财政资助项目成果以转让、许可、作价投资方式转化的合同金额排名前 3 位的省市分别是广东省（0.4 亿元）、山东省（0.4 亿元）、上海市（0.3 亿元）（图 3-3-6）。

（二）中央财政资助项目成果转化情况

地方所属科研院所受中央财政资助项目产生的科技成果以转让、许可、作价投资方式转化的合同项数及合同金额略有降低。2018 年，中央财政资助项目科技成果以转让、许可、作价投资方式转化的合同项数为 150 项，同比降低 13.9%，占地方所属科研院所受全国财政资助转化项目合同总项数（647 项）的 23.2%；合同金额达 0.9 亿元，同比降低 12.7%，占地方所属科研院所全国财政资助转化项目合同总金额（3.1 亿元）的 29.0%（图 3-3-7）。

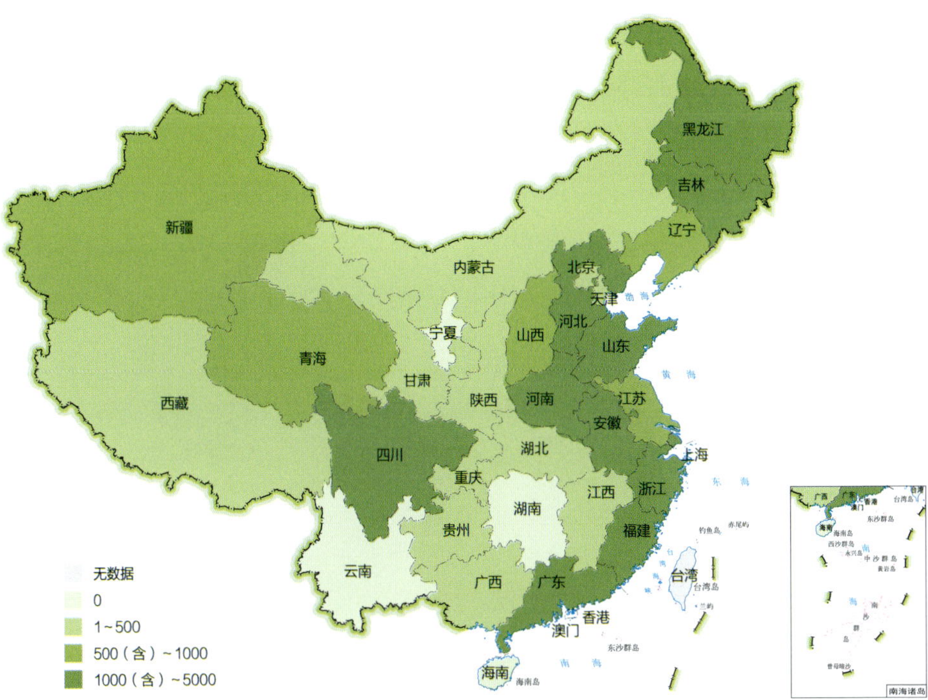

图 3-3-6　地方所属科研院所转化受全国财政资助项目成果合同金额情况（单位：万元）

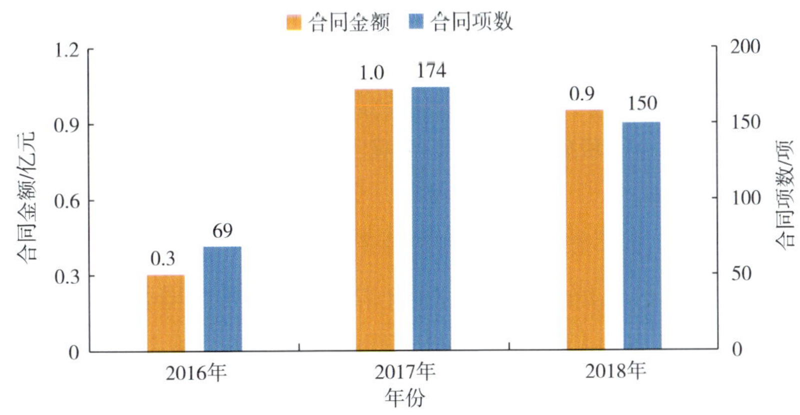

图 3-3-7　地方所属科研院所受中央财政资助项目成果转化合同金额和合同项数情况

2018 年，地方所属科研院所受中央财政资助项目成果以转让、许可、作价投资方式转化的合同金额排名前 3 位的省分别是山东省（0.3 亿元）、黑龙江省（0.2 亿元）、吉林省（0.1 亿元）（图 3-3-8）。

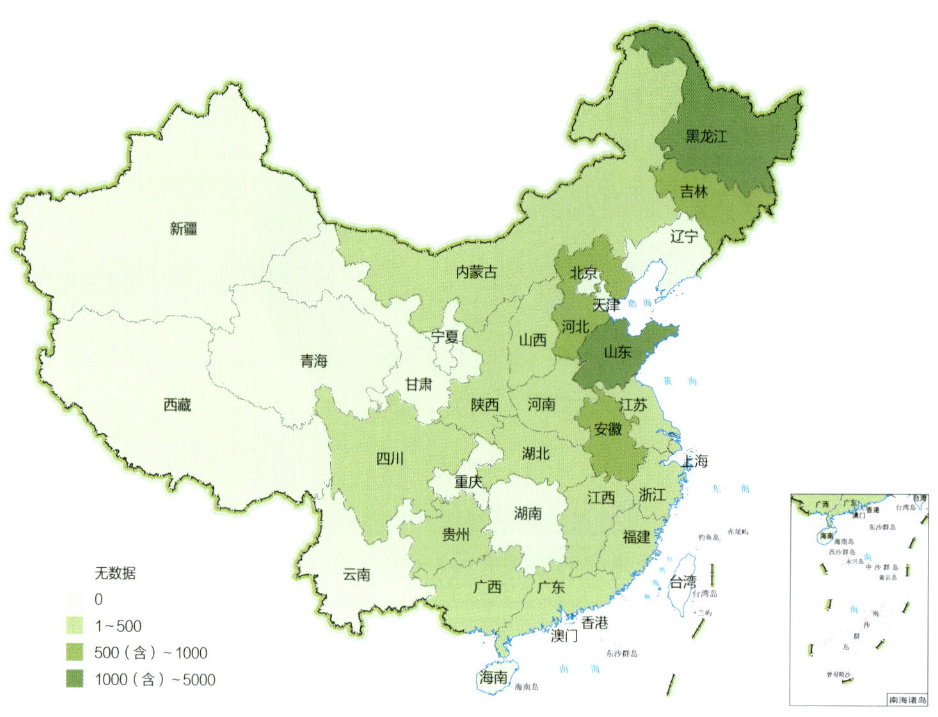

图 3-3-8 地方所属科研院所转化受中央财政资助项目成果合同金额情况（单位：万元）

2018 年，黑龙江省农业科学院作物资源研究所以转让、许可、作价投资方式转化科技成果的合同项数为 11 项，同比增长 10.0%。11 项转化成果均受到中央财政资助，同比增长 22.2%。转化合同总金额达 852.9 万元，同比增长 89.1%，受到中央财政资助成果转化合同金额同比增长 112.7%。

四、地区财政资助科技成果转化情况

（一）单位所在辖区科技成果转化情况

1. 全国财政资助项目成果转化情况

按照单位所在辖区统计，2018 年，各地方辖区内的科研院所受到全国财政资助项目的成果以转让、许可、作价投资方式转化的合同金额排名前 3 位的省市分别是上海市（18.6 亿元）、吉林省（9.0 亿元）、北京市（4.8 亿元）（图 3-3-9）。

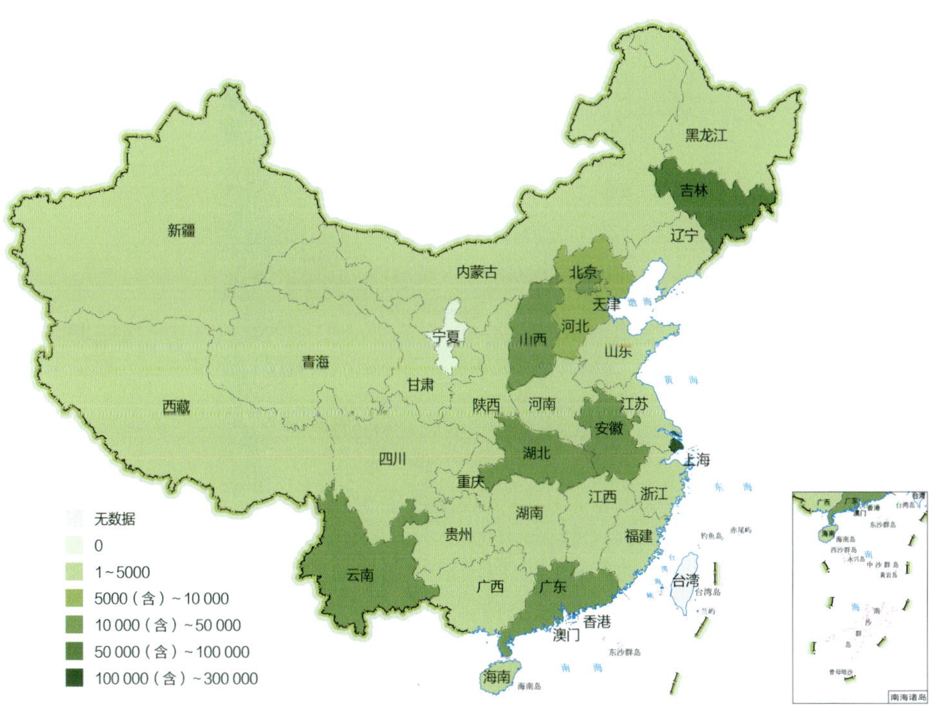

图 3-3-9　各地方辖区内科研院所转化受全国财政资助项目成果合同金额情况（单位：万元）

2. 中央财政资助项目成果转化情况

2018 年，地方所属科研院所受中央财政资助项目产生的科技成果以转让、许可、作价投资方式转化的合同金额排名前 3 位的省市分别是上海市（18.4 亿元）、吉林省（8.9 亿元）、北京市（4.7 亿元）（图 3–3–10）。

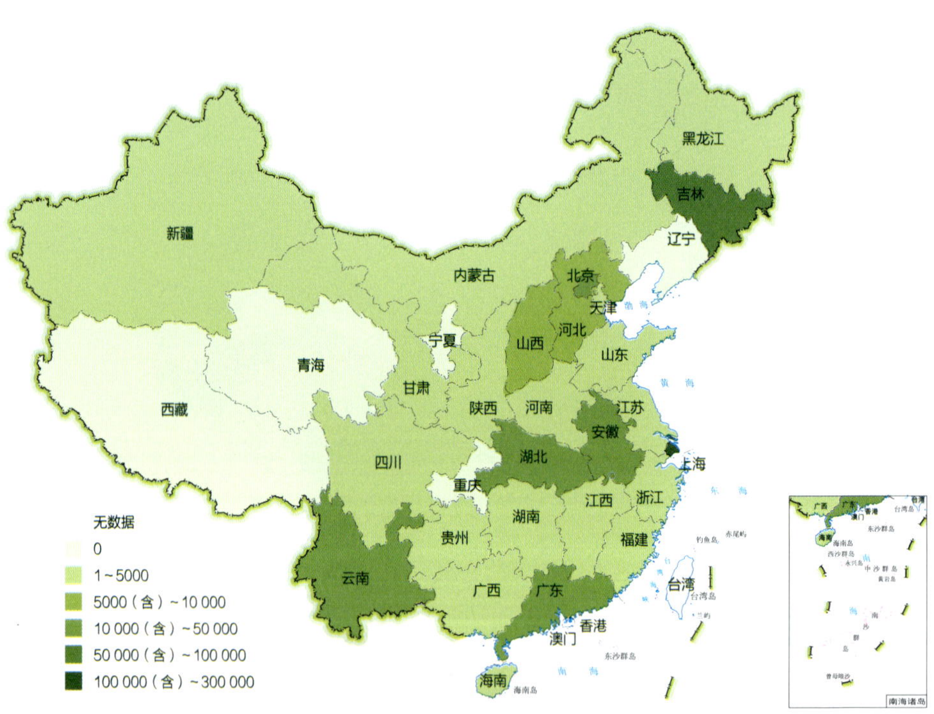

图 3–3–10　各地方辖区内科研院所转化受中央财政资助项目成果合同金额情况（单位：万元）

（二）东部、中部、西部和东北地区财政资助项目成果转化情况

1. 全国财政资助项目成果转化情况

各地区科研院所受财政资助项目产生的科技成果以转让、许可、作价投资方式转化的合同金额均有不同程度的增长。2018 年，东部、中部、西部地区科研院所受财政资助产生的科技成果以转让、许可、作价投资方式转化的合同金额分别为 28.8 亿元、4.1 亿元、1.5 亿元，较上年分别增长 80.2%、190.4%、27.6%。东北地区转化合同金额为 9.3 亿元，同比增长 3.9 倍，增速最快（图 3–3–11）。

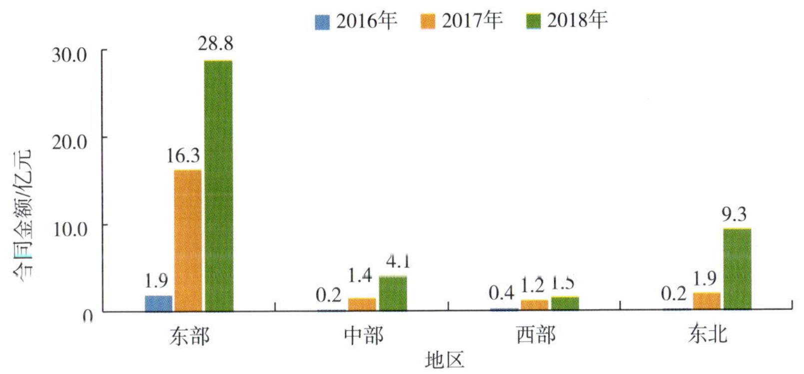

图 3–3–11　各地区财政资助项目成果转化合同金额情况

2. 中央财政资助项目成果转化情况

2018 年，东部、中部、西部、东北地区科研院所受中央财政资助产生的科技成果以转让、许可、作价投资方式转化的合同金额分别为 26.2 亿元、3.6 亿元、1.2 亿元、9.0 亿元，较上年分别增长 103.9%、234.5%、66.4%、1547.7%（图 3–3–12）。

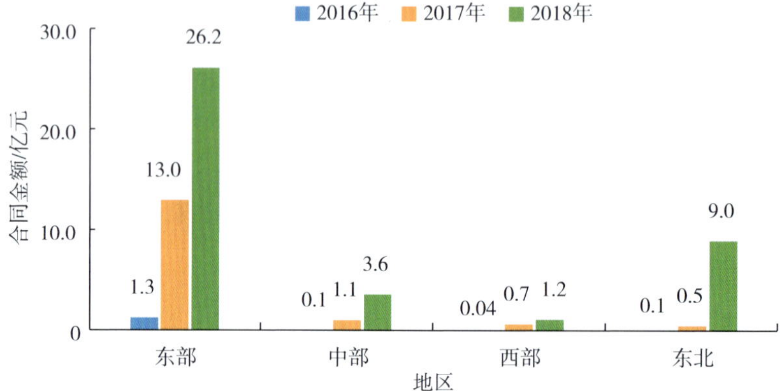

图 3-3-12　各地区中央财政资助项目成果转化合同金额情况

第四章
科技成果转化收入分配及奖励

统计分析发现，随着促进科技成果转化系列政策法规的落实，科研院所对科技人员激励力度不断加大，科研人员获得奖励金额快速增长，奖励人次略有增长，科技创富效应逐步显现，充分激励了科研人员创新创业积极性。

一、基本情况

（一）现金和股权收入分配及奖励情况

以转让、许可、作价投资方式转化科技成果获得的现金和股权收入显著提升，科研人员获得的现金和股权奖励快速增长。2018 年，现金和股权收入总金额为 82.8 亿元，同比增长 81.1%；个人获得的现金和股权奖励金额达 38.5 亿元，同比增长 98.3%，其中，研发与转化主要贡献人员所获现金和股权奖励达 35.8 亿元，同比增长 106.5%（图 3–4–1）。

奖励个人金额占现金和股权收入总额的比例超过 50%，奖励研发与转化主要贡献人员金额占奖励个人金额的比例达 90%。奖励人次略有增长，人均奖励金额持续增长。2018 年，个人获得的现金和股权奖励占

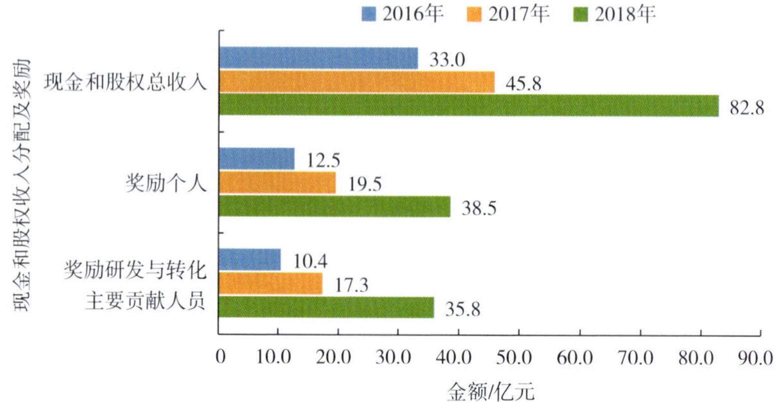

图 3-4-1　现金和股权收入分配及奖励情况

现金和股权收入的比例为 46.5%，高于 2017 年的 42.5%，研发与转化主要贡献人员获得的奖励占奖励个人总金额的比例达到 93.1%，高于 2017 年的 88.9%，达到《促进科技成果转化法》和《若干规定》要求的比例，政策红利显著释放，科技创富效应逐步显现（图 3-4-2、图 3-4-3）。奖励人次为 44 015 人次，同比增长 9.8%；人均奖励金额 8.7 万元，同比增长 80.5%。

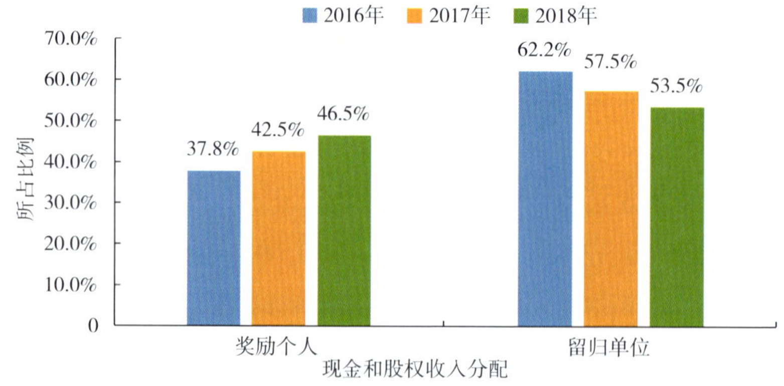

图 3-4-2　现金和股权收入分配占比情况

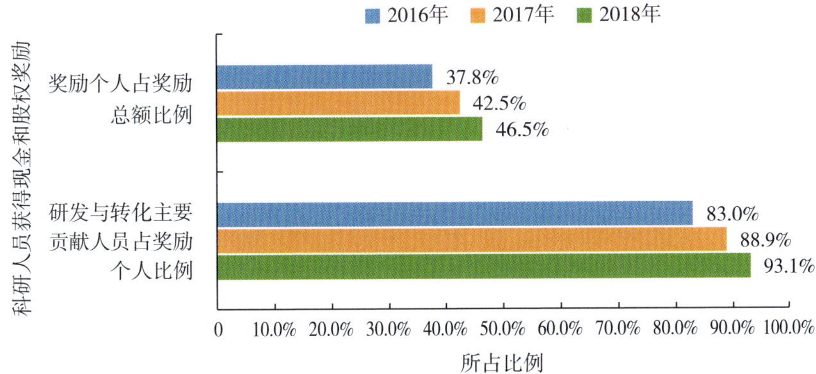

图 3-4-3　科研人员获得现金和股权奖励占比情况

（二）现金收入分配及奖励情况

以转让、许可方式转化科技成果获得的现金收入、科研人员获得的现金奖励较上一年度小幅增长。2018 年现金收入金额为 32.6 亿元，同比增长 28.8%；个人获得的现金奖励金额为 13.2 亿元，同比增长 35.9%，其中，研发与转化主要贡献人员所获现金奖励为 10.7 亿元，同比增长 32.9%（图 3-4-4）。

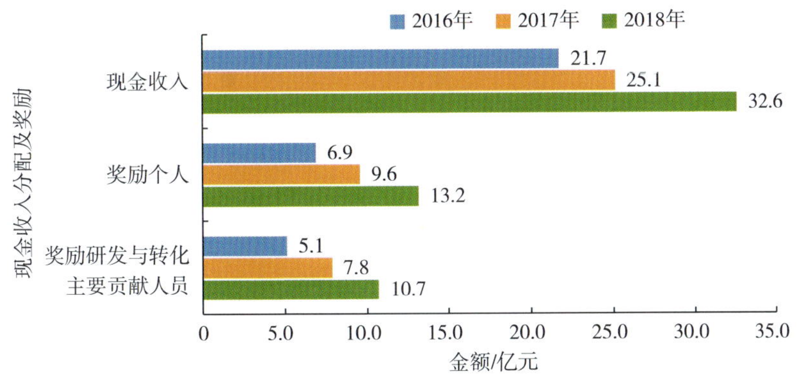

图 3-4-4　现金收入分配及奖励情况

奖励个人金额占现金收入总额的比例有所提高，奖励研发与转化主要贡献人员金额占奖励个人金额的比例有所降低。奖励人次、人均奖励金额略有增长。2018 年，个人获得的现金奖励占现金收入的比例为 40.4%，高于 2017 年的 38.1%；研发与转化主要贡献人员获得的奖励占奖励科研人员总金额的比例为 81.3%，比 2017 年的 82.0% 略有降低（图 3-4-5、图 3-4-6）。奖励人次、人均奖励金额分别为 42 661 人次、3.1 万元，较上年分别增长 11.3%、22.1%。现金奖励个人金额超过 1 亿元的单位有 1 家，是水利部交通运输部国家能源局南京水利科学研究院（1.3 亿元）。

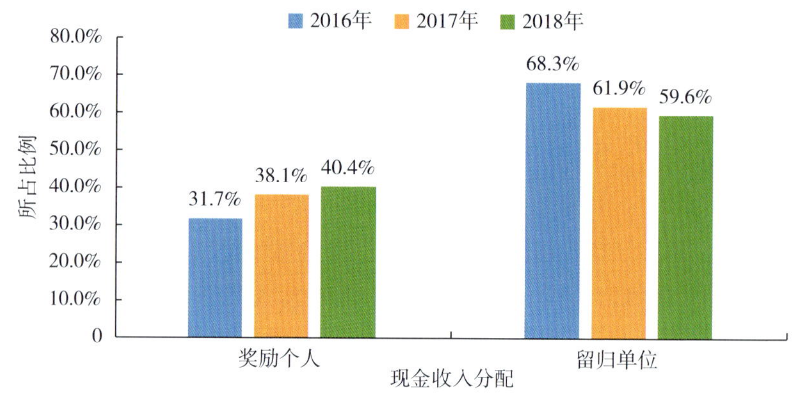

图 3-4-5　现金收入分配占比情况

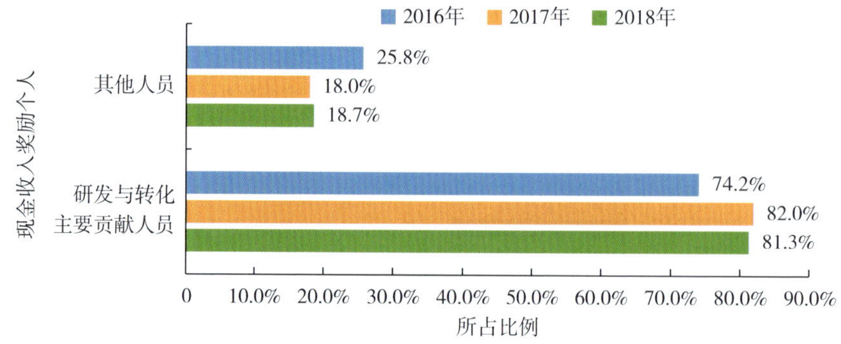

图 3-4-6　现金收入奖励个人分配占比情况

（三）股权收入分配及奖励情况

以作价投资方式转化科技成果获得的股权收入、科研人员获得的股权奖励大幅增长。2018 年，股权收入金额为 50.2 亿元，同比增长 143.3%；个人获得的股权奖励达 25.3 亿元，同比增长 156.9%，其中，研发与转化主要贡献人员所获股权奖励达 25.1 亿元，同比增长 166.7%（图 3-4-7）。

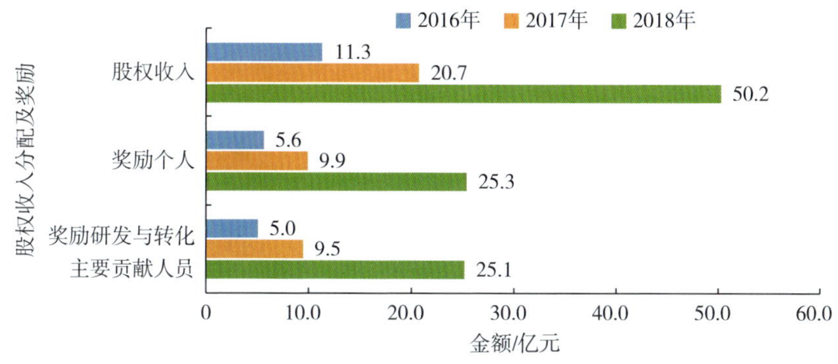

图 3-4-7　股权收入分配情况

奖励个人金额占股权收入总额的比例稳步提升，已超过 50%，奖励研发与转化主要贡献人员金额占奖励个人金额的比例有所提高。奖励人次小幅降低，股权人均奖励金额显著增长，人均奖励金额是现金奖励人均奖励金额的 60 多倍。个人获得的股权奖励占股权收入的比例为 50.5%，高于 2017 年的 47.9%；研发与转化主要贡献人员获得的股权奖励占奖励科研人员总金额的比例为 99.2%，高于 2017 年的 95.5%。奖励人次为 1354 人次，同比降低 20.7%（图 3-4-8、图 3-4-9）。股权人均奖励金额为 187.1 万元，较上年同比增长 2.2 倍，是现金奖励人均奖励金额的 60.7 倍。

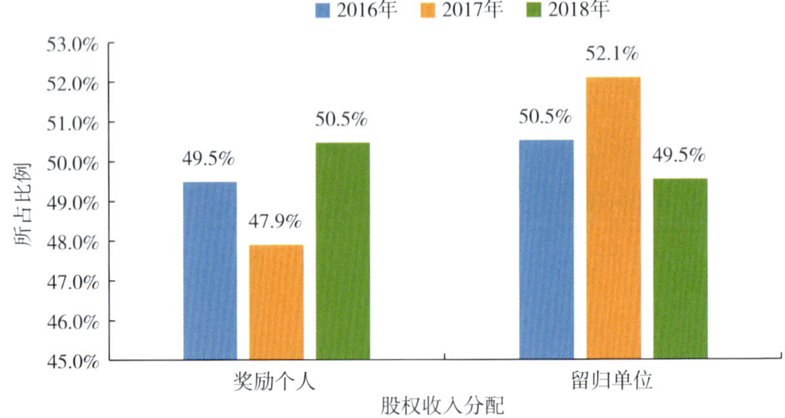

图 3-4-8　股权收入分配占比情况

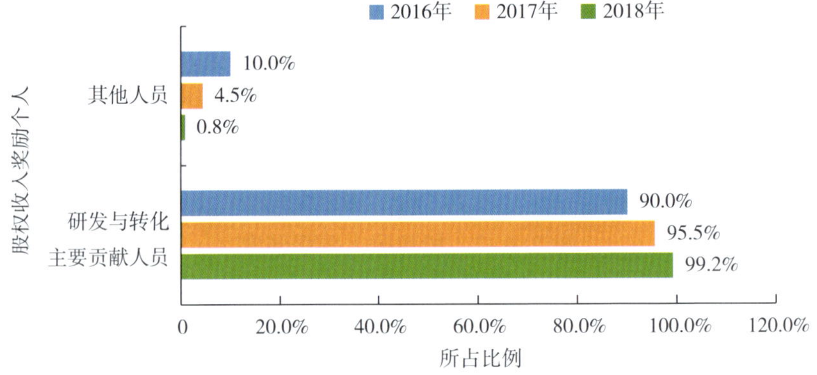

图 3-4-9　股权收入奖励个人分配占比情况

股权收入奖励科研人员金额超过 1 亿元的单位共有 5 家，分别是中国科学院工程热物理研究所（9.4 亿元）、中国科学院长春光学精密机械与物理研究所（4.7 亿元）、中国科学院物理研究所（1.6 亿元）、中国科学院合肥物质科学研究院（1.3 亿元）、中国科学院近代物理研究所（1.0 亿元）。

二、中央所属科研院所收入分配及奖励情况

（一）现金和股权收入分配及奖励情况

中央所属科研院所以转让、许可、作价投资方式转化科技成果获得的现金和股权收入增长率超过130%，个人获得的现金和股权奖励增长率超过150%。2018年，417家中央所属科研院所以转让、许可、作价投资方式转化科技成果获得的现金和股权收入总金额为67.9亿元，同比增长131.7%，个人获得的现金和股权奖励金额达32.9亿元，同比增长154.8%。其中，研发与转化主要贡献人员所获现金和股权奖励达31.4亿元，同比增长158.0%（图3-4-10）。

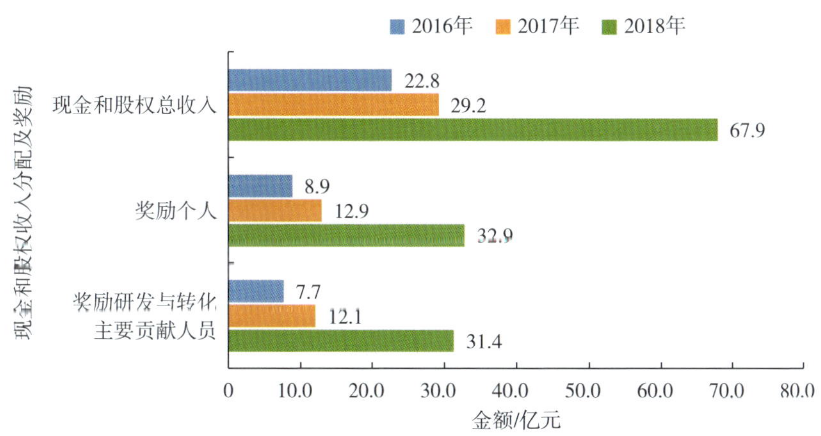

图3-4-10　中央所属科研院所现金和股权收入分配及奖励情况

奖励个人金额占现金和股权收入总额的比例接近50%，奖励研发与转化主要贡献人员金额占奖励个人金额的比例超过90%。奖励人次小幅增长，人均奖励金额快速增长。2018年，个人获得的现金和股权奖励占现金和股权收入总额的比例为48.4%，高于2017年的44.1%；研发与

转化主要贡献人员获得的奖励占奖励科研人员总金额的比例为 95.4%，高于 2017 年的 93.5%（图 3-4-11、图 3-4-12）。奖励人次为 18 149 人次，同比增长 17.5%；人均奖励金额 18.1 万元，同比增长 116.8%。

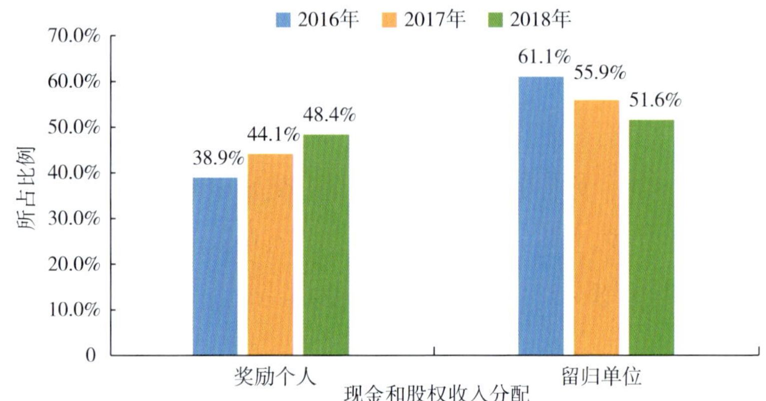

图 3-4-11　中央所属科研院所现金和股权收入分配占比情况

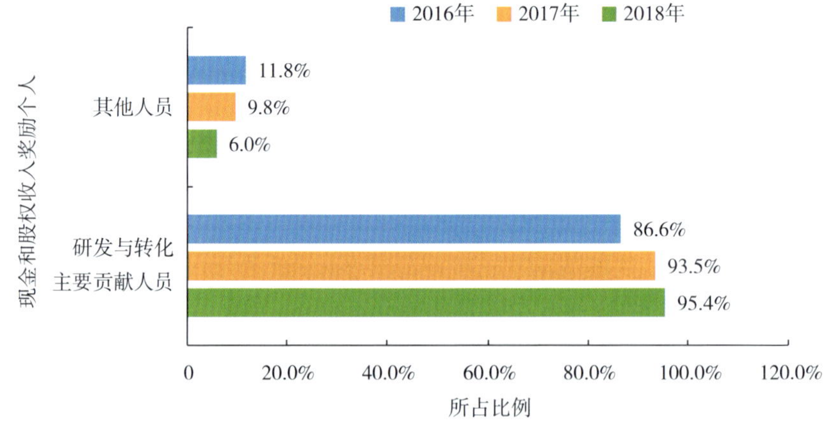

图 3-4-12　中央所属科研院所现金和股权奖励收入分配占比情况

2018 年以现金和股权收入奖励个人总金额排名，中国科学院工程热物理研究所位列 1957 家科研院所之首。2018 年，中国科学院工程热物理研究所科研人员获得的科技成果转化现金和股权奖励总额达 9.7 亿元，人均奖励金额 393.0 万元。其中，获得的现金奖励总额为 3140.4 万元，人均奖励金额 61.6 万元，获得股权奖励总额为 93 532.9 万元，人均奖励金额 479.7 万元，充分激发了科研人员的积极性。

（二）现金收入分配及奖励情况

中央所属科研院所以转让、许可方式转化科技成果获得的现金收入持续增长，个人获得的现金奖励快速增长。2018 年，417 家中央所属科研院所以转让、许可方式转化科技成果获得的现金收入总金额为 19.0 亿元，同比增长 63.6%；个人获得的现金奖励金额为 8.3 亿元，同比增长 81.5%，其中，研发与转化主要贡献人员所获现金奖励为 6.9 亿元，同比增长 70.4%（图 3-4-13）。

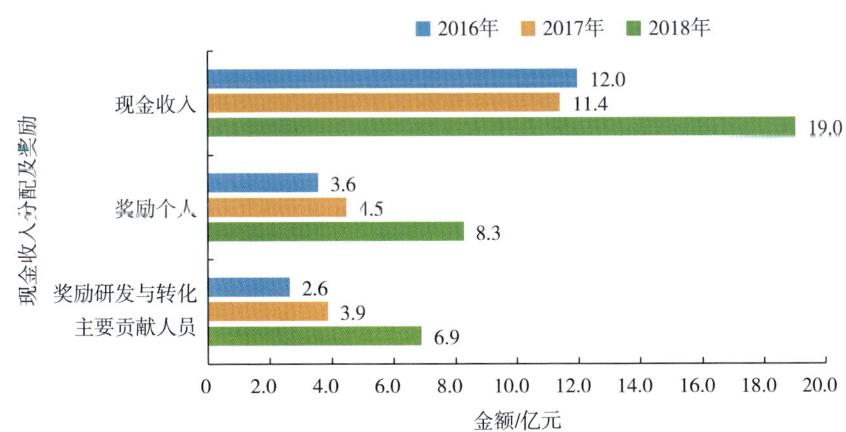

图 3-4-13　中央所属科研院所现金收入分配及奖励情况

奖励个人金额占现金收入总额的比例有所提高，奖励研发与转化主要贡献人员金额占奖励个人金额的比例有所降低。奖励人次小幅增长，人均奖励金额有所增长。2018 年，个人获得的现金奖励占现金收入总额的比例由 2017 年的 39.2% 提高到 43.4%，研发与转化主要贡献人员获得的奖励占奖励科研人员总金额的比例由 2017 年的 86.4% 降低到 83.5%（图 3-4-14、图 3-4-15）。奖励人次为 16 994 人次，同比增长 19.6%；人均奖励金额 4.9 万元，同比增长 51.8%。

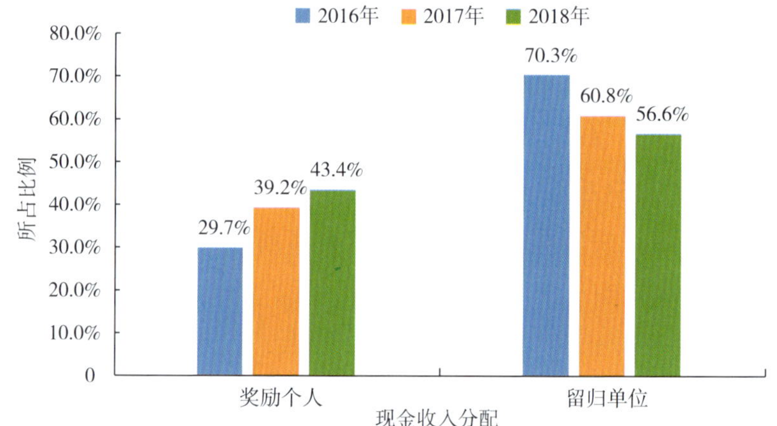

图 3-4-14　中央所属科研院所现金收入分配占比情况

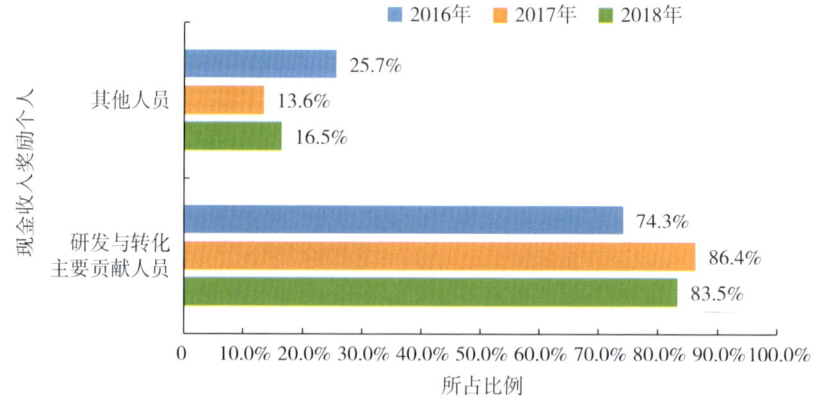

图 3-4-15　中央所属科研院所现金收入奖励个人分配占比情况

（三）股权收入分配及奖励情况

中央所属科研院所以作价投资方式转化科技成果获得的股权收入、个人获得的股权奖励大幅增长。2018 年，417 家中央所属科研院所以作价投资方式转化科技成果获得的股权收入总金额为 48.9 亿元，同比增长 174.2%；个人获得的股权奖励金额为 24.6 亿元，同比增长 192.0%，其中，研发与转化主要贡献人员所获股权奖励为 24.5 亿元，同比增长 198.7%（图 3-4-16）。

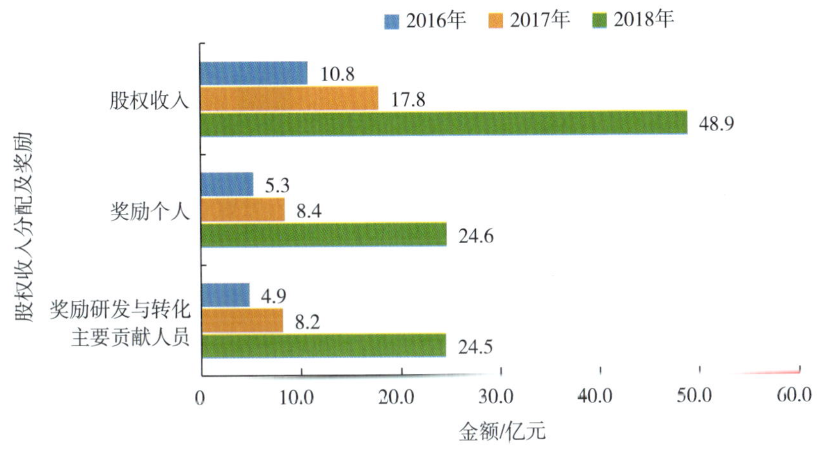

图 3-4-16　中央所属科研院所股权收入分配及奖励情况

奖励个人金额占股权收入总额的比例略有提高，已超过 50%，奖励研发与转化主要贡献人员金额占奖励个人金额的比例有所提高。奖励人次略有降低，股权人均奖励金额显著增长，股权人均奖励金额约是现金人均奖励金额的 44 倍。2018 年，个人获得的股权奖励占股权收入总额的比例为 50.3%，高于 2017 年的 47.3%；研发与转化主要贡献人员获得的股权奖励占奖励个人总金额的比例由 2017 年的 97.2% 提高到 99.5%

（图 3-4-17、图 3-4-18）。奖励人次为 1155 人次，同比降低 3.4%；股权人均奖励金额 213.1 万元，同比增长 2.0 倍，是现金奖励人均奖励金额的 43.8 倍。

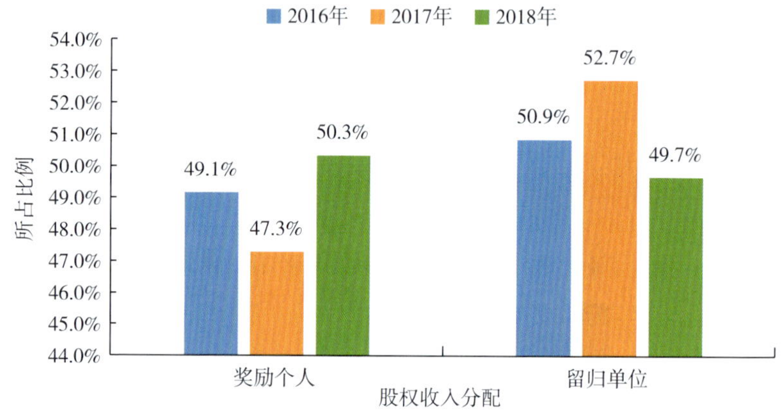

图 3-4-17　中央所属科研院所股权收入分配占比情况

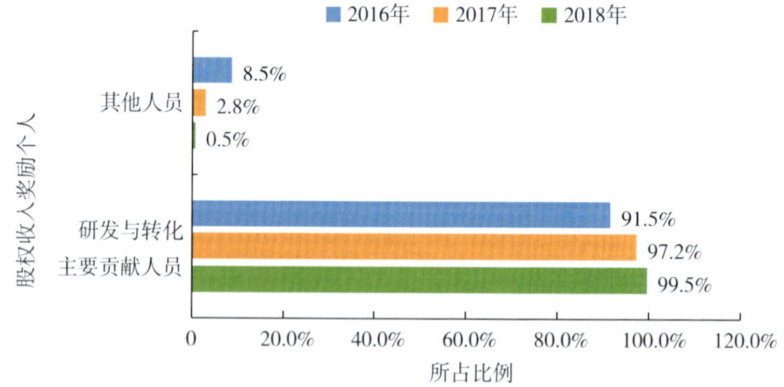

图 3-4-18　中央所属科研院所股权收入奖励个人分配占比情况

三、各省、直辖市、自治区所属科研院所收入分配及奖励情况

（一）现金和股权收入分配及奖励情况

1. 收入分配及奖励概况

地方所属科研院所以转让、许可、作价投资方式转化科技成果获得的现金和股权收入、个人获得的现金和股权奖励均略有降低。2018 年，1540 家地方所属科研院所以转让、许可、作价投资方式转化科技成果获得的现金和股权收入总金额为 14.8 亿元，同比降低 9.4%；个人获得的现金和股权奖励金额为 5.6 亿元，同比降低 13.6%，其中，研发与转化主要贡献人员所获现金和股权奖励为 4.4 亿元，同比降低 14.2%（图 3–4–19）。

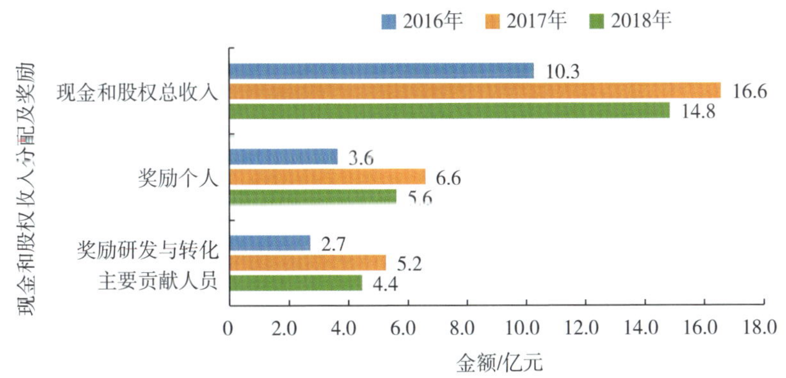

图 3–4–19　地方所属科研院所现金和股权收入分配及奖励情况

奖励个人金额占现金和股权收入总额的比例略有降低，奖励研发与转化主要贡献人员金额占奖励个人金额的比例超过 70%。奖励人次略有增长，人均奖励金额略有降低。2018 年，个人获得的现金和股权奖励

占现金和股权收入总额的比例由 2017 年的 39.7% 变化到 37.8%，研发与转化主要贡献人员获得的奖励占奖励个人总金额的比例由 2017 年的 79.8% 变化到 79.2%（图 3-4-20、图 3-4-21）。奖励人次为 25 866 人次，同比增长 5.6%；人均奖励金额 2.2 万元，同比降低 18.2%。

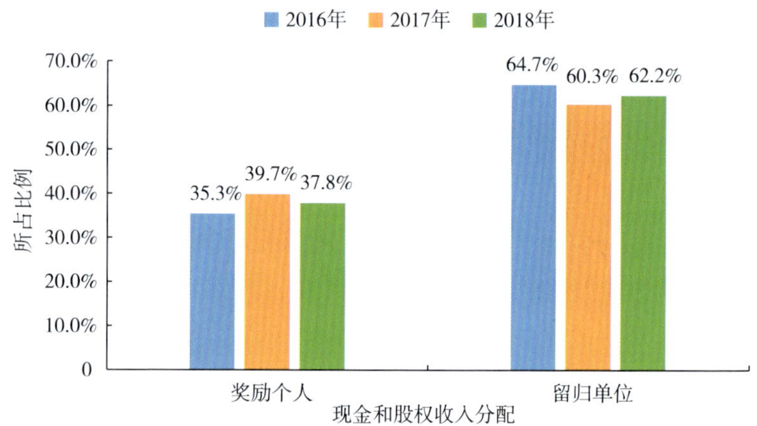

图 3-4-20　地方所属科研院所现金和股权收入分配占比情况

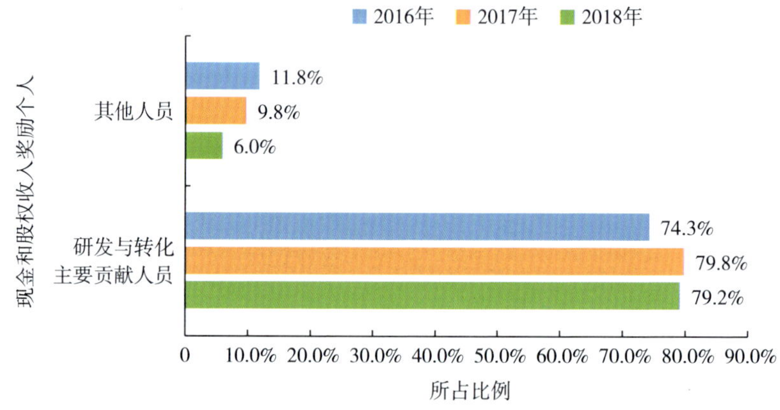

图 3-4-21　地方所属科研院所现金和股权收入奖励个人分配占比情况

2. 各地方单位收入分配及奖励情况

2018 年，广东省、山东省、江苏省所属科研院所以转让、许可、作价投资方式转化科技成果获得的现金和股权收入金额排名前 3 位，依次为 3.9 亿元、1.3 亿元、1.3 亿元。广东省、山东省、江苏省所属科研院所以转让、许可、作价投资方式转化科技成果获得的现金和股权收入奖励个人金额排名前 3 位，依次为 0.6 亿元、0.6 亿元、0.6 亿元。江苏省、广东省、山东省所属科研院所以转让、许可、作价投资方式转化科技成果获得的现金和股权收入奖励研发与转化主要贡献人员金额排名前 3 位，依次为 0.6 亿元、0.5 亿元、0.5 亿元。奖励人次排名前 3 位的省市分别是广东省（3953 人次）、江苏省（3126 人次）、上海市（2008 人次）（图 3-4-22、图 3-4-23）。

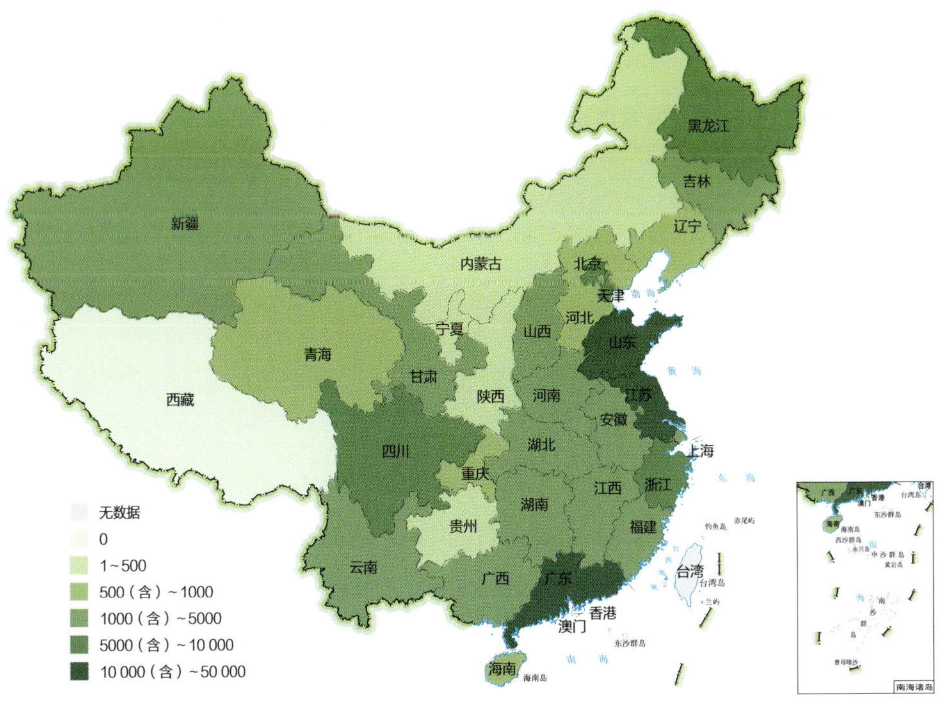

图 3-4-22 各地方现金和股权收入金额情况（单位：万元）

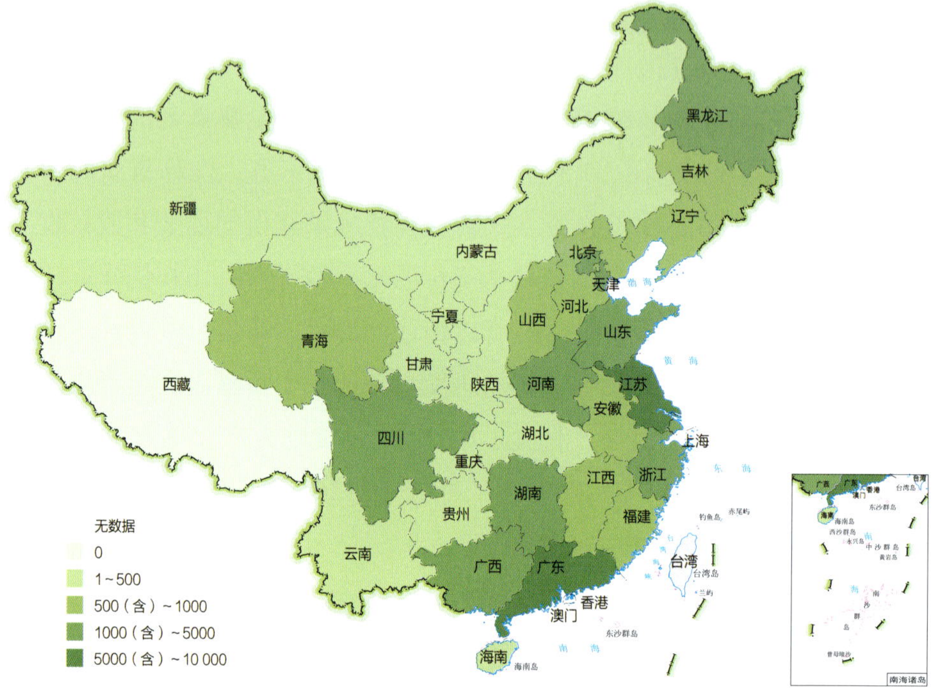

图 3-4-23　各地方现金和股权奖励个人金额情况（单位：万元）

（二）现金收入分配及奖励情况

地方所属科研院所以转让、许可方式转化科技成果获得的现金收入、科研人员获得的现金奖励均略有降低。2018 年，1540 家地方所属科研院所以转让、许可方式转化科技成果获得的现金收入总金额为 13.5 亿元，同比降低 0.1%；个人获得的现金奖励金额为 4.9 亿元，同比降低 3.2%，其中，研发与转化主要贡献人员所获现金奖励为 3.8 亿元，同比降低 3.6%（图 3-4-24）。

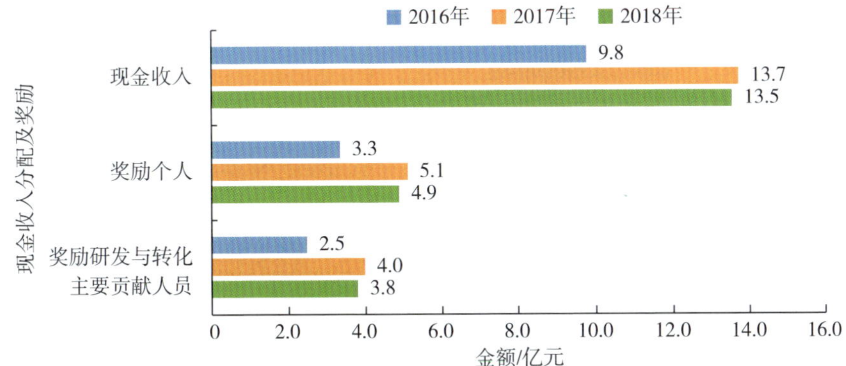

图 3-4-24　地方所属科研院所现金收入分配及奖励情况

奖励个人金额占现金收入总额的比例有所降低，奖励研发与转化主要贡献人员金额占奖励个人金额的比例超过 70%。奖励人次略有增长，人均奖励金额略有降低。2018 年，个人获得的现金奖励占现金收入总额的比例由 2017 年的 37.2% 降低到 36.1%；研发与转化主要贡献人员获得的奖励占奖励科研人员总金额的比例为 77.7%，略低于 2017 年的 78.0%（图 3-4-25、图 3-4-26）。奖励人次为 25 667 人次，同比增长 7.0%；人均奖励金额 1.9 万元，同比降低 9.5%。

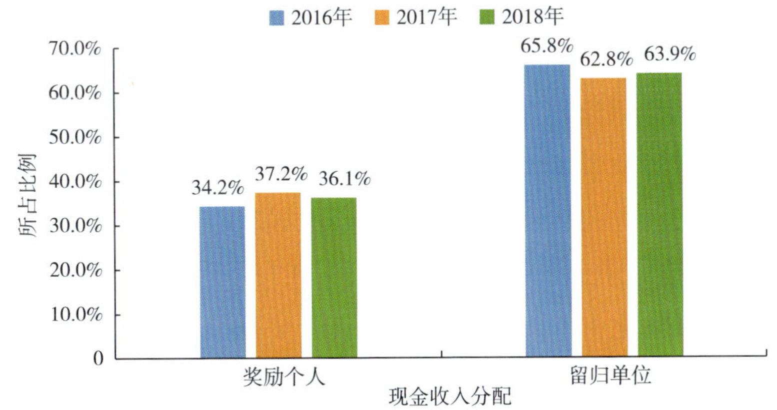

图 3-4-25　地方所属科研院所现金收入分配占比情况

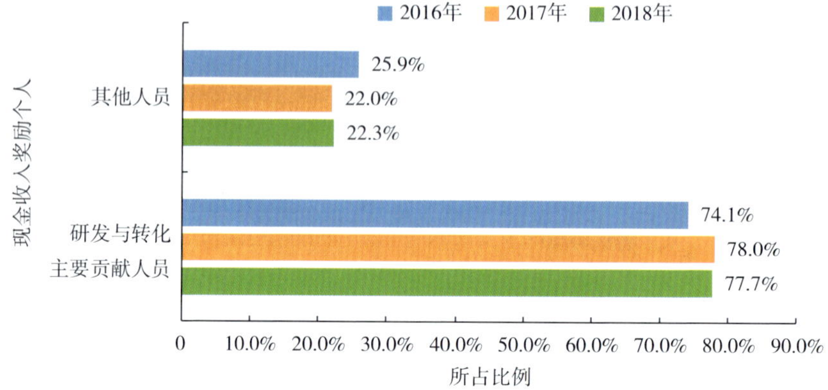

图 3-4-26 地方所属科研院所现金收入奖励个人分配占比情况

江苏省农业科学院现金奖励研发与转化主要贡献人员金额、奖励人次连续增长。2017 年，江苏省农业科学院现金收入总额 8231.0 万元，同比增长 43.5%；奖励个人金额为 4675.0 万元，占现金收入总额的比例为 56.8%；奖励人次 2200 人次，同比增长 2.8 倍。2018 年，江苏省农业科学院现金收入总额 9127.0 万元，同比增长 10.9%；奖励个人金额为 5137.0 万元，占现金收入总额的比例为 56.3%；奖励人次 2729 人次，同比增长 24.0%，全部奖励给研发与转化主要贡献人员。

（三）股权收入分配及奖励情况

地方所属科研院所以作价投资方式转化科技成果获得的股权收入、个人获得股权奖励均有所降低。2018 年，1540 家地方所属科研院所以作价投资方式转化科技成果获得的股权收入为 1.3 亿元，同比降低 54.8%；个人获得的股权奖励金额为 0.7 亿元，同比降低 50.0%，其中，研发与转化主要贡献人员所获股权奖励为 0.6 亿元，同比降低 47.9%（图 3-4-27）。

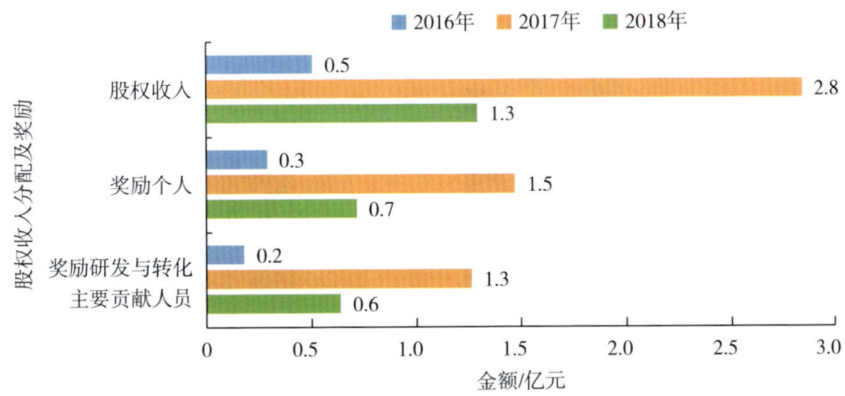

图 3-4-27 地方所属科研院所股权收入分配及奖励情况

奖励个人金额占股权收入总额的比例、奖励研发与转化主要贡献人员金额占奖励个人金额的比例均有所增长。奖励人次有所降低，人均奖励小幅增长，股权人均奖励金额是现金奖励人均奖励金额的 18.9 倍。2018 年，个人获得的股权奖励占股权收入总额的比例由 2017 年的 51.8% 增长到 55.2%，研发与转化主要贡献人员获得的股权奖励占奖励科研人员总金额的比例由 2017 年的 85.9% 提高到 89.1%（图 3-4-28、图 3-4-29）。奖励人次为 199 人次，同比降低 61.1%；股权人均奖励金额 35.9 万元，同比增长 28.3%，是现金奖励人均奖励金额的 18.9 倍。

2018 年，四川省中医药科学院（四川省中药研究所）与成都先创养老服务有限公司签订了《成果转化合作协议》，合作中四川省中医药科学院将老年用护肤品等 13 个健康产品的组方及生产工艺以估价 1750 万元入股，占股 35%，成立四川川科先创中医药科技有限公司，注册资本 5000 万元。单位与成果转化团队分别占该 35% 股权的 20% 和 80%，即转化团队 9 人次持股 1400 万元。

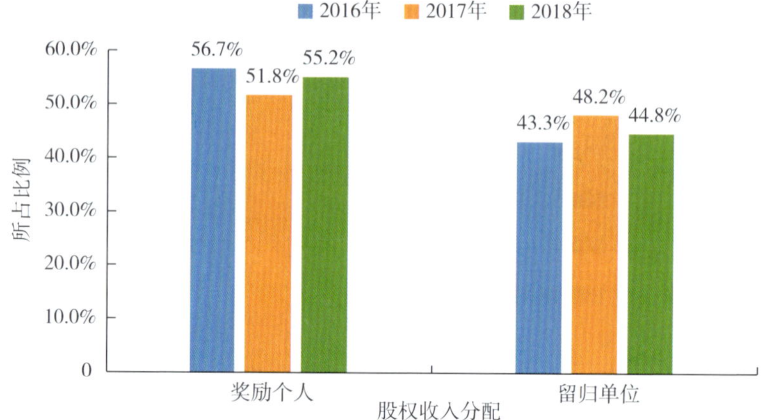

图 3-4-28 地方所属科研院所股权收入分配占比情况

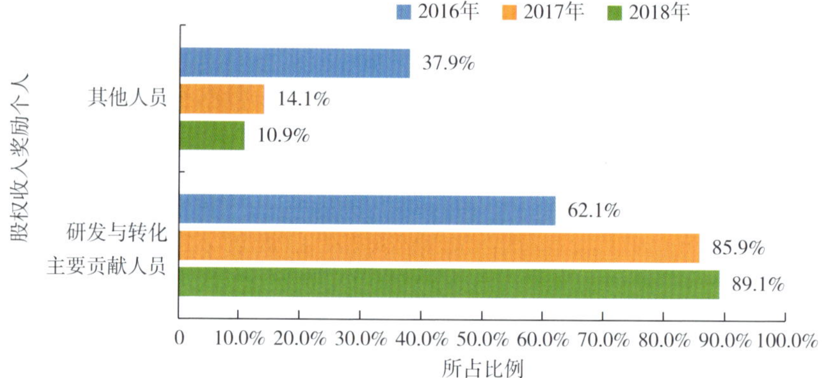

图 3-4-29 地方所属科研院所股权收入奖励个人分配占比情况

四、地区收入分配及奖励情况

按单位所在辖区统计，2018 年，各地方辖区内的科研院所以转让、许可、作价投资方式转化科技成果获得的现金和股权收入金额排名前 3 位的省市分别是北京市（34.5 亿元）、吉林省（10.2 亿元）、广东省（6.2 亿元）。

北京市、吉林省、江苏省的科研院所以转让、许可、作价投资方式转化科技成果获得的现金和股权奖励个人金额排名、奖励研发与转化主要贡献人员金额的排名均为全国前 3 位。北京市、吉林省、江苏省现金和股权奖励个人金额分别是 16.4 亿元、4.9 亿元、2.8 亿元，奖励研发与转化主要贡献人员金额分别是 15.5 亿元、4.9 亿元、2.8 亿元。奖励人次排名前 3 位的省市分别是北京市（11 420 人次）、江苏省（4935 人次）、广东省（4279 人次）（图 3-4-30）。

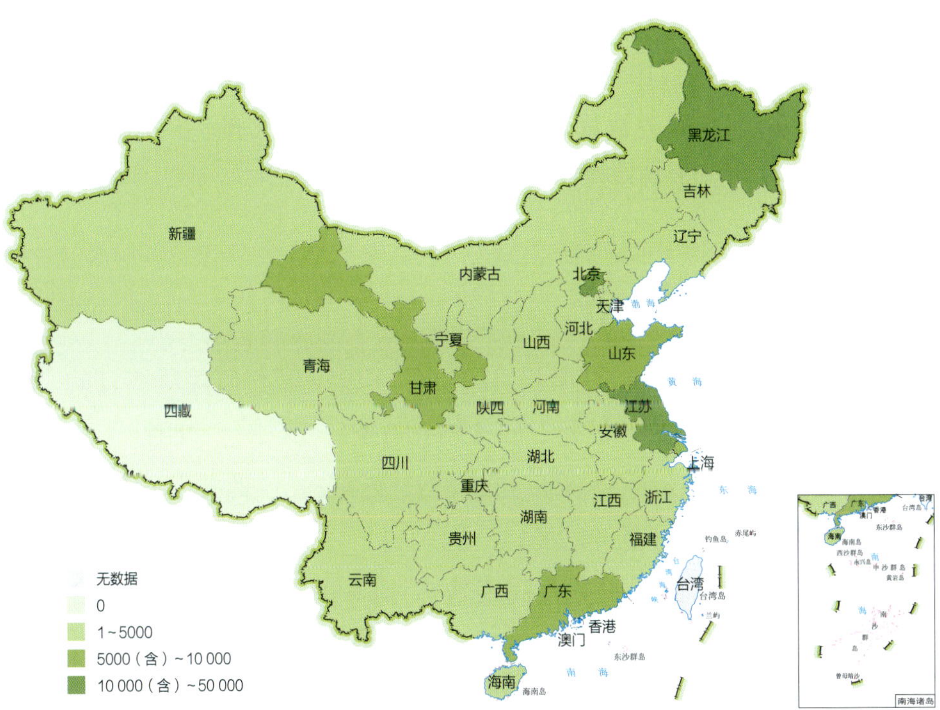

图 3-4-30　各地方辖区内科研院所现金和股权奖励个人金额情况（单位：万元）

第五章
产学研合作

统计分析发现，1957 家科研院所输出技术、服务能力不断强化，技术开发、咨询、服务数量和质量稳步提升，进一步助力供给侧结构性改革，构筑经济发展新动能。

一、基本情况

“四技”合同金额略有增长。2018 年，1957 家科研院所签订的“四技”合同总金额达 333.5 亿元，同比增长 0.3%。其中，“四技”合同金额超过 1 亿元的单位为 81 家，同比增长 25.4%。“四技”合同总项数达 133 619 项，同比降低 44.2%。

技术开发、咨询、服务合同项数有所降低，合同项数占“四技”合同总项数的比例超过 90%。2018 年，技术开发、咨询、服务合同项数 130 389 项，同比降低 44.8%，占“四技”合同总项数的比例为 97.6%（2017 年占比为 98.6%），技术开发、咨询、服务合同是 1957 家科研院所的主要技术交易活动（图 3-5-1）。

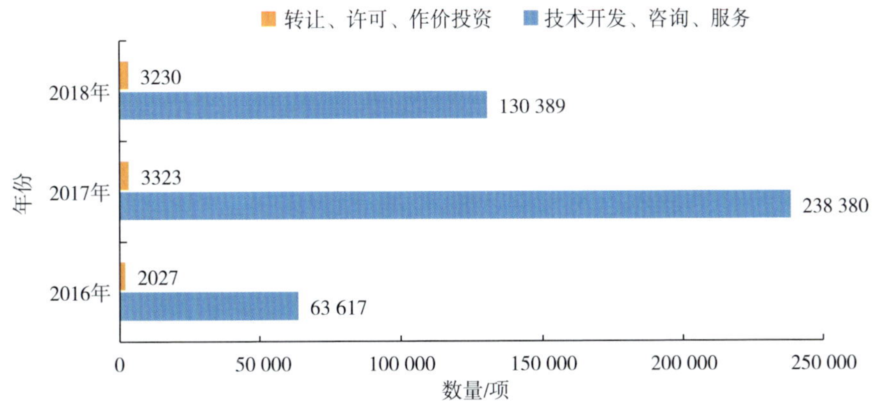

图 3-5-1　不同转化方式合同项数情况

技术开发、咨询、服务合同金额降低超过 10%，占“四技”合同总金额的比例为 70%。2018 年，技术开发、咨询、服务合同金额为 231.9 亿元，同比降低 13.9%，占“四技”合同总金额的 69.6%（2017 年占比为 80.0%）（图 3-5-2）。

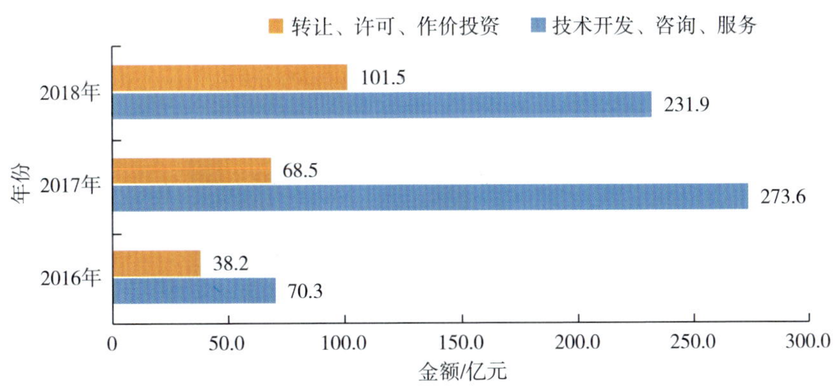

图 3-5-2　不同转化方式合同金额情况

技术开发、咨询、服务合同金额超过 5 亿元的单位共有 5 家，分别是中国水利水电科学研究院（10.1 亿元）、中国环境科学研究院（6.4

亿元）、广东省科学院（5.5 亿元）、长江水利委员会长江科学院（5.3 亿元）、水利部交通运输部国家能源局南京水利科学研究院（5.2 亿元）。中国水利水电科学研究院大额产学研合作合同连续产出。2017—2018 年，中国水利水电科学研究院签订的产学研合作（技术开发、咨询、服务）合同中，合同金额超过 1000 万元的合同有 8 项。其中，“江西省鄱阳湖水利枢纽工程环境影响报告书编制”合同金额 4400.0 万元，“三峡左岸电站监控系统改造”合同金额 6088.0 万元，“三峡巴西电站监控系统改造”合同金额 9900.3 万元。

二、中央所属科研院所产学研合作情况

中央所属科研院所技术开发、咨询、服务合同项数略有增长。2018 年，417 家中央所属科研院所签订的技术开发、咨询、服务合同金额为 151.2 亿元，同比降低 3.8%；合同项数为 32 444 项，同比增长 17.5%（图 3-5-3）。

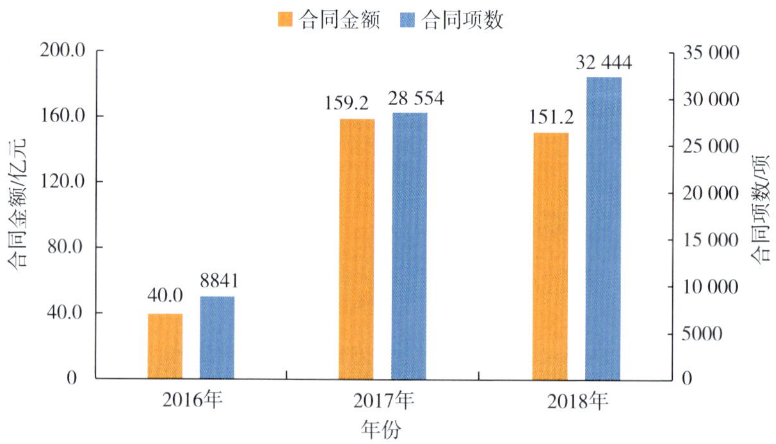

图 3-5-3　中央所属科研院所产学研合作情况

三、各省、直辖市、自治区所属科研院所产学研合作情况

（一）产学研合作概况

地方所属科研院所的技术开发、咨询、服务合同项数有所降低，合同金额小幅降低。2018 年，1540 家地方所属科研院所签订的技术开发、咨询、服务合同项数共 97 945 项，同比降低 52.8%；合同金额共 80.8 亿元，同比降低 28.1%（图 3–5–4）。

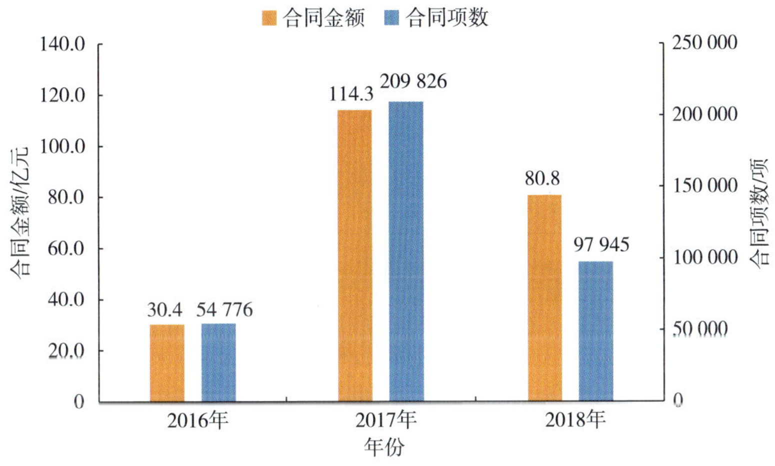

图 3–5–4　地方所属科研院所产学研合作情况

（二）各省、直辖市、自治区产学研合作情况

2018 年，地方所属科研院所签订的技术开发、咨询、服务合同总项数排名前 3 位的省市分别是广东省（21 451 项）、浙江省（17 056 项）、天津市（12 778 项）；合同总金额排名前 3 位的省分别是广东省（13.6

亿元）、山东省（8.8 亿元）、浙江省（8.4 亿）。广东省科学院产学研合作（技术开发、咨询、服务）合同金额达 5.5 亿元，在 1540 家地方所属科研院所中排名第 1 位（图 3–5–5、图 3–5–6）。

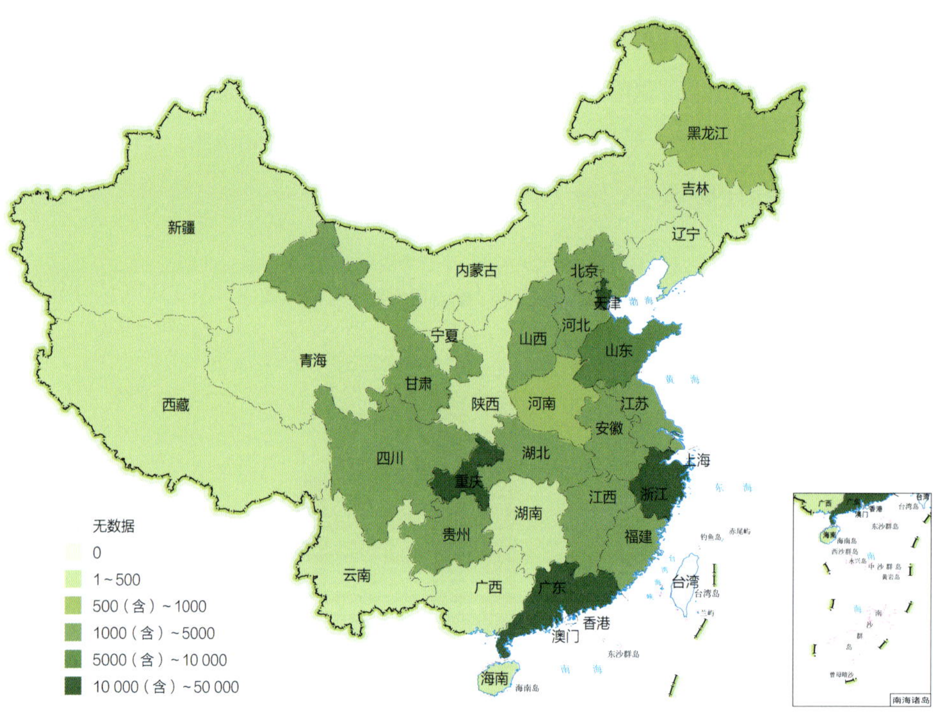

图 3–5–5　地方所属科研院所产学研合作合同项数情况（单位：项）

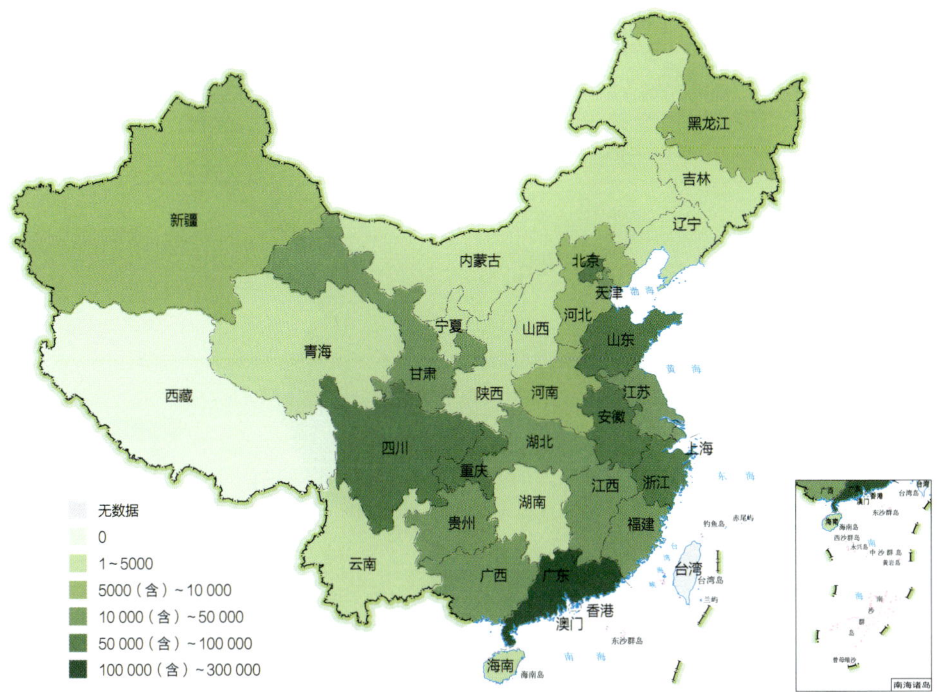

图 3-5-6　地方所属科研院所产学研合作合同金额情况（单位：万元）

四、地区产学研合作情况

按照单位所在辖区统计，2018 年各地方辖区内的科研院所签订的产学研合作（技术开发、咨询、服务）合同项数排名前 3 位的省市分别是广东省（23 907 项）、北京市（19 174 项）、浙江省（17 811 项）；合同金额排名前 3 位的省市分别是北京市（75.4 亿元）、广东省（25.5 亿元）、浙江省（11.8 亿元）（图 3-5-7、图 3-5-8）。

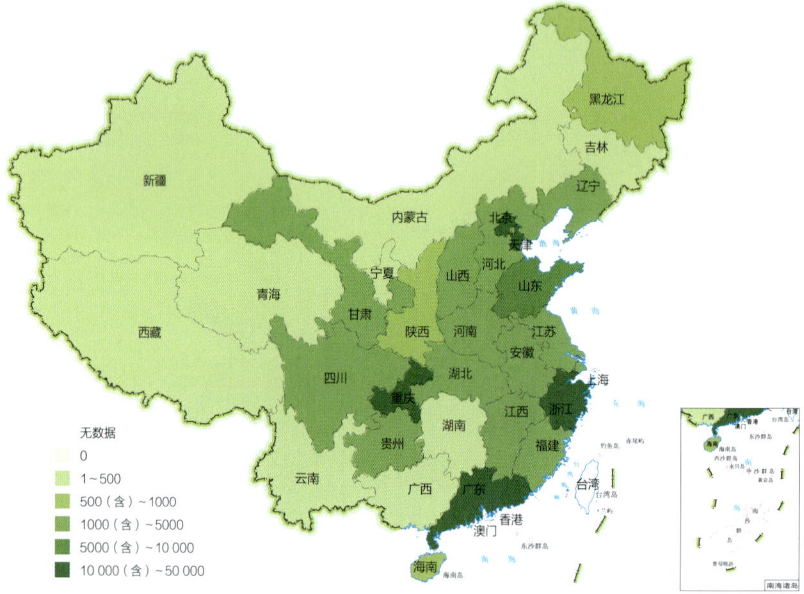

图 3-5-7　各地方辖区内科研院所产学研合作合同项数情况（单位：项）

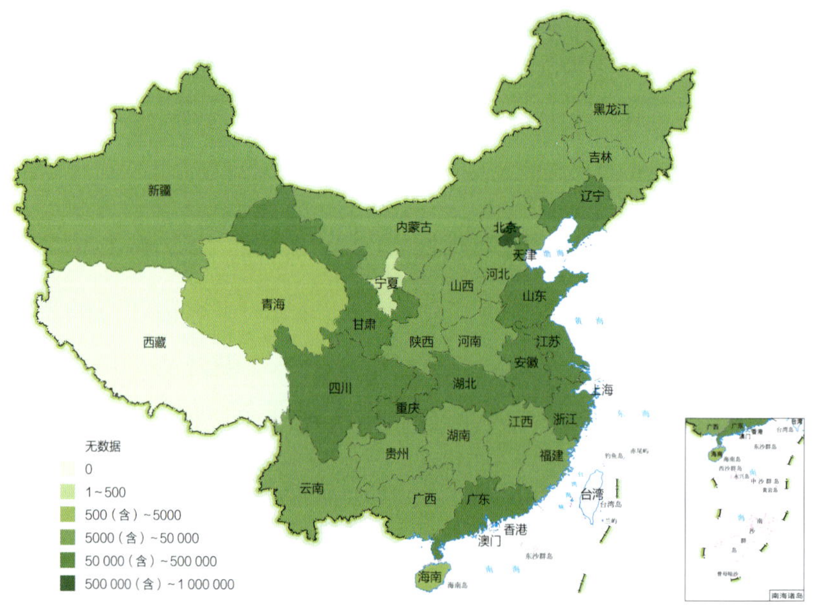

图 3-5-8　各地方辖区内科研院所产学研合作合同金额情况（单位：万元）

第六章
兼职创业和创设参股新公司

统计分析发现，科研院所兼职从事科技成果转化和离岗创业人员数量略有降低，创设和参股新公司的数量快速增长，为促进科技成果的转移转化发挥了重要作用。

一、兼职及离岗创业情况

兼职从事成果转化和离岗创业人员数量略有降低。2018 年，1957 家科研院所兼职从事成果转化和离岗创业人员数量为 2797 人，同比降低 1.7%。其中，417 家中央所属科研院所兼职从事成果转化和离岗创业人员数量为 1121 人，同比降低 17.0%；1540 家地方所属科研院所兼职从事成果转化和离岗创业人员数量为 1676 人，同比增长 19.5%（图 3–6–1）。平均每家单位兼职从事成果转化和离岗创业人员数量为 1.4 人。其中，417 家中央所属科研院所平均每家单位兼职从事成果转化和离岗创业人员数量为 2.7 人，1540 家地方所属科研院所平均每家单位兼职从事成果转化和离岗创业人员数量为 1.1 人。

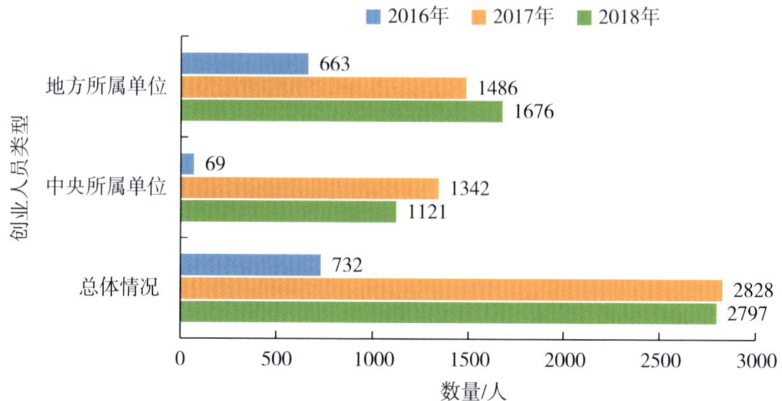

图 3-6-1　兼职从事成果转化和离岗创业人员情况

中国科学院计算技术研究所采取措施推动科研人员兼职兼薪。2018年，出台《计算所科技人员离岗创业管理细则》，对科技人员的兼职及离岗创业规定如下：允许科技人员兼职并鼓励员工离岗创业，经计算所同意离岗创业的计算所员工，原则上保留人事关系不超过 3 年。

二、创设和参股新公司情况

创设和参股新公司数量略有增长。其中，中央所属科研院所创设和参股新公司数量增长超过 100%，地方所属科研院所创设和参股新公司数量有所降低。2018 年，1957 家科研院所创设和参股新公司数量为 1017 家，同比增长 6.6%。中央所属科研院所创设和参股新公司数量为 644 家，同比增长 106.4%。地方所属科研院所创设和参股新公司数量为 373 家，同比降低 43.5%（图 3-6-2）。1957 家科研院所平均创设和参股新公司 0.5 家，中央所属科研院所平均创建 1.5 家，地方所属科研院所平均创建 0.2 家。

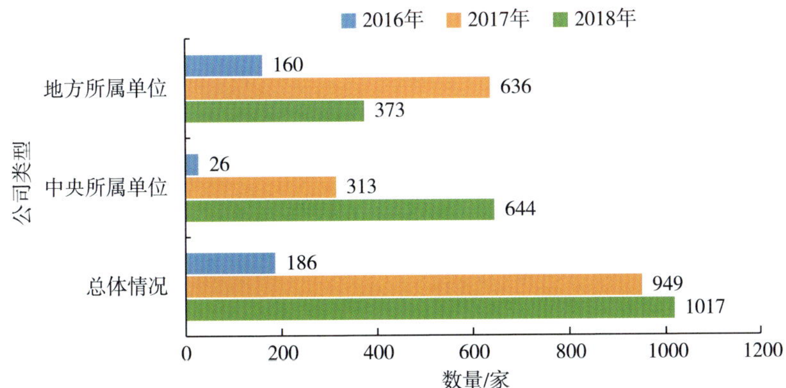

图 3-6-2 创设和参股新公司情况

第七章 技术转移机构建设

统计分析发现，部分科研院所专门成立了适合自身特点的技术转移机构，科技成果转移转化不断趋向专业化。科研院所与企业共建的研发机构、转移机构和服务平台的数量快速增加，不断吸纳聚合各方资源助力科技成果转移转化。

一、单位内部技术转移机构及人才建设情况

（一）技术转移机构

设立专门从事科技成果转移转化机构的科研院所的数量占全部单位数量的比例不足10%。根据对1957家科研院所科技成果转化年度报告的统计分析发现，设立了技术转移机构专门负责科技成果转移转化工作的单位有135家，占单位总数的6.9%，其他1822家（占单位总数的93.1%）科研院所主要由科技管理部门（如科研处、科技处等）负责科技成果转移转化工作（图3-7-1）。总体上，各科研院所中专门从事科技成果转移转化的机构较缺乏。

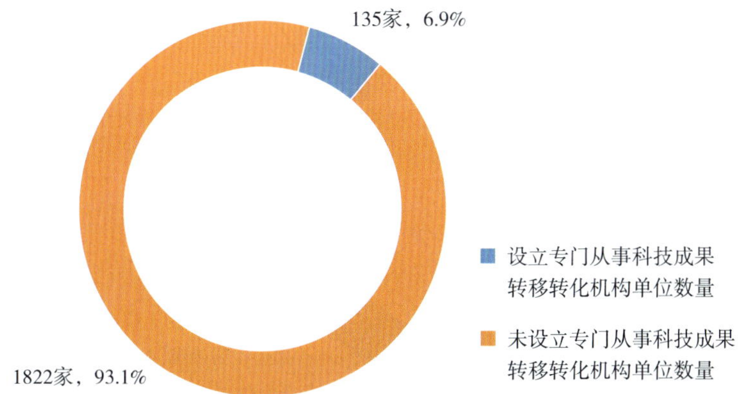

图 3-7-1　各单位设立专门从事科技成果转移转化机构数量情况

中国科学院微电子研究所成立北京中科微投资管理有限责任公司，全面配合研究所开展全所科技成果转化工作。北京中科微投资管理有限责任公司以研究所的“物流智能化自动分拣系统”相关知识产权作价 150 万元的方式与团队、投资方共同设立中科微至智能制造科技江苏有限公司。公司客户涵盖中通、顺丰、唯品会等 10 多家大型物流快递、电商企业，安装成套设备超过 150 台（套），累计销售收入达 2 亿元，合同金额超过 12 亿元。

（二）技术转移人员

填报技术转移人员信息的科研院所数量较少。根据对 1957 家科研院所的科技成果转化年度报告的统计分析，填报了本单位从事科技成果转移转化工作人员数量的单位共 645 家，仅占填报单位数的 33.0%，反映出各科研院所普遍缺乏技术转移人才。这 645 家科研院所中，从事科技成果转移转化工作的人员共 8436 人。其中，专职工作人员 5639 人，兼职工作人员 2797 人；平均每家单位拥有专职工作人员 8.7 人，兼职工作人员 4.3 人（图 3-7-2）。

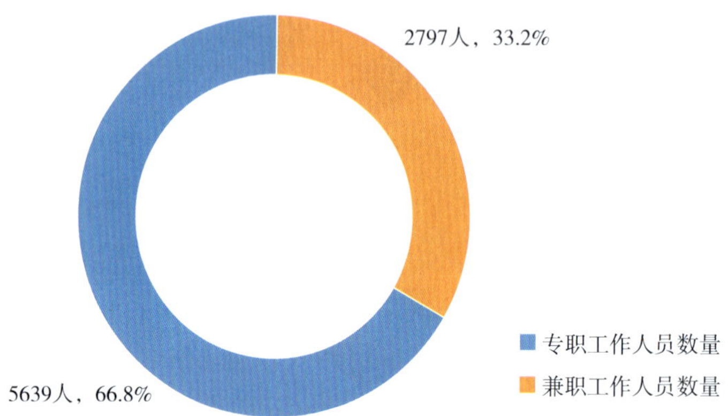

图 3-7-2　645 家科研院所技术转移人才数量情况

二、与企业共建研发机构、转移机构、转化服务平台情况

科研院所与企业共建研发机构、转移机构和服务平台的数量略有降低。2018 年，1957 家科研院所与企业共建研发机构、转移机构、转化服务平台总数为 1257 家，同比降低 3.3%，对促进科技成果和科技研发供需的有效对接发挥了重要作用。中央所属科研院所与企业共建研发机构、转移机构、转化服务平台总数为 435 家，同比增长 0.7%。地方所属科研院所与企业共建研发机构、转移机构、转化服务平台总数为 822 家，同比降低 5.3%（图 3-7-3）。1957 家科研院所平均创建机构和平台 0.6 家，中央所属科研院所平均创建 1.0 家，地方所属科研院所平均创建 0.5 家。

江苏省农业科学院先后与多家企业合作成立 30 家产业研究院，包括：江苏农科院中利光伏农业产业研究院、尚田农村六次产业研究院、蜻蜓植保农服产业研究院等；通过整合集聚全省农业科技创新资源，策划组建江苏省农业科技创新联盟并任理事长；联合中央驻苏和省内

31 家涉农科教单位、企业、新型经营主体等共同组成区域农业科技创新协作平台。研发推广的新品种、新技术、新模式覆盖全省 80% 以上现代农业园区和 65 个市县，江苏省农业科技贡献率达 68%。2018 年，以转让、许可、作价投资方式转化科技成果合同金额达 7268.2 万元，以技术转让（包括转让、许可、作价投资）、技术开发、技术咨询、技术服务方式转移转化科技成果合同金额约达 1.3 亿元。

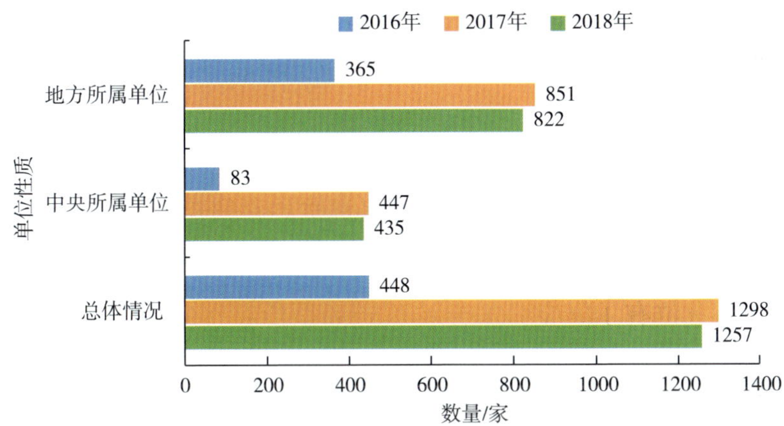

图 3-7-3 与企业共建研发机构、转移机构、转化服务平台情况

三、技术转移机构情况

科研院所内部技术转移机构发挥作用一般。1957 家科研院所中共 675 家单位填报技术转移机构发挥作用情况。统计发现，675 家单位中 83.8%（共 566 家）的单位内部技术转移机构（或负责技术转移的机构，如科研处等）在科技成果转移转化过程中发挥的作用一般，15.0%（共 101 家）的单位内部技术转移机构在科技成果转化过程中发挥了重要作用，1.2%（共 8 家）的单位内部技术转移机构在科技成果转化过程中发挥了很小的作用（图 3-7-4）。

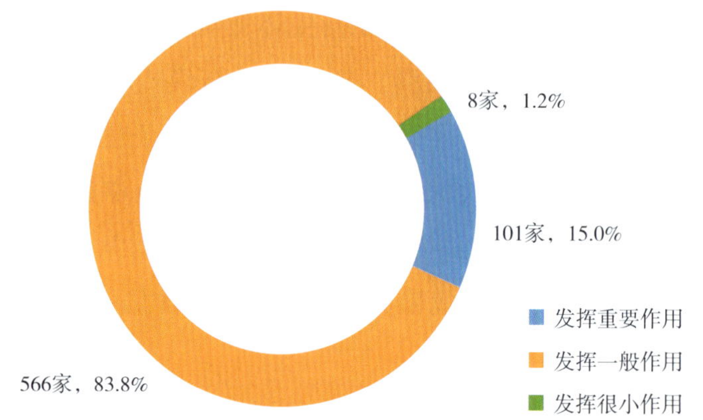

图 3-7-4　技术转移机构在科技成果转移转化过程中发挥作用情况

已设立专门的技术转移机构在科技成果转移转化过程中发挥的作用不明显。234 家设立了专门的技术转移机构的科研院所中，技术转移机构在科技成果转移转化过程中发挥了重要作用的单位有 44 家，发挥了一般作用的单位有 188 家，未发挥作用的单位有 2 家（图 3-7-5）。这反映出各科研院所中从事科技成果转移转化的机构服务能力有待提高。

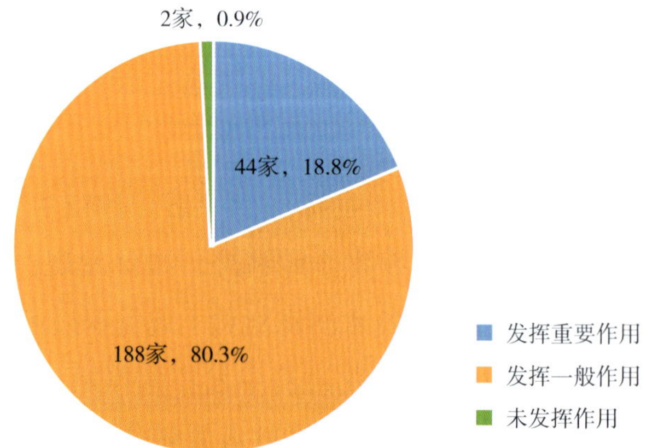

图 3-7-5　234 家设立专门技术转移机构的单位中技术转移机构在科技成果转化过程中发挥作用情况

附　录

附录 1　2016—2019 年促进科技成果转化主要政策法规

编号	文件名称	发文字号
1	《国务院办公厅关于支持国家级新区深化改革创新加快推动高质量发展的指导意见》	国办发〔2019〕58 号
2	中共中央办公厅　国务院办公厅印发《关于促进劳动力和人才社会性流动体制机制改革的意见》	
3	《国务院办公厅关于印发科技领域中央与地方财政事权和支出责任划分改革方案的通知》	国办发〔2019〕26 号
4	科技部　教育部关于印发《国家大学科技园管理办法》的通知	国科发区〔2019〕117 号
5	科技部印发《关于促进新型研发机构发展的指导意见》的通知	国科发政〔2019〕313 号
6	科技部等 6 部门印发《关于扩大高校和科研院所科研相关自主权的若干意见》的通知	国科发政〔2019〕260 号
7	科技部印发《关于新时期支持科技型中小企业加快创新发展的若干政策措施》的通知	国科发区〔2019〕268 号
8	财政部关于修改《事业单位国有资产管理暂行办法》的决定	财政部令第 100 号
9	《财政部关于进一步加大授权力度　促进科技成果转化的通知》	财资〔2019〕57 号
10	财政部　商务部　税务总局《关于继续执行研发机构采购设备增值税政策的公告》	财政部公告 2019 年第 91 号
11	人力资源社会保障部　农业农村部《关于深化农业技术人员职称制度改革的指导意见》	人社部发〔2019〕114 号
12	交通运输部　中央网信办　国家发展改革委　教育部　科技部　工业和信息化部　财政部关于印发《智能航运发展指导意见》的通知	交海发〔2019〕66 号

续表

编号	文件名称	发文字号
13	《中共自然资源部党组关于激励科技创新人才的若干措施》	自然资党发〔2019〕2号
14	《中共国家林业和草原局党组关于实施激励科技创新人才若干措施的通知》	林发〔2019〕22号
15	中共中央办公厅　国务院办公厅印发《关于分类推进人才评价机制改革的指导意见》	中办发〔2018〕6号
16	中共中央办公厅　国务院办公厅印发《关于进一步加强科研诚信建设的若干意见》	中办发〔2018〕23号
17	中共中央办公厅　国务院办公厅印发《关于深化项目评审、人才评价、机构评估改革的意见》	中办发〔2018〕37号
18	《国务院关于全面加强基础科学研究的若干意见》	国发〔2018〕4号
19	《国务院关于优化科研管理提升科研绩效若干措施的通知》	国发〔2018〕25号
20	《国务院关于推动创新创业高质量发展打造“双创”升级版的意见》	国发〔2018〕32号
21	《国务院办公厅关于推进农业高新技术产业示范区建设发展的指导意见》	国办发〔2018〕4号
22	国务院办公厅关于印发《知识产权对外转让有关工作办法（试行）》的通知	国办发〔2018〕19号
23	《国务院办公厅关于推广第二批支持创新相关改革举措的通知》	国办发〔2018〕126号
24	《国务院办公厅关于抓好赋予科研机构和人员更大自主权有关文件贯彻落实工作的通知》	国办发〔2018〕127号
25	《关于印发振兴东北科技成果转移转化专项行动实施方案的通知》	国科发创〔2018〕17号
26	科技部　国资委印发《关于进一步推进中央企业创新发展的意见》的通知	国科发资〔2018〕19号
27	科技部关于印发《关于技术市场发展的若干意见》的通知	国科发创〔2018〕48号

续表

编号	文件名称	发文字号
28	《科技部　财政部　税务总局关于科技人员取得职务科技成果转化现金奖励信息公示办法的通知》	国科发政〔2018〕103 号
29	《财政部　税务总局　科技部关于科技人员取得职务科技成果转化现金奖励有关个人所得税政策的通知》	财税〔2018〕58 号
30	《国家税务总局关于科技人员取得职务科技成果转化现金奖励有关个人所得税征管问题的公告》	国家税务总局公告 2018 年第 30 号
31	国家发展改革委关于印发《国家产业创新中心建设工作指引（试行）》的通知	发改高技规〔2018〕68 号
32	教育部关于印发《高校科技创新服务“一带一路”倡议行动计划》的通知	教技〔2018〕12 号
33	教育部　财政部　国家发展改革委印发《关于高等学校加快“双一流”建设的指导意见》的通知	教研〔2018〕5 号
34	教育部关于印发《高等学校科技成果转化和技术转移基地认定暂行办法》的通知	教技〔2018〕7 号
35	工业和信息化部办公厅关于印发《国家制造业创新中心考核评估办法（暂行）》的通知	工信厅科〔2018〕37 号
36	《工业和信息化部　财政部关于印发国家新材料产业资源共享平台建设方案的通知》	工信部联原〔2018〕78 号
37	《财政部　科技部　国资委关于扩大国有科技型企业股权和分红激励暂行办法实施范围等有关事项的通知》	财资〔2018〕54 号
38	《财政部　税务总局　科技部关于企业委托境外研究开发费用税前加计扣除有关政策问题的通知》	财税〔2018〕64 号
39	《财政部　税务总局　科技部关于提高研究开发费用税前加计扣除比例的通知》	财税〔2018〕99 号
40	《财政部　税务总局　科技部　教育部关于科技企业孵化器大学科技园和众创空间税收政策的通知》	财税〔2018〕120 号
41	《中共自然资源部党组关于深化科技体制改革提升科技创新效能的实施意见》	自然资党发〔2018〕31 号
42	《交通运输部办公厅关于建立交通运输重大科技创新成果库的通知》	交办科技〔2018〕37 号

续表

编号	文件名称	发文字号
43	《关于印发国家卫生健康委员会科技重大专项实施管理细则的通知》	国卫办科教发〔2018〕15 号
44	国家粮食和物资储备局办公室关于印发《全国粮食行业领军人才选拔培养管理办法》的通知	国粮办发〔2018〕310 号
45	《食品药品监管总局　科技部关于加强和促进食品药品科技创新工作的指导意见》	食药监科〔2018〕14 号
46	《国务院关于印发国家技术转移体系建设方案的通知》	国发〔2017〕44 号
47	《科技部关于印发国家科技成果转移转化示范区建设指引的通知》	国科发创〔2017〕304 号
48	《教育部办公厅关于进一步推动高校落实科技成果转化政策相关事项的通知》	教技厅函〔2017〕139 号
49	《财政部关于〈国有资产评估项目备案管理办法〉的补充通知》	财资〔2017〕70 号
50	《人力资源社会保障部关于支持和鼓励事业单位专业技术人员创新创业的指导意见》	人社部规〔2017〕4 号
51	《质检总局关于促进科技成果转化的指导意见》	国质检科〔2017〕140 号
52	《交通运输部关于印发促进科技成果转化暂行办法的通知》	交科技发〔2017〕55 号
53	《国家林业局关于印发〈国家林业局促进科技成果转移转化行动方案〉的通知》	林科发〔2017〕46 号
54	《国家食品药品监督管理总局关于促进科技成果转化的意见》	食药监科〔2017〕71 号
55	《中共中央　国务院印发〈国家创新驱动发展战略纲要〉的通知》	中发〔2016〕4 号
56	《中共中央办公厅　国务院办公厅印发〈关于实行以增加知识价值为导向分配政策的若干意见〉的通知》	厅字〔2016〕35 号
57	《国务院关于印发实施〈中华人民共和国促进科技成果转化法〉若干规定的通知》	国发〔2016〕16 号

续表

编号	文件名称	发文字号
58	《国务院办公厅关于印发促进科技成果转移转化行动方案的通知》	国办发〔2016〕28 号
59	《教育部　科技部关于加强高等学校科技成果转移转化工作的若干意见》	教技〔2016〕3 号
60	《国家卫生计生委　科学技术部　国家食品药品监督管理总局　国家中医药管理局　中央军委后勤保障部卫生局关于加强卫生与健康科技成果转移转化工作的指导意见》	国卫科教发〔2016〕51 号
61	《教育部办公厅关于印发〈促进高等学校科技成果转移转化行动计划〉的通知》	教技厅函〔2016〕115 号
62	《财政部　国家税务总局关于完善股权激励和技术入股有关所得税政策的通知》	财税〔2016〕101 号
63	《财政部　科技部　国资委关于印发〈国有科技型企业股权和分红激励暂行办法〉的通知》	财资〔2016〕4 号
64	《国土资源部关于印发促进科技成果转化暂行办法的通知》	国土资发〔2016〕105 号
65	农业部关于印发《农业部深入实施〈中华人民共和国促进科技成果转化法〉若干细则》的通知	农科教发〔2016〕7 号
66	《中国科学院关于印发〈中国科学院促进科技成果转移转化专项行动实施方案〉的通知》	科发促字〔2016〕37 号
67	《中国科学院　科技部关于印发〈中国科学院关于新时期加快促进科技成果转移转化指导意见〉的通知》	科发促字〔2016〕97 号
68	《中国科学院关于印发〈中国科学院科技成果转移转化重点专项项目管理办法〉的通知》	科发促字〔2016〕138 号
69	《国家粮食局关于大力促进粮食科技成果转化的实施意见》	国粮储〔2016〕148 号

附录 2　2018 年高校院所以转让、许可、作价投资 3 种方式转化科技成果合同金额前 100 名

以转让、许可、作价投资方式转化科技成果的合同金额，可在一定程度上反映科技成果的价值。有的大额合同实施周期较长，达数年甚至 10 年以上，转化合同资金可能分期到账。

排名	单位名称	合同金额 / 万元
1	中国科学院工程热物理研究所	191 563.47
2	中国科学院上海药物研究所	168 500.00
3	中国科学院长春光学精密机械与物理研究所	94 839.90
4	上海科技大学	83 232.16
5	清华大学	70 014.46
6	华东理工大学	59 765.00
7	北京大学	33 204.44
8	中国科学院物理研究所	32 331.50
9	中南大学	29 082.75
10	复旦大学	28 587.50
11	中国医学科学院药物研究所	27 340.00
12	深圳华大生命科学研究院	27 211.98
13	四川大学	22 437.67
14	中国农业科学院兰州兽医研究所	21 136.28
15	中国科学院近代物理研究所	20 095.76

续表

排名	单位名称	合同金额 / 万元
16	上海交通大学	19 891.57
17	东北大学	19 384.00
18	中国科学院合肥物质科学研究院	18 200.66
19	中国农业科学院哈尔滨兽医研究所	16 508.00
20	中国科学院深圳先进技术研究院	15 336.67
21	南开大学	14 311.50
22	中国科学院上海有机化学研究所	13 722.00
23	长春大学	13 525.00
24	北京理工大学	13 263.00
25	中国科学院力学研究所	12 976.00
26	华南理工大学	12 475.24
27	西安交通大学	12 107.31
28	中国科学院苏州纳米技术与纳米仿生研究所	12 105.00
29	中国科学院自动化研究所	11 980.83
30	青岛科技大学	11 301.40
31	哈尔滨医科大学	11 000.00
32	中国科学院昆明植物研究所	10 046.00
33	南京航空航天大学	9720.00
34	西北工业大学	9512.00
35	中国科学院山西煤炭化学研究所	9483.11
36	山东大学	9307.22
37	中国科学院天津工业生物技术研究所	8907.26
38	中国医学科学院医学实验动物研究所	8540.00

续表

排名	单位名称	合同金额 / 万元
39	中国科学院上海应用物理研究所	8438.00
40	厦门大学	8434.00
41	中国药科大学	8380.00
42	清华大学深圳研究生院	8184.02
43	哈尔滨工业大学	7962.50
44	中国农业科学院郑州果树研究所	7897.00
45	中国科学院微电子研究所	7628.67
46	中国科学院微生物研究所	7503.00
47	青岛大学	7473.56
48	中国科学院重庆绿色智能技术研究院	7420.00
49	江苏省农业科学院	7268.21
50	沈阳化工大学	7251.00
51	中国科学院上海微系统与信息技术研究所	6710.80
52	武汉理工大学	6445.36
53	中国科学院广州生物医药与健康研究院	6436.72
54	中国科学院理化技术研究所	6244.95
55	中国科学院上海高等研究院	6166.00
56	中国农业大学	5890.00
57	中国科学院武汉物理与数学研究所	5753.04
58	武汉工程大学	5597.39
59	南京农业大学	5553.36
60	中国科学院宁波材料技术与工程研究所	5544.50
61	中国科学院长春应用化学研究所	5508.33

续表

排名	单位名称	合同金额 / 万元
62	华中科技大学	5495.16
63	上海大学	5486.00
64	北京化工大学	5179.67
65	中国科学院大连化学物理研究所	4896.00
66	中国地质调查局水文地质环境地质调查中心	4800.00
67	公安部交通管理科学研究所	4741.19
68	应急管理部上海消防研究所	4720.00
69	中国科学院化学研究所	4718.00
70	广东省科学院	4659.35
71	郑州大学	4539.30
72	中国科学技术大学	4505.69
73	中山大学	4478.15
74	广东省农业科学院	4439.54
75	中国科学院声学研究所	4300.00
76	应急管理部天津消防研究所	3841.55
77	北京交通大学	3675.13
78	浙江省农业科学院	3515.87
79	南京工业大学	3355.90
80	江南大学	3322.66
81	南京大学	3265.24
82	中国科学院青岛生物能源与过程研究所	3201.21
83	南京理工大学	3159.96
84	中国科学院上海生命科学研究院	3100.00

续表

排名	单位名称	合同金额 / 万元
85	中国安全生产科学研究院	3093.74
86	东北农业大学	3085.00
87	西华师范大学	3084.00
88	广东省信息安全测评中心	2999.24
89	西安电子科技大学	2939.18
90	山东省农业科学院作物研究所	2920.00
91	上海市农业科学院	2696.00
92	浙江理工大学	2654.00
93	中国农业科学院上海兽医研究所	2600.00
94	湖北省地震局（中国地震局地震研究所）	2589.05
95	华中农业大学	2578.00
96	深圳大学	2575.60
97	大连理工大学	2565.00
98	中国计量大学	2538.26
99	重庆工业职业技术学院	2500.00
100	浙江大学	2482.13

附录 3　2018 年高校院所奖励个人现金和股份总金额前 100 名

高校院所以转让、许可、作价投资方式转化科技成果获得的现金和股权收入奖励给科研人员的金额，与当年到账额（有的单位的当年到账额是 2018 年以前签订的转化合同的当年到账额）、各单位的具体操作办法、合同执行周期等因素密切相关。

排名	单位名称	奖励个人金额 / 万元
1	中国科学院工程热物理研究所	96 673.28
2	中国科学院长春光学精密机械与物理研究所	47 549.24
3	清华大学	45 582.04
4	四川大学	19 182.31
5	中国科学院物理研究所	16 238.05
6	中南大学	14 804.30
7	水利部交通运输部国家能源局南京水利科学研究院	13 061.00
8	中国科学院合肥物质科学研究院	12 959.46
9	南开大学	11 458.54
10	东北大学	11 156.10
11	华南理工大学	10 830.01
12	中国科学院近代物理研究所	10 042.08
13	中国农业科学院兰州兽医研究所	9301.90
14	中国科学院力学研究所	8817.20
15	中国农业科学院哈尔滨兽医研究所	8164.00

续表

排名	单位名称	奖励个人金额 / 万元
16	沈阳化工大学	7300.24
17	北京理工大学	7226.88
18	西北工业大学	6758.40
19	华东理工大学	6513.76
20	中国科学院深圳先进技术研究院	6178.00
21	南京航空航天大学	5825.40
22	中国科学院苏州纳米技术与纳米仿生研究所	5555.96
23	青岛大学	5266.19
24	山东大学	5265.51
25	清华大学深圳研究生院	5175.80
26	江苏省农业科学院	5137.00
27	中国科学院武汉物理与数学研究所	4890.08
28	武汉工程大学	4801.14
29	中国科学院山西煤炭化学研究所	4736.50
30	中国环境科学研究院	4650.09
31	江苏科技大学	4497.25
32	哈尔滨工业大学	4429.63
33	中国科学院自动化研究所	4374.75
34	中国科学院上海应用物理研究所	4227.50
35	西南科技大学	4087.56
36	中国科学院重庆绿色智能技术研究院	4053.35
37	中国科学院广州生物医药与健康研究院	3653.20
38	北京化工大学	3588.90

续表

排名	单位名称	奖励个人金额 / 万元
39	武汉理工大学	3522.88
40	上海交通大学	3200.91
41	上海市公共卫生临床中心	3150.00
42	中国科学院上海高等研究院	3145.50
43	北京交通大学	3136.60
44	西安交通大学	2698.28
45	国家新闻出版广电总局广播科学研究院	2674.61
46	中国科学院微电子研究所	2660.00
47	南京工业大学	2659.50
48	水利部南京水利水文自动化研究所	2607.00
49	上海大学	2574.60
50	绍兴文理学院	2521.22
51	中国科学院声学研究所	2400.00
52	浙江大学	2397.06
53	应急管理部天津消防研究所	2304.93
54	北京大学	2291.45
55	浙江省农业科学院	2275.91
56	浙江理工大学	2245.50
57	深圳大学	2190.89
58	中国科学院化学研究所	2189.62
59	中国科学院上海药物研究所	2075.19
60	东北农业大学	2068.00
61	中国科学技术大学	2016.98

续表

排名	单位名称	奖励个人金额 / 万元
62	天津工业大学	1974.33
63	广东省农业科学院	1968.31
64	中国科学院上海微系统与信息技术研究所	1967.99
65	中国科学院宁波材料技术与工程研究所	1939.90
66	西安理工大学	1889.02
67	南方科技大学	1870.00
68	华中农业大学	1814.80
69	四川省中医药科学院（四川省中药研究所）	1755.33
70	黑龙江省农业科学院水稻研究所	1751.85
71	中国科学院上海硅酸盐研究所	1739.92
72	江南大学	1649.64
73	中国农业科学院农业质量标准与检测技术研究所	1610.00
74	中山大学	1589.58
75	中国科学院青岛生物能源与过程研究所	1572.60
76	湖南省林业科学院	1569.95
77	黑龙江省农业科学院绥化分院	1552.50
78	中国热带农业科学院香料饮料研究所	1480.00
79	中国农业科学院郑州果树研究所	1439.90
80	中国科学院理化技术研究所	1414.00
81	中国科学院广州能源研究所	1409.10
82	中国农业科学院农业资源与农业区划研究所	1371.00
83	中国科学院高能物理研究所	1367.33
84	郑州轻工业学院	1351.20

续表

排名	单位名称	奖励个人金额 / 万元
85	南京理工大学	1336.30
86	中国科学院大连化学物理研究所	1331.36
87	北京市农林科学院玉米研究中心	1327.60
88	中国特种设备检测研究院	1319.88
89	山东省科学院海洋仪器仪表研究所	1308.50
90	复旦大学	1305.75
91	四川省农业科学院土壤肥料研究所	1284.00
92	中国农业大学	1261.60
93	中国农业科学院蔬菜花卉研究所	1232.92
94	陕西科技大学	1208.30
95	中国医学科学院药物研究所	1191.00
96	广东省水利水电科学研究院	1173.63
97	哈尔滨医科大学	1120.00
98	中国计量大学	1114.01
99	上海工程技术大学	1095.45
100	西南交通大学	1081.52

附录4　2018年高校院所以技术转让（包括转让、许可、作价投资）、技术开发、技术咨询、技术服务方式转移转化科技成果合同金额前100名

排名	单位名称	合同金额/万元
1	清华大学	296 894.28
2	中国科学院工程热物理研究所	201 606.47
3	中国科学院上海药物研究所	184 671.64
4	浙江大学	174 336.95
5	东南大学	155 705.70
6	上海交通大学	147 467.18
7	北京理工大学	135 321.35
8	华南理工大学	129 484.67
9	同济大学	114 543.27
10	北京大学	113 721.45
11	中国科学院长春光学精密机械与物理研究所	106 585.43
12	中国水利水电科学研究院	101 549.66
13	四川大学	95 975.27
14	华东理工大学	91 870.00
15	上海科技大学	84 040.56
16	哈尔滨工业大学	76 764.54
17	北京航空航天大学	76 535.58
18	武汉大学	74 618.30

续表

排名	单位名称	合同金额 / 万元
19	西安交通大学	71 625.87
20	西北工业大学	71 502.00
21	华中科技大学	68 984.80
22	中国科学院近代物理研究所	65 861.00
23	中国环境科学研究院	64 157.50
24	复旦大学	63 875.67
25	东北大学	62 784.00
26	武汉理工大学	62 051.11
27	广东省科学院	59 294.04
28	天津大学	59 175.78
29	南京理工大学	58 396.86
30	西南交通大学	58 228.01
31	中山大学	57 566.65
32	重庆大学	55 312.41
33	南京航空航天大学	53 985.00
34	江南大学	53 735.67
35	山东大学	53 688.53
36	长江水利委员会长江科学院	52 772.78
37	水利部交通运输部国家能源局南京水利科学研究院	52 094.68
38	苏州大学	51 188.64
39	中南大学	51 161.75
40	南京大学	49 638.17
41	江苏大学	48 600.02

续表

排名	单位名称	合同金额 / 万元
42	中国科学院合肥物质科学研究院	48 500.66
43	西安建筑科技大学	45 876.18
44	浙江工业大学	41 963.33
45	吉林大学	41 945.68
46	中国科学院大连化学物理研究所	40 933.84
47	北京科技大学	40 911.15
48	中国石油大学（华东）	40 366.50
49	中国科学院沈阳自动化研究所	40 328.00
50	西安电子科技大学	39 696.15
51	上海大学	39 392.00
52	大连理工大学	39 101.00
53	北京交通大学	38 538.13
54	中国药科大学	37 102.36
55	珠江水利委员会珠江水利科学研究院	36 300.00
56	青岛科技大学	36 119.44
57	厦门大学	35 443.73
58	中国矿业大学	34 725.26
59	华北电力大学	34 354.32
60	西南石油大学	34 087.50
61	中国科学院物理研究所	33 834.33
62	中国石油大学（北京）	33 025.23
63	四川省机械研究设计院	32 240.34
64	中国医学科学院药物研究所	32 101.38

续表

排名	单位名称	合同金额 / 万元
65	电子科技大学	31 826.47
66	河海大学	31 347.33
67	广西壮族自治区水利电力勘测设计研究院	30 664.00
68	郑州轻工业学院	30 577.56
69	中国科学院生态环境研究中心	29 895.00
70	北京化工大学	29 775.47
71	中国科学院自动化研究所	29 222.48
72	郑州大学	29 206.30
73	重庆地质矿产研究院	29 203.40
74	南京工业大学	28 777.37
75	深圳华大生命科学研究院	28 341.77
76	中国科学院过程工程研究所	27 421.95
77	南开大学	27 130.10
78	昆明理工大学	25 453.40
79	中国特种设备检测研究院	25 177.25
80	中国科学院深圳先进技术研究院	25 083.67
81	兰州大学	25 012.13
82	常州大学	24 938.00
83	中国科学院上海有机化学研究所	24 569.00
84	交通运输部天津水运工程科学研究所	24 125.56
85	西南大学	24 047.39
86	中国农业科学院兰州兽医研究所	23 736.28
87	北京工业大学	23 549.78

续表

排名	单位名称	合同金额 / 万元
88	应急管理部天津消防研究所	23 374.43
89	安徽省（水利部淮河水利委员会）水利科学研究院	23 249.00
90	东华大学	22 618.59
91	中国农业大学	22 573.13
92	中国科学技术大学	22 572.69
93	广东工业大学	22 465.30
94	中国科学院半导体研究所	22 236.00
95	交通运输部公路科学研究所	22 101.78
96	中国科学院力学研究所	21 223.36
97	中国科学院微电子研究所	20 819.05
98	浙江理工大学	20 613.00
99	南京农业大学	19 986.36
100	北京市肿瘤防治研究所	19 885.16

附录5 2018年高等院校以转让、许可、作价投资3种方式转化科技成果合同金额前100名

排名	单位名称	合同金额/万元
1	上海科技大学	83 232.16
2	清华大学	70 014.46
3	华东理工大学	59 765.00
4	北京大学	33 204.44
5	中南大学	29 082.75
6	复旦大学	28 587.50
7	四川大学	22 437.67
8	上海交通大学	19 891.57
9	东北大学	19 384.00
10	南开大学	14 311.50
11	长春大学	13 525.00
12	北京理工大学	13 263.00
13	华南理工大学	12 475.24
14	西安交通大学	12 107.31
15	青岛科技大学	11 301.40
16	哈尔滨医科大学	11 000.00
17	南京航空航天大学	9720.00
18	西北工业大学	9512.00
19	山东大学	9307.22

续表

排名	单位名称	合同金额 / 万元
20	厦门大学	8434.00
21	中国药科大学	8380.00
22	清华大学深圳研究生院	8184.02
23	哈尔滨工业大学	7962.50
24	青岛大学	7473.56
25	沈阳化工大学	7251.00
26	武汉理工大学	6445.36
27	中国农业大学	5890.00
28	武汉工程大学	5597.39
29	南京农业大学	5553.36
30	华中科技大学	5495.16
31	上海大学	5486.00
32	北京化工大学	5179.67
33	郑州大学	4539.30
34	中国科学技术大学	4505.69
35	中山大学	4478.15
36	北京交通大学	3675.13
37	南京工业大学	3355.90
38	江南大学	3322.66
39	南京大学	3265.24
40	南京理工大学	3159.96
41	东北农业大学	3085.00
42	西华师范大学	3084.00

续表

排名	单位名称	合同金额 / 万元
43	西安电子科技大学	2939.18
44	浙江理工大学	2654.00
45	华中农业大学	2578.00
46	深圳大学	2575.60
47	大连理工大学	2565.00
48	中国计量大学	2538.26
49	重庆工业职业技术学院	2500.00
50	浙江大学	2482.13
51	华中师范大学	2404.60
52	郑州轻工业学院	2291.12
53	西安理工大学	2245.08
54	上海海洋大学	2230.00
55	昆明理工大学	2177.00
56	南方科技大学	2102.00
57	广州中医药大学	2051.00
58	武汉大学	2028.30
59	江苏大学	2025.55
60	辽宁工程技术大学	2014.40
61	浙江工业大学	1988.55
62	北京工业大学	1962.52
63	首都医科大学	1953.00
64	东华理工大学	1951.64
65	中北大学	1928.00

续表

排名	单位名称	合同金额 / 万元
66	延安大学	1880.00
67	北京理工大学深圳研究院	1880.00
68	华北电力大学	1703.32
69	北京科技大学	1667.23
70	上海工程技术大学	1603.50
71	四川美术学院	1603.39
72	重庆大学	1591.51
73	河海大学	1557.33
74	西南交通大学	1544.41
75	吉林农业大学	1501.00
76	大连交通大学	1500.00
77	泉州师范学院	1476.00
78	陕西科技大学	1262.00
79	邯郸职业技术学院	1205.91
80	华东师范大学	1144.80
81	杭州师范大学	1122.64
82	南昌大学	1120.35
83	河南理工大学	1119.10
84	四川轻化工大学	1096.00
85	西安工程大学	1069.00
86	河南农业大学	1062.00
87	淮阴工学院	1037.98
88	景德镇陶瓷大学	1036.00

续表

排名	单位名称	合同金额 / 万元
89	南京邮电大学	1014.60
90	青岛农业大学	1006.00
91	吉林大学	1000.27
92	湖北大学	993.00
93	齐鲁工业大学	980.80
94	中国民用航空飞行学院	895.00
95	湖南铁道职业技术学院	886.40
96	大连海事大学	875.98
97	北京航空航天大学	874.50
98	延边大学	863.66
99	西北农林科技大学	810.00
100	重庆理工大学	804.50

附录 6　2018 年高等院校奖励个人现金和股份总金额前 100 名

排名	单位名称	奖励个人金额 / 万元
1	清华大学	45 582.04
2	四川大学	19 182.31
3	中南大学	14 804.30
4	南开大学	11 458.54
5	东北大学	11 156.10
6	华南理工大学	10 830.01
7	沈阳化工大学	7300.24
8	北京理工大学	7226.88
9	西北工业大学	6758.40
10	华东理工大学	6513.76
11	南京航空航天大学	5825.40
12	青岛大学	5266.19
13	山东大学	5265.51
14	清华大学深圳研究生院	5175.80
15	武汉工程大学	4801.14
16	江苏科技大学	4497.25
17	哈尔滨工业大学	4429.63
18	西南科技大学	4087.56
19	北京化工大学	3588.90
20	武汉理工大学	3522.88

续表

排名	单位名称	奖励个人金额 / 万元
21	上海交通大学	3200.91
22	北京交通大学	3136.60
23	西安交通大学	2698.28
24	南京工业大学	2659.50
25	上海大学	2574.60
26	绍兴文理学院	2521.22
27	浙江大学	2397.06
28	北京大学	2291.45
29	浙江理工大学	2245.50
30	深圳大学	2190.89
31	东北农业大学	2068.00
32	中国科学技术大学	2016.98
33	天津工业大学	1974.33
34	西安理工大学	1889.02
35	南方科技大学	1870.00
36	华中农业大学	1814.80
37	江南大学	1649.64
38	中山大学	1589.58
39	郑州轻工业学院	1351.20
40	南京理工大学	1336.30
41	复旦大学	1305.75
42	中国农业大学	1261.60
43	陕西科技大学	1208.30

续表

排名	单位名称	奖励个人金额 / 万元
44	哈尔滨医科大学	1120.00
45	中国计量大学	1114.01
46	上海工程技术大学	1095.45
47	西南交通大学	1081.52
48	攀枝花学院	1064.70
49	杭州师范大学	1010.34
50	西安工程大学	1009.28
51	西安电子科技大学	1000.00
52	南京农业大学	954.80
53	福建工程学院	929.68
54	武汉大学	927.01
55	西安邮电大学	925.59
56	青岛农业大学	905.40
57	景德镇陶瓷大学	792.00
58	南京大学	777.82
59	河海大学	772.80
60	华北电力大学	772.31
61	华中科技大学	759.00
62	大连海事大学	701.30
63	河南理工大学	699.60
64	延边大学	690.93
65	郑州大学	649.73
66	大连理工大学	649.02

续表

排名	单位名称	奖励个人金额 / 万元
67	首都医科大学	637.10
68	暨南大学	629.94
69	四川轻化工大学	602.19
70	重庆理工大学	564.10
71	北京工业大学	538.50
72	西南石油大学	525.80
73	莆田学院	505.60
74	河南大学	488.25
75	北京科技大学	480.84
76	河北工业职业技术学院	473.25
77	武汉科技大学	466.96
78	景德镇学院	465.00
79	电子科技大学	455.85
80	邯郸职业技术学院	450.00
81	南京师范大学	438.30
82	中国海洋大学	434.38
83	中国药科大学	424.00
84	天津财经大学	417.80
85	东南大学	416.00
86	南京邮电大学	390.22
87	华南农业大学	380.66
88	三峡大学	379.63
89	江苏大学	377.75

续表

排名	单位名称	奖励个人金额 / 万元
90	中国人民大学	362.37
91	山东理工大学	354.00
92	成都纺织高等专科学校	351.93
93	浙江工业大学	343.68
94	山东中医药大学	340.20
95	厦门大学	339.90
96	南京医科大学	339.00
97	成都中医药大学	331.55
98	东华大学	325.60
99	北京石油化工学院	315.80
100	湖北工业大学	312.96

附录 7 2018 年高等院校以技术转让（包括转让、许可、作价投资）、技术开发、技术咨询、技术服务方式转移转化科技成果合同金额前 100 名

排名	单位名称	合同金额 / 万元
1	清华大学	296 894.28
2	浙江大学	174 336.95
3	东南大学	155 705.70
4	上海交通大学	147 467.18
5	北京理工大学	135 321.35
6	华南理工大学	129 484.67
7	同济大学	114 543.27
8	北京大学	113 721.45
9	四川大学	95 975.27
10	华东理工大学	91 870.00
11	上海科技大学	84 040.56
12	哈尔滨工业大学	76 764.54
13	北京航空航天大学	76 535.58
14	武汉大学	74 618.30
15	西安交通大学	71 625.87
16	西北工业大学	71 502.00
17	华中科技大学	68 984.80
18	复旦大学	63 875.67

续表

排名	单位名称	合同金额 / 万元
19	东北大学	62 784.00
20	武汉理工大学	62 051.11
21	天津大学	59 175.78
22	南京理工大学	58 396.86
23	西南交通大学	58 228.01
24	中山大学	57 566.65
25	重庆大学	55 312.41
26	南京航空航天大学	53 985.00
27	江南大学	53 735.67
28	山东大学	53 688.53
29	苏州大学	51 188.64
30	中南大学	51 161.75
31	南京大学	49 638.17
32	江苏大学	48 600.02
33	西安建筑科技大学	45 876.18
34	浙江工业大学	41 963.33
35	吉林大学	41 945.68
36	北京科技大学	40 911.15
37	中国石油大学（华东）	40 366.50
38	西安电子科技大学	39 696.15
39	上海大学	39 392.00
40	大连理工大学	39 101.00
41	北京交通大学	38 538.13

续表

排名	单位名称	合同金额 / 万元
42	中国药科大学	37 102.36
43	青岛科技大学	36 119.44
44	厦门大学	35 443.73
45	中国矿业大学	34 725.26
46	华北电力大学	34 354.32
47	西南石油大学	34 087.50
48	中国石油大学（北京）	33 025.23
49	电子科技大学	31 826.47
50	河海大学	31 347.33
51	郑州轻工业学院	30 577.56
52	北京化工大学	29 775.47
53	郑州大学	29 206.30
54	南京工业大学	28 777.37
55	南开大学	27 130.10
56	昆明理工大学	25 453.40
57	兰州大学	25 012.13
58	常州大学	24 938.00
59	西南大学	24 047.39
60	北京工业大学	23 549.78
61	东华大学	22 618.59
62	中国农业大学	22 573.13
63	中国科学技术大学	22 572.69
64	广东工业大学	22 465.30

续表

排名	单位名称	合同金额 / 万元
65	浙江理工大学	20 613.00
66	南京农业大学	19 986.36
67	北京邮电大学	19 738.59
68	中国地质大学（武汉）	19 691.90
69	西安理工大学	18 219.49
70	武汉工程大学	18 185.09
71	北京师范大学	17 968.38
72	中北大学	17 853.35
73	南京邮电大学	17 819.91
74	湖南大学	17 811.97
75	沈阳航空航天大学	17 761.69
76	东华理工大学	17 743.64
77	华中农业大学	17 601.97
78	成都理工大学	17 563.00
79	合肥工业大学	17 309.88
80	重庆交通大学	17 174.87
81	暨南大学	16 173.54
82	沈阳药科大学	15 483.69
83	湖北大学	15 444.00
84	中国矿业大学（北京）	15 304.00
85	长江大学	15 298.00
86	南方科技大学	14 532.00
87	江苏科技大学	14 488.12

续表

排名	单位名称	合同金额 / 万元
88	太原理工大学	14 444.77
89	上海应用技术大学	14 017.00
90	长春大学	13 853.40
91	浙江农林大学	13 812.10
92	福州大学	13 427.07
93	哈尔滨工程大学	13 413.44
94	中国海洋大学	13 186.36
95	三峡大学	13 091.43
96	清华大学深圳研究生院	12 891.02
97	沈阳工业大学	12 849.40
98	山东科技大学	12 789.30
99	青岛大学	12 695.56
100	长安大学	12 643.80

附录 8　2018 年科研院所以转让、许可、作价投资 3 种方式转化科技成果合同金额前 100 名

排名	单位名称	合同金额 / 万元
1	中国科学院工程热物理研究所	191 563.47
2	中国科学院上海药物研究所	168 500.00
3	中国科学院长春光学精密机械与物理研究所	94 839.90
4	中国科学院物理研究所	32 331.50
5	中国医学科学院药物研究所	27 340.00
6	深圳华大生命科学研究院	27 211.98
7	中国农业科学院兰州兽医研究所	21 136.28
8	中国科学院近代物理研究所	20 095.76
9	中国科学院合肥物质科学研究院	18 200.66
10	中国农业科学院哈尔滨兽医研究所	16 508.00
11	中国科学院深圳先进技术研究院	15 336.67
12	中国科学院上海有机化学研究所	13 722.00
13	中国科学院力学研究所	12 976.00
14	中国科学院苏州纳米技术与纳米仿生研究所	12 105.00
15	中国科学院自动化研究所	11 980.83
16	中国科学院昆明植物研究所	10 046.00
17	中国科学院山西煤炭化学研究所	9483.11
18	中国科学院天津工业生物技术研究所	8907.26
19	中国医学科学院医学实验动物研究所	8540.00

续表

排名	单位名称	合同金额 / 万元
20	中国科学院上海应用物理研究所	8438.00
21	中国农业科学院郑州果树研究所	7897.00
22	中国科学院微电子研究所	7628.67
23	中国科学院微生物研究所	7503.00
24	中国科学院重庆绿色智能技术研究院	7420.00
25	江苏省农业科学院	7268.21
26	中国科学院上海微系统与信息技术研究所	6710.80
27	中国科学院广州生物医药与健康研究院	6436.72
28	中国科学院理化技术研究所	6244.95
29	中国科学院上海高等研究院	6166.00
30	中国科学院武汉物理与数学研究所	5753.04
31	中国科学院宁波材料技术与工程研究所	5544.50
32	中国科学院长春应用化学研究所	5508.33
33	中国科学院大连化学物理研究所	4896.00
34	中国地质调查局水文地质环境地质调查中心	4800.00
35	公安部交通管理科学研究所	4741.19
36	应急管理部上海消防研究所	4720.00
37	中国科学院化学研究所	4718.00
38	广东省科学院	4659.35
39	广东省农业科学院	4439.54
40	中国科学院声学研究所	4300.00
41	应急管理部天津消防研究所	3841.55
42	浙江省农业科学院	3515.87

续表

排名	单位名称	合同金额 / 万元
43	中国科学院青岛生物能源与过程研究所	3201.21
44	中国科学院上海生命科学研究院	3100.00
45	中国安全生产科学研究院	3093.74
46	广东省信息安全测评中心	2999.24
47	山东省农业科学院作物研究所	2920.00
48	上海市农业科学院	2696.00
49	中国农业科学院上海兽医研究所	2600.00
50	湖北省地震局（中国地震局地震研究所）	2589.05
51	中国农业科学院作物科学研究所	2265.00
52	黑龙江省农业科学院水稻研究所	2209.73
53	中国科学院计算技术研究所济宁分所（山东省物联网技术发展研究院）	2200.00
54	中国科学院高能物理研究所	2134.65
55	中国农业科学院植物保护研究所	2124.00
56	黑龙江省农业科学院绥化分院	2070.00
57	中国科学院广州能源研究所	2013.00
58	江苏物联网研究发展中心	2000.00
59	中国民航科学技术研究院（中国民用航空局航空安全技术中心）	1980.00
60	中国科学院遗传与发育生物学研究所	1960.00
61	北京市农林科学院玉米研究中心	1896.70
62	中国信息通信研究院	1821.70
63	中国医学科学院阜外医院	1775.00
64	中国热带农业科学院香料饮料研究所	1680.00

续表

排名	单位名称	合同金额 / 万元
65	清华大学天津电子信息研究院	1589.06
66	浙江中科院应用技术研究院	1530.00
67	中国农业科学院饲料研究所	1528.00
68	中国农业科学院蔬菜花卉研究所	1522.00
69	天津市滨海新区军民融合创新研究院	1500.00
70	中国科学院上海技术物理研究所	1500.00
71	安徽省农业科学院	1471.00
72	中国农业科学院油料作物研究所	1445.00
73	安徽工业技术创新研究院	1391.00
74	浙江大学自贡创新中心	1346.90
75	中国科学院福建物质结构研究所	1279.96
76	中国测绘科学研究院	1269.68
77	中国科学院过程工程研究所	1236.80
78	中国科学院测量与地球物理研究所	1215.00
79	河南省农业科学院粮食作物研究所	1160.00
80	青岛海洋生物医药研究院	1100.00
81	中国科学院武汉植物园	1090.00
82	中国林业科学研究院	1061.50
83	中国科学院大气物理研究所	1058.00
84	安徽省基础测绘信息中心	1020.30
85	山东省果树研究所	1020.00
86	电子科技大学广东电子信息工程研究院	1010.00
87	北京大学包头创新研究院	1000.00

续表

排名	单位名称	合同金额 / 万元
88	中国科学院信息工程研究所	1000.00
89	中国科学院上海巴斯德研究所	1000.00
90	中国疾病预防控制中心病毒病预防控制所	1000.00
91	中国农业科学院深圳农业基因组研究所	1000.00
92	中国中医科学院西苑医院	1000.00
93	江苏省产业技术研究院	991.80
94	北京市农林科学院蔬菜研究中心	966.01
95	中国科学院生物物理研究所	950.70
96	广东省林业科学研究院	939.46
97	山东省建筑科学研究院	910.00
98	中国科学院苏州生物医学工程技术研究所	900.00
99	中国科学院城市环境研究所	900.00
100	中国科学院国家授时中心	854.12

附录9 2018年科研院所奖励个人现金和股份总金额前100名

排名	单位名称	奖励个人金额 / 万元
1	中国科学院工程热物理研究所	96 673.28
2	中国科学院长春光学精密机械与物理研究所	47 549.24
3	中国科学院物理研究所	16 238.05
4	水利部交通运输部国家能源局南京水利科学研究院	13 061.00
5	中国科学院合肥物质科学研究院	12 959.46
6	中国科学院近代物理研究所	10 042.08
7	中国农业科学院兰州兽医研究所	9301.90
8	中国科学院力学研究所	8817.20
9	中国农业科学院哈尔滨兽医研究所	8164.00
10	中国科学院深圳先进技术研究院	6178.00
11	中国科学院苏州纳米技术与纳米仿生研究所	5555.96
12	江苏省农业科学院	5137.00
13	中国科学院武汉物理与数学研究所	4890.08
14	中国科学院山西煤炭化学研究所	4736.50
15	中国环境科学研究院	4650.09
16	中国科学院自动化研究所	4374.75
17	中国科学院上海应用物理研究所	4227.50
18	中国科学院重庆绿色智能技术研究院	4053.35
19	中国科学院广州生物医药与健康研究院	3653.20
20	上海市公共卫生临床中心	3150.00

续表

排名	单位名称	奖励个人金额 / 万元
21	中国科学院上海高等研究院	3145.50
22	国家新闻出版广电总局广播科学研究院	2674.61
23	中国科学院微电子研究所	2660.00
24	水利部南京水利水文自动化研究所	2607.00
25	中国科学院声学研究所	2400.00
26	应急管理部天津消防研究所	2304.93
27	浙江省农业科学院	2275.91
28	中国科学院化学研究所	2189.62
29	中国科学院上海药物研究所	2075.19
30	广东省农业科学院	1968.31
31	中国科学院上海微系统与信息技术研究所	1967.99
32	中国科学院宁波材料技术与工程研究所	1939.90
33	四川省中医药科学院（四川省中药研究所）	1755.33
34	黑龙江省农业科学院水稻研究所	1751.85
35	中国科学院上海硅酸盐研究所	1739.92
36	中国农业科学院农业质量标准与检测技术研究所	1610.00
37	中国科学院青岛生物能源与过程研究所	1572.60
38	湖南省林业科学院	1569.95
39	黑龙江省农业科学院绥化分院	1552.50
40	中国热带农业科学院香料饮料研究所	1480.00
41	中国农业科学院郑州果树研究所	1439.90
42	中国科学院理化技术研究所	1414.00
43	中国科学院广州能源研究所	1409.10

续表

排名	单位名称	奖励个人金额 / 万元
44	中国农业科学院农业资源与农业区划研究所	1371.00
45	中国科学院高能物理研究所	1367.33
46	中国科学院大连化学物理研究所	1331.36
47	北京市农林科学院玉米研究中心	1327.60
48	中国特种设备检测研究院	1319.88
49	山东省科学院海洋仪器仪表研究所	1308.50
50	四川省农业科学院土壤肥料研究所	1284.00
51	中国农业科学院蔬菜花卉研究所	1232.92
52	中国医学科学院药物研究所	1191.00
53	广东省水利水电科学研究院	1173.63
54	中国科学院微生物研究所	1038.10
55	广东省信息安全测评中心	990.45
56	北京市农林科学院农业信息与经济研究所	963.30
57	清华大学天津电子信息研究院	950.42
58	中国科学院计算技术研究所济宁分所（山东省物联网技术发展研究院）	948.00
59	中国农业科学院农产品加工研究所	934.98
60	中国农业科学院农业环境与可持续发展研究所	906.00
61	山东省建筑材料工业设计研究院（山东省建材工业新型材料检测中心）	862.50
62	吉林省农业科学院	853.89
63	山东省农业科学院作物研究所	843.60
64	电子科技大学广东电子信息工程研究院	800.00
65	中国农业科学院油料作物研究所	754.33

续表

排名	单位名称	奖励个人金额 / 万元
66	上海市农业科学院	747.14
67	河南省农业科学院小麦研究所	732.54
68	中国测绘科学研究院	714.88
69	四川省畜牧科学研究院	712.14
70	公安部交通管理科学研究所	712.00
71	广西壮族自治区林业科学研究院	696.96
72	山东省建筑科学研究院	693.00
73	中国林业科学研究院	691.10
74	青海省农林科学院	684.00
75	北京市农林科学院蔬菜研究中心	676.21
76	天津市水利科学研究院	673.50
77	中国农业科学院上海兽医研究所	669.81
78	中国水稻研究所	650.00
79	安徽省农业科学院	642.60
80	中国农业科学院作物科学研究所	625.80
81	中国科学院上海技术物理研究所	600.00
82	中国科学院长春应用化学研究所	580.00
83	辽宁省农业科学院	550.25
84	江西省农业科学院	544.52
85	华中科技大学温州先进制造技术研究院	510.90
86	中国农业科学院饲料研究所	504.00
87	中国科学院遗传与发育生物学研究所	502.00
88	江苏省产业技术研究院	501.30

续表

排名	单位名称	奖励个人金额 / 万元
89	中国农业科学院麻类研究所	497.57
90	中国科学院生物物理研究所	484.49
91	自然资源部黑龙江基础地理信息中心	484.46
92	中国农业科学院植物保护研究所	441.18
93	中国科学院过程工程研究所	422.76
94	农业农村部南京农业机械化研究所	416.54
95	广西壮族自治区农业科学院	414.15
96	中国科学院上海生命科学研究院	410.44
97	中国科学院信息工程研究所	409.00
98	浙江省计量科学研究院	399.81
99	黑龙江省农业科学院作物资源研究所	386.75
100	中国信息通信研究院	361.36

附录 10　2018 年科研院所以技术转让（包括转让、许可、作价投资）、技术开发、技术咨询、技术服务方式转移转化科技成果合同金额前 100 名

排名	单位名称	合同金额 / 万元
1	中国科学院工程热物理研究所	201 606.47
2	中国科学院上海药物研究所	184 671.64
3	中国科学院长春光学精密机械与物理研究所	106 585.43
4	中国水利水电科学研究院	101 549.66
5	中国科学院近代物理研究所	65 861.00
6	中国环境科学研究院	64 157.50
7	广东省科学院	59 294.04
8	长江水利委员会长江科学院	52 772.78
9	水利部交通运输部国家能源局南京水利科学研究院	52 094.68
10	中国科学院合肥物质科学研究院	48 500.66
11	中国科学院大连化学物理研究所	40 933.84
12	中国科学院沈阳自动化研究所	40 328.00
13	珠江水利委员会珠江水利科学研究院	36 300.00
14	中国科学院物理研究所	33 834.33
15	四川省机械研究设计院	32 240.34
16	中国医学科学院药物研究所	32 101.38
17	广西壮族自治区水利电力勘测设计研究院	30 664.00
18	中国科学院生态环境研究中心	29 895.00

续表

排名	单位名称	合同金额 / 万元
19	中国科学院自动化研究所	29 222.48
20	重庆地质矿产研究院	29 203.40
21	深圳华大生命科学研究院	28 341.77
22	中国科学院过程工程研究所	27 421.95
23	中国特种设备检测研究院	25 177.25
24	中国科学院深圳先进技术研究院	25 083.67
25	中国科学院上海有机化学研究所	24 569.00
26	交通运输部天津水运工程科学研究所	24 125.56
27	中国农业科学院兰州兽医研究所	23 736.28
28	应急管理部天津消防研究所	23 374.43
29	安徽省（水利部淮河水利委员会）水利科学研究院	23 249.00
30	中国科学院半导体研究所	22 236.00
31	交通运输部公路科学研究所	22 101.78
32	中国科学院力学研究所	21 223.36
33	中国科学院微电子研究所	20 819.05
34	北京市肿瘤防治研究所	19 885.16
35	中国科学院地理科学与资源研究所	19 377.84
36	山东省建筑科学研究院	18 767.00
37	中国科学院山西煤炭化学研究所	18 601.96
38	山东省水利科学研究院	18 266.00
39	广东省水利水电科学研究院	18 160.25
40	中国科学院金属研究所	18 044.32
41	江苏省产业技术研究院	18 022.80

续表

排名	单位名称	合同金额 / 万元
42	交通运输部科学研究院	17 879.66
43	中国农业科学院哈尔滨兽医研究所	17 216.00
44	北京市环境保护科学研究院	17 133.00
45	中国科学院声学研究所	17 113.00
46	中国科学院计算机网络信息中心	16 531.67
47	北京市科学技术研究院	16 342.68
48	中国科学院西安光学精密机械研究所	16 311.71
49	中国安全生产科学研究院	15 463.41
50	中国科学院苏州纳米技术与纳米仿生研究所	15 142.00
51	中国科学院微生物研究所	15 104.98
52	安徽省脑立体定向神经外科研究所	15 000.00
53	公安部交通管理科学研究所	14 902.14
54	上海市预防医学研究院	14 886.00
55	国家海洋局南海调查技术中心	14 872.66
56	中国科学院理化技术研究所	13 933.95
57	中国电子产品可靠性与环境试验研究所（工业和信息化部电子第五研究所）（中国赛宝实验室）	13 518.00
58	水利部产品质量标准研究所	13 087.55
59	江苏省农业科学院	13 056.80
60	中国科学院昆明植物研究所	12 778.44
61	中国科学院电子学研究所	12 619.79
62	中国科学院宁波材料技术与工程研究所	12 547.56
63	中国科学院上海高等研究院	12 474.90

续表

排名	单位名称	合同金额 / 万元
64	中国标准化研究院	12 344.00
65	重庆市农业科学院	12 125.00
66	福建省建筑科学研究院	11 714.52
67	山东省交通科学研究院	11 542.00
68	自然资源部第三海洋研究所	11 305.24
69	中国科学院兰州化学物理研究所	11 224.21
70	交通运输部水运科学研究所	11 086.10
71	中国科学院长春应用化学研究所	10 869.35
72	中国科学院上海微系统与信息技术研究所	10 858.85
73	交通运输部规划研究院	10 787.17
74	中国医学科学院医学实验动物研究所	10 629.50
75	公安部第三研究所	10 559.00
76	中国科学院计算技术研究所	10 505.08
77	水利部农村电气化研究所	10 452.08
78	浙江省农业科学院	10 424.65
79	中国科学院生物物理研究所	10 143.20
80	中国科学院化学研究所	10 109.67
81	中国科学院重庆绿色智能技术研究院	10 104.06
82	浙江省计量科学研究院	9974.85
83	中国科学院上海应用物理研究所	9918.99
84	中国地质调查局水文地质环境地质调查中心	9863.67
85	广东华中科技大学工业技术研究院	9741.11
86	黄河水利委员会黄河水利科学研究院	9643.15

续表

排名	单位名称	合同金额 / 万元
87	中国农业科学院郑州果树研究所	9567.27
88	中国中医科学院中药研究所	9527.58
89	中国科学院广州生物医药与健康研究院	9250.00
90	中国科学院天津工业生物技术研究所	9141.26
91	中国水产科学研究院南海水产研究所	8884.98
92	中国科学院上海光学精密机械研究所	8734.00
93	浙江清华长三角研究院	8689.02
94	浙江省水利河口研究院	8668.00
95	中国科学院南海海洋研究所	8397.81
96	住房和城乡建设部科技与产业化发展中心	8178.25
97	中国科学院信息工程研究所	7975.30
98	中国民航科学技术研究院（中国民用航空局航空安全技术中心）	7914.16
99	甘肃省国土资源规划研究院	7838.87
100	天津市环境保护科学研究院	7830.00

附录 11　2018 年各地方辖区内的高校院所以转让、许可、作价投资方式转化科技成果的合同金额排名

排名	省、自治区、直辖市名称	合同金额 / 万元
1	北京市	496 587.34
2	上海市	426 274.68
3	吉林省	120 271.09
4	广东省	106 653.57
5	江苏省	77 277.22
6	山东省	50 726.16
7	黑龙江省	48 931.98
8	甘肃省	44 801.32
9	辽宁省	42 945.99
10	湖北省	42 832.29
11	四川省	37 718.36
12	陕西省	35 130.30
13	湖南省	33 059.56
14	浙江省	32 793.99
15	天津市	32 038.23
16	安徽省	29 414.66
17	河南省	24 668.56
18	重庆市	17 852.21
19	福建省	16 865.82

续表

排名	省、自治区、直辖市名称	合同金额 / 万元
20	云南省	14 711.13
21	山西省	13 693.54
22	河北省	8839.61
23	江西省	5532.20
24	海南省	3204.00
25	新疆维吾尔自治区	3007.44
26	广西壮族自治区	2918.67
27	内蒙古自治区	2026.08
28	贵州省	1041.30
29	青海省	612.00
30	宁夏回族自治区	435.55
31	西藏自治区	338.00

附录 12 2018 年各地方辖区内的高等院校以转让、许可、作价投资方式转化科技成果的合同金额排名

排名	省、自治区、直辖市名称	合同金额 / 万元
1	上海市	203 856.91
2	北京市	141 356.24
3	江苏省	47 783.61
4	广东省	36 927.86
5	辽宁省	36 801.47
6	陕西省	34 119.52
7	山东省	34 061.96
8	湖南省	32 757.06
9	四川省	31 815.13
10	湖北省	29 061.09
11	黑龙江省	23 364.03
12	吉林省	17 054.89
13	浙江省	16 514.46
14	天津市	15 106.26
15	福建省	12 658.29
16	河南省	11 183.90
17	重庆市	9207.74
18	安徽省	6760.10
19	江西省	4427.43

续表

排名	省、自治区、直辖市名称	合同金额 / 万元
20	云南省	3378.79
21	山西省	2880.01
22	河北省	2619.95
23	甘肃省	1140.78
24	广西壮族自治区	1028.13
25	贵州省	872.00
26	内蒙古自治区	806.08
27	宁夏回族自治区	114.55
28	新疆维吾尔自治区	104.60
29	海南省	43.00
30	青海省	0.00
31	西藏自治区	0.00

附录 13　2018 年各地方辖区内的科研院所以转让、许可、作价投资方式转化科技成果的合同金额排名

排名	省、自治区、直辖市名称	合同金额 / 万元
1	北京市	355 231.10
2	上海市	222 417.77
3	吉林省	103 216.20
4	广东省	69 725.71
5	甘肃省	43 660.54
6	江苏省	29 493.61
7	黑龙江省	25 567.95
8	安徽省	22 654.56
9	天津市	16 931.97
10	山东省	16 664.20
11	浙江省	16 279.53
12	湖北省	13 771.20
13	河南省	13 484.66
14	云南省	11 332.34
15	山西省	10 813.53
16	重庆市	8644.47
17	河北省	6219.66
18	辽宁省	6144.52
19	四川省	5903.23

续表

排名	省、自治区、直辖市名称	合同金额 / 万元
20	福建省	4207.53
21	海南省	3161.00
22	新疆维吾尔自治区	2902.84
23	广西壮族自治区	1890.54
24	内蒙古自治区	1220.00
25	江西省	1104.77
26	陕西省	1010.78
27	青海省	612.00
28	西藏自治区	338.00
29	宁夏回族自治区	321.00
30	湖南省	302.50
31	贵州省	169.30

附录 14　科技成果转化年度报告指标体系

一、科技成果转移转化情况

（一）科技成果转移转化总体情况

<table>
<tr><th rowspan="3">序号</th><th rowspan="3" colspan="2">项目</th><th colspan="3">2017 年</th><th colspan="3">2018 年</th></tr>
<tr><th rowspan="2">总计</th><th colspan="2">其中：</th><th rowspan="2">总计</th><th colspan="2">其中：</th></tr>
<tr><th>财政资助</th><th>中央财政资助</th><th>财政资助</th><th>中央财政资助</th></tr>
<tr><td rowspan="3">一</td><td rowspan="3">以转让方式转化科技成果</td><td>合同项数 / 项</td><td></td><td></td><td></td><td></td><td></td><td></td></tr>
<tr><td>合同金额 / 万元</td><td></td><td></td><td></td><td></td><td></td><td></td></tr>
<tr><td>当年到账金额 / 万元</td><td></td><td></td><td></td><td></td><td></td><td></td></tr>
<tr><td rowspan="3">二</td><td rowspan="3">以许可方式转化科技成果</td><td>合同项数 / 项</td><td></td><td></td><td></td><td></td><td></td><td></td></tr>
<tr><td>合同金额 / 万元</td><td></td><td></td><td></td><td></td><td></td><td></td></tr>
<tr><td>当年到账金额 / 万元</td><td></td><td></td><td></td><td></td><td></td><td></td></tr>
<tr><td rowspan="2">三</td><td rowspan="2">以作价投资方式转化科技成果</td><td>合同项数 / 项</td><td></td><td></td><td></td><td></td><td></td><td></td></tr>
<tr><td>作价金额 / 万元</td><td></td><td></td><td></td><td></td><td></td><td></td></tr>
<tr><td rowspan="3">小计</td><td rowspan="3">以上三项小计</td><td>合同总项数 / 项</td><td></td><td></td><td></td><td></td><td></td><td></td></tr>
<tr><td>合同总金额 / 万元</td><td></td><td></td><td></td><td></td><td></td><td></td></tr>
<tr><td>当年到账总金额 / 万元</td><td></td><td></td><td></td><td></td><td></td><td></td></tr>
<tr><td rowspan="2">四</td><td rowspan="2">产学研合作情况</td><td>技术开发、咨询、服务项目合同数 / 项</td><td></td><td>—</td><td>—</td><td></td><td>—</td><td>—</td></tr>
<tr><td>技术开发、咨询、服务项目合同金额 / 万元</td><td></td><td>—</td><td>—</td><td></td><td>—</td><td>—</td></tr>
</table>

续表

序号	项目		2017 年			2018 年		
			总计	其中：财政资助	其中：中央财政资助	总计	其中：财政资助	其中：中央财政资助
合计	以上一、二、三、四项合计	科技成果转让、许可、作价投资项目和技术开发、咨询、服务合同项目数 / 项		—	—		—	—
		科技成果转让、许可、作价投资项目和技术开发、咨询、服务项目合同总金额 / 万元		—	—		—	—
五	其他相关指标	与企业共建研发机构、转移机构、转化服务平台数量 / 个						
		自建技术转移机构数量 / 个						
		专职从事科技成果转化工作人数 / 人						
		与本单位合作开展科技成果转化的市场化转移机构数量 / 个						
		在外兼职从事成果转化人员和离岗创业人员数 / 人		—	—		—	—
		创设新公司和参股新公司数 / 个		—	—		—	—
		单位认为其他需报告的指标（可不填）						

注：1.“合同项数”为当年新签订的合同总数目。

2.“合同金额”为当年新签订的合同总金额。

3.“当年到账金额”为当年新签订和往年签订的合同在当年实际到账的总金额。

4.“财政资助”为经费来源中受到过财政（包括中央财政和地方财政）资助的项目取得的科技成果转化后产生的合同项数、合同金额、当年到账金额。

5.“中央财政资助”为“财政资助”中受到过中央财政资助的项目取得的科技成果转化后产生的合同项数、合同金额、当年到账金额等数据信息。财政资助包括中央财政资助和地方财政资助，“中央财政资助”的合同项数、合同金额、当年到账金额等数据应小于或等于“财政资助”相关数据。

6.“其他相关指标”由单位填报截至当年年底的机构、平台、人员、公司的数量。

7.“单位认为其他需报告指标”由单位自行判断填报，可以填标准制定等相关情况。

8. 表中“—”的地方不用填内容。

（二）科技成果转化清单

表 1 以转让、许可、作价投资方式转化成果

<table>
<tr><th rowspan="3">序号</th><th rowspan="3">成果名称</th><th rowspan="3">合同金额/万元</th><th rowspan="3">当年到账金额/万元</th><th colspan="3">定价方式</th><th rowspan="3">是否评估</th><th colspan="4">转化去向</th></tr>
<tr><th rowspan="2">协议定价</th><th rowspan="2">挂牌交易</th><th rowspan="2">拍卖</th><th colspan="3">境内</th><th rowspan="2">境外</th></tr>
<tr><th>中小微企业</th><th>其他企业</th><th>非企业单位</th></tr>
<tr><td>1</td><td></td><td></td><td></td><td></td><td></td><td></td><td></td><td></td><td></td><td></td><td></td></tr>
<tr><td>2</td><td>（可加页）</td><td></td><td></td><td></td><td></td><td></td><td></td><td></td><td></td><td></td><td></td></tr>
</table>

注：1.“合同金额”为某项成果转化当年新签订的单项合同金额，若某项成果转化当年签订多份合同，则应列出每份合同相关信息。“合同金额”一项只填写当年新签订的合同金额信息，往年签订的成果转化合同当年发生到账的，“合同金额”一项不用填写。

2.“当年到账金额”为某项成果转化当年新签订或往年签订的合同在当年实际到账金额，若某项成果转化当年有多份合同到账，则应列出每份合同当年到账相关信息，请填写具体数字。例如，“5350 万元 + 专利技术药品年销售额 3%”“30 万元 + 每套设备 5 万元销售提成”等均应折算成具体金额。

3.“是否评估”指采取协议定价、挂牌交易、拍卖及其他定价方式对科技成果定价时，是否进行过评估。

4.“中小微企业”标准参考《国家统计局关于印发统计上大中小微型企业划分办法的通知》（国统字〔2011〕75 号）。

5. 本表“合同金额”的合计与第一部分（一）中科技成果转让、许可、作价投资（小计）“合同总金额”相同。

表 2　技术开发、咨询、服务项目

序号	技术开发、咨询、服务项目名称	金额 / 万元
1		
2		

注：本表只填金额在 100 万元以上的项目。以上项目金额合计等于或者小于第一部分（一）中技术开发、咨询、服务项目金额合计。

二、成果转化收入及分配情况

<table>
<tr><th>序号</th><th colspan="4">项目</th><th>2017 年</th><th>2018 年</th></tr>
<tr><td rowspan="4">一</td><td rowspan="4">现金收入及奖励</td><td rowspan="3">科技成果转化当年取得的现金总收入 / 万元</td><td colspan="2">留归单位 / 万元</td><td></td><td></td></tr>
<tr><td rowspan="2">奖励个人 / 万元</td><td></td><td></td><td></td></tr>
<tr><td>研发与转化主要贡献人员 / 万元</td><td></td><td></td></tr>
<tr><td colspan="3">现金奖励人次 / 次</td><td></td><td></td></tr>
<tr><td rowspan="5">二</td><td rowspan="5">股权收入及奖励</td><td colspan="3">成果转化取得的股份数量 / 万股</td><td></td><td></td></tr>
<tr><td rowspan="3">科技成果转化当年取得的股份金额 / 万元</td><td colspan="2">留归单位 / 万元</td><td></td><td></td></tr>
<tr><td rowspan="2">奖励个人 / 万元</td><td></td><td></td><td></td></tr>
<tr><td>研发与转化主要贡献人员 / 万元</td><td></td><td></td></tr>
<tr><td colspan="3">股权奖励人次 / 次</td><td></td><td></td></tr>
<tr><td rowspan="2">三</td><td rowspan="2">奖励情况小计</td><td colspan="3">单位获得现金和股权收入总额 / 万元</td><td></td><td></td></tr>
<tr><td colspan="3">对个人现金、股权奖励总额 / 万元</td><td></td><td></td></tr>
</table>

注：1. 本表只统计以转让、许可、作价投资方式转化科技成果的收入及分配情况。技术开发、咨询、服务等收入产生的分配情况不填写在本表中，但可在“取得的成效与经验”中介绍。

2.“留归单位”为当年现金总收入或股权总收入中除去奖励个人以外的部分。

3.“研发与转化主要贡献人员”为在研究开发和科技成果转化中做出主要贡献的人员，原则上该指标应不低于“奖励个人”的 50%。

4. 第二栏中“股份奖励人次”中如果是一个人代持团队的股份，请按照团队实际人数填报。

5.“单位获得现金和股权收入总额”是现金和股权收入“留归单位”部分的合计；“对个人现金、股权奖励总额”是现金和股权收入“奖励个人”部分的合计。

三、成效、问题与建议

（一）取得的成效与经验

1. 单位取得科技成果的数量总体情况

单位取得科技成果的数量总体情况（如专利总数量、授权专利数、有效专利数、当年新增专利数、当年新增软件著作权数、当年发表论文数、当年获得科技奖励情况等）。

2. 在成果转化方面取得成效和工作经验

包括规章制度体系建设及执行情况（如科技成果转化管理机构、审批流程、奖励机制、尽职调查程序和考核评价体系等），项目运作流程，科技成果转化年度报告制度建设情况等。

3. 技术转移机构和技术转移队伍情况

包括技术转移机构在科技成果转化过程中发挥的作用、单位内部技术转移机构人才队伍建设等情况。

（二）成果转化典型案例

介绍 1 ～ 2 个科技成果转化的典型案例，包括成果的特点，前期研发投入（如财力、人力、物力等），研发周期，转化方式及过程，定价方式（如协议定价、挂牌交易、拍卖等，定价过程中是否进行过评估等），转化收益（如合同金额、到账金额等），单位内部或外部的第三方技术转移机构发挥的作用，收益分配情况（包括奖励比例、奖励金额及奖励人次等）；转化成果应用领域、产生的经济和社会效益、对国家战略的贡献；转化过程中遇到的相关问题及处理方式等。

（三）问题与建议

在开展成果转化过程中面临的问题和障碍，相关政策建议。

附录 15　名词解释

1. 科技成果：是指按照《中华人民共和国促进科技成果转化法》第二条规定的通过科学研究与技术开发所产生的具有实用价值的成果。

2. 科技成果转化：是指按照《中华人民共和国促进科技成果转化法》第二条规定的为提高生产力水平而对科技成果所进行的后续试验、开发、应用、推广直至形成新技术、新工艺、新材料、新产品，发展新产业等活动。

3. 科技成果转让：是指通过所有权转移等转让方式进行科技成果转化。

4. 科技成果许可：是指以许可使用等方式进行科技成果转化。

5. 科技成果作价投资：是指以技术折算一定价值对外投资的科技成果转化，包括以专利作价入股、以技术作价投资创设新公司、以技术作价投资参股公司等方式。

6. 技术合同：是指按照《中华人民共和国合同法》第十八章规定的当事人就技术开发、转让、咨询或者服务订立的确立相互之间权利和义务的合同。

7. 技术开发、转让、咨询和服务合同：是指按照《中华人民共和国合同法》第十八章签署的合同。

技术开发合同：是指当事人之间就新技术、新产品、新工艺或者新材料及其系统的研究开发所订立的合同，包括委托开发合同和合作开发合同。

技术转让合同：包括专利权转让、专利申请权转让、技术秘密转让、专利实施许可合同。

技术咨询合同：包括就特定技术项目提供可行性论证、技术预测、专题技术调查、分析评价报告等合同。

技术服务合同：是指当事人一方以技术知识为另一方解决特定技术问题所订立的合同，不包括建设工程合同和承揽合同。

8. 合同金额：是指某项成果转化当年新签订的单项合同金额。

9. 当年到账额：是指当年新签订和往年签订的合同在当年实际到账的总金额。

10. 财政资助：是指经费来源中受到过财政（包括中央财政和地方财政）资助的项目取得的科技成果转化后产生的合同数目、合同金额、当年到账额。

11. 根据国家统计局公布的《东西中部和东北地区划分方法》，本报告中东部、中部、西部、东北地区包含的省（区、市）如下。

东部地区：北京、天津、河北、上海、江苏、浙江、福建、山东、广东和海南，共 10 个省市。

中部地区：山西、安徽、江西、河南、湖北和湖南，共 6 个省。

西部地区：内蒙古、广西、重庆、四川、贵州、云南、西藏、陕西、甘肃、青海、宁夏和新疆，共 12 个省（区、市）。

东北地区：辽宁、吉林和黑龙江，共 3 个省。

12. 定价方式：是指协议定价、挂牌交易和拍卖。

13. 是否评估：是指采取协议定价、挂牌交易、拍卖方式对科技成果定价时，是否进行过评估。

14. 科技成果转化取得的现金和股权收入：现金收入是指《中华人民共和国促进科技成果转化法》第四十五条第（一）款规定取得的现金收入，主要是以转让和许可两种方式转化科技成果取得的收入；股权收入是指第四十五条第（二）款规定的股份收入，主要是以作价投资方式转化科技成果取得的收入；现金和股权收入是指现金收入和股权收入的总和。

15. 对个人现金、股权奖励总额：是指现金和股权收入“奖励个人”部分的合计。

16. 留归单位：是指当年现金总收入或股权总收入中除去“奖励个人”以外的部分。

17. 单位获得现金和股权收入总额：是指现金和股权收入“留归单位”部分的合计。

18. 研发与转化主要贡献人员：是指在研究开发和科技成果转化中做出主要贡献的人员。

19. 兼职和离岗创业人员：是指经单位审批程序批准，在外兼职或进行离岗创业（且保留人事关系）的人员。

20. 产学研合作：根据《实施〈中华人民共和国促进科技成果转化法〉若干规定》部署，国家设立的研究开发机构、高等院校年度报告的报送内容，应该包括自建、共建研究开发机构、技术转移机构、科技成果转化服务平台情况，签订技术开发合同、技术咨询合同、技术服务合同情况，人才培养和人员流动情况等。本报告中产学研合作是指以技术开发、技术咨询、技术服务 3 种方式转移转化科技成果。

21. 创设和参股新公司：研究开发机构、高等院校及其科技人员可以采取多种方式转化高新技术成果，创办高新技术企业和参股新公司。

22. 转化去向：是指非企业单位、中小微企业和其他企业。“中小微企业”标准参考《国家统计局关于印发统计上大中小微型企业划分办法的通知》（国统字〔2011〕75 号）。